文化财经研究丛书

U0558944

魏鹏举 主编　　戴俊骋　孔少华　副主编

KEY ISSUES FOR CULTURAL FINANCE AND ECONOMICS 2015

2015
文化财经论丛

本书收录了中央财经大学文化经济研究院暨国家文化创新研究中心核心研究人员2013～2015年间的代表性研究成果，共计5个部分32篇，以期集中反映中财文化经济研究院在中国文化财经领域的重要创见。

经济管理出版社
ECONOMY & MANAGEMENT PUBLISHING HOUSE

图书在版编目（CIP）数据

2015 文化财经论丛/魏鹏举主编 . —北京：经济管理出版社，2016.4
ISBN 978-7-5096-4260-3

Ⅰ.①2… Ⅱ.①魏… Ⅲ.①文化经济学 Ⅳ.①G05

中国版本图书馆 CIP 数据核字（2016）第 035612 号

组稿编辑：郭丽娟
责任编辑：王　琼
责任印制：黄章平
责任校对：车立佳

出版发行：经济管理出版社
　　　　　（北京市海淀区北蜂窝 8 号中雅大厦 A 座 11 层　100038）
网　　址：www. E-mp. com. cn
电　　话：（010）51915602
印　　刷：北京九州迅驰传媒文化有限公司
经　　销：新华书店
开　　本：720mm×1000mm/16
印　　张：15.75
字　　数：265 千字
版　　次：2016 年 4 月第 1 版　　2016 年 4 月第 1 次印刷
书　　号：ISBN 978-7-5096-4260-3
定　　价：68.00 元

编委名单

主　编：魏鹏举

副主编：戴俊骋　孔少华

编　委（按姓名拼音排序）：
戴俊骋　高兴波　何　群　孔少华　刘双舟
魏鹏举　周正兵

总序

　　"十二五"时期之后，中国经济高位下行已成常态，保增长的硬约束会使中国政府给予文化创意经济更大的支持。经济新常态，这既是中国社会经济发展的必然逻辑，也是中国政府的理性选择。20 世纪 70 年代之后三十多年平均 10% 左右的经济狂飙突进，在给中国带来社会财富极大增长的同时，也逻辑性地导致能源资源枯竭、生态环境恶化、中等收入陷阱等日益被普遍感知的发展危机。长期高速发展带来的经济势能与社会期待，的确会出现政府失灵和市场失灵并存的危险。所谓政府失灵是指试图理性把控经济发展态势的行政努力失效，这不仅现实地体现在股市、汇市调控的尴尬失措上，也不无反讽地表现在对于产能过剩行业的进退失据上。所谓市场失灵是指市场作为与民众关切和政府需求相错位，比如在医疗卫生领域，市场化似乎在加剧着医患矛盾，文化产业的繁荣也带来了越来越强烈的对于文化庸俗化的质疑以及对于文化公共价值（社会效益）缺失的担忧。但是，在中国的现代化发展进程中，不管有多少问题，无论存在什么样的困境，发展是硬道理，改革是大方向，包容矛盾，寻求新的增长平台，保持经济适度高度增长，将会是中国发展的基本战略选择。正是在新常态的语境下，基于文化创意的社会经济发展模式得到越来越普遍的认可。

当代中国的文化产业主要是两种力量相互作用的结果：一种力量是文化体制改革的推动，另一种力量是市场经济发展的拉动。这两种力量的交互决定了中国文化产业的复杂性与多样性——事业性与产业性混生，体制性与民间性杂合，社会目标与经济目标重叠。

如同中国经济的高速增长，中国文化产业也同样走上了迅猛增长的发展通道，这一方面得益于中国政府在文化体制改革方面强大而高效的作为，另一方面也是中国巨大的文化市场潜力得以不断释放和资源活力逐步被激活的成果。快速发展的文化产业成效显著，但其中的弊病乃至结构性问题仍旧突出。

中国文化产业的发展会成为中国崛起的一个世界性标志事件。这个可能会被认为很唐突和武断的看法是基于如下的理由：

首先，世界上任何国家都不曾像中国这样从体制机制、国家战略高度如此重视并推动文化产业的发展。美国的实际文化产业 [美国官方没有文化产业的分类，社会层面主要是使用版权产业（Copyright Industries）的概念] 是全球最庞大的，但却没有专门的政府管理部门，也没有专门的文化产业国家战略描述，实际文化产业的发展主要是市场自发生长的结果。英国、法国等市场经济国家虽然有专门的推动文化产业发展的政府行政部门，也在某些特定时期有关于文化产业发展的国家战略表述，但由于政党政治的特点和市场经济的特质，政府在文化产业发展中的作用总体上极为有限，企业和市场始终都是文化产业发展的决定性因素。相较之下，日本、韩国等赶超型市场经济国家的文化产业发展受政府的推动作用显著，但政府的作为也主要体现在市场失灵或不足的领域，市场化、社会化是其基本特征。在中国，文化产业发展的一些关键要素主要掌握在政府的手中，比如公共文化资源、文化艺术人才、文化内容审批、文化产业发展的财政资金及信贷资本等。各个层面的文化产业管理部门配置齐全，文化产业的发展在党中央和国务院的各类全局性重大战略部署中都有显著的表述，国有文化机构及国有文化资产在文化产业的发展中起着主导和主力的作用。20世纪70年代末中国政府启动的改革开放战略在其后的三十多年中创造了经济发展奇迹，政府在社会动员和市场激励方面的高效与灵活在国际上独树一帜。这种经济发展模式及其成效也使中国各级政府在发展文化产业时更有经验和信心。

其次，中国的文化产业具有显著而复杂的中国特色。《易经》的"观乎人文，以化成天下"这段文字就是中国的"文化"之源，也是中国文化发展的基本特征与诉求，即强调并追求文化的同源式认同。在《易经》的语境中，所谓"观乎人文"指的是要学习西周的文教礼制；在孔子的价值体系里，文化就是"恢宏周礼，天下大同"。中国文化的这种特征已然形成了中国文化发展的基本路径，也成为当下中国文化产业发展的一个内生特征与价值取向，即所谓社会效益第一性原则。当然，在今天，"化成天下"的文化发展价值追求显然具有了政党政治的特征，中国文化产业的发展也就难免会有强烈的社会意识形态要求。在中国，当单一的文化事业模式越来越无法适应文化发展实践的时候，文化产业被认可为社会主义市场经济体制下文化发展的基本方式之一，在确保社会主义属性的前提下，积极适应并发挥市场机制的作用，内求文化发展与时俱进，满足人民日益增长、日益多样的精神文化需求，让人民满意，实现内部文化认同；外求文化发展的国际影响力，让世界认识并接受中国形象与中国价值，提升文化软实力。作为经济体制改革经验的重要延伸，文化体制改革不仅极大地释放了文化生产力，也重新塑造了中国文化发展的新格局。文化体制改革的总体趋势是将文化部门划分为文化事业与文化产业，但实际上由于意识形态的因素，经营性文化事业（也可称之为事业单位企业化运营）部门还大量存在，这既体现了改革的复杂性，也进一步凸显了中国特色。[①] 可以说，中国文化传统的强大惯性混合了清末以来形成的民族危亡意识、当代改革开放的富强理念以及社会主义意识形态约束，共同形成了当下中国文化产业发展的复杂中国特色。

再次，中国的文化产业被寄予了很高的经济增长期望。在当前，中国文化产业的发展除了被赋予浓重的"文化"责任外，也被寄予强烈的"产业"使命，尤其是在地方政府层面上，后者显然更为重要和急迫。众所周知，中国改革开放以来的高速增长很大程度上是以低效率大规模消耗不可再生能源资源为代价的，同时形成的并发症或后遗症就是严重的环境污染，这种经济增长方式显然不可持续，但中国的经济还亟待快速发展，寻求高效的替代增长途径成为当务之急。因此，文化产业被寄予转变经济增长方式、促内需、调结构的厚望。所谓转变经济增长方式，就是要从依赖自然资源和人力资源的经济发展方式向依靠人文资源和智力资源的经济增长方式转变。一个很重要的认识已经被广泛接受，即自然资源在生产过程中不断被消耗并不可再生，而文化资源通过

---

① 魏鹏举：《切合人民利益，激发文化活力》，《人民日报》，2013 年 11 月 5 日第 14 版。

产业化开发则不断增值且生生不息。与这种认识不谋而合，经济学家也提出，与一般经济领域边际收益递减的特征不同，创新行业的边际收益是递增的，这一研究成果也被应用到对文化产业的研究中来。[①] 随着这样的认识日益深入人心，加上文化旅游、文化地产等业态的火爆效应，中国各级政府对于文化产业的经济增长效益越发关切。所谓促内需，就是认为文化消费会是中国居民消费最有潜力的部分之一。按照一般国际经验，人均 GDP 达到 3000 美元时，居民的精神文化消费会有井喷式增长。到 2015 年，中国的人均名义 GDP 已经达到 8000 美元，国内文化消费还没有大规模释放。如何释放并进一步促进文化消费，如今已经成为许多政府部门的重要工作内容。所谓调结构，就是通过发展文化产业，带动产业结构的优化和升级。这里至少包含两层期望，一是文化产业本身的增长带来的经济结构升级效果，二是文化产业融合相关产业并提升其创新能力和附加值从而推动经济结构的优化和升级效应。前者在中共十七届六中全会通过"推动文化产业成为国民经济支柱性产业"的表述得以明确为国家战略，后者通过 2014 年 3 月初国务院颁布的《关于推进文化创意和设计服务与相关产业融合发展的若干意见》（国发〔2014〕10 号）而上升为国家战略。

最后，中国文化产业的发展创新在世界范围内都是独一无二的。正是因为文化产业在中国具有如此特殊的待遇和特别的要求，所以造就了中国文化产业独特的发展创新气质。在国际上绝大多数典型市场经济国家，文化产业的发展只需循着市场规律、遵守法律规章就可以了，即便有一些相关的创新举措，也是和新经济的整体发展相适应的，很少是文化产业领域的专属创新。以电影业的投融资为例，在欧洲、美国等都已经有比较成熟的案例与模式，但它是知识经济发展的成效，是知识类无形资产与资本市场融合发展的实践产物，并不是专为文化产业发展进行的创新。在中国，文化产业的发展必须通过不断的创新才能实现。其中，已经持续十多年的文化体制改革就是推动文化产业发展的最

---

① 罗默于 1986 年在美国《政治经济学》杂志发表《收益递增与长期经济增长》（Increasing Returns and Long-run Growth）一文，提出了内生增长理论。他认为，经济增长不是外部力量（如外生技术变化、人口增长），而是经济体系的内部力量（如内生技术变化）的产物。罗默提出了与传统经济学截然不同的观点，他认为，内生技术的力量，不仅可以突破收益递减的规律，实现资本收益递增；而且罗默认为投资能使技术更有价值，而技术进步也使投资更有价值，这是一个良性的循环。魏鹏举在 2006 年博士后出站报告《全球化的本土视野：文化创意产业与内生经济增长》中将罗默的上述思想应用到文化产业的经济特征分析。

重要体制机制创新，而且，这样的改革创新被认为是随着实践发展"永无止境"的。① 在改革的意识形态语境中，中国文化产业的发展创新，在名义上被充分鼓励。在实践中，文化产业的发展既缺乏相关经验或模式可借鉴，也没有明确法律规章可遵循，摸索着干、学习着干、创新着干，这是中国文化产业发展的现实道路。可以说，创新是中国文化产业发展的永恒主题和未来希望。随着解放思想和改革开放的步伐，文化产业领域的发展创新不断涌现。有些是体制创新方面的，比如电视业的制播分离、国有文化资产的单独管理、特殊管理股制度等；有些是机制创新方面的，比如文化产权交易所、文化保税区等；有些是商业模式创新方面的，比如实景演出、艺术品份额化交易等。

总体来看，文化在中国具有显著的"特殊性"，文化产业的发展模式在国际上独一无二，文化产业的发展在改革开放语境中涉及了文化、政治、经济、社会、环境等多维度、多层次的问题，相互牵扯，趔趄前行。

"十三五"时期，中国面临改革开放红利结束、经济增长模式转型、需要寻找未来经济可持续增长点的重大挑战，已经进入一个转方式、调结构的重要窗口期。在这个机遇期下，"十三五"时期文化经济的发展语境也随之发生了变化。"十三五"时期提出"创新、协调、绿色、开放、共享"的新发展理念，创新是放在第一位的，在创新方面明确提出"四个创新"，其中文化创新和理论创新、制度创新、科技创新并列。在中共十八届五中全会的《中共中央关于制定国民经济和社会发展第十三个五年规划的建议》中，关于文化产业发展明确有四句话："推动文化产业结构优化升级，发展骨干文化企业和创意文化产业，培育新型文化业态，扩大和引导文化消费。"中央文件日益强调和突出"文化创意"，旨在强调从要素驱动向创新驱动的文化产业发展方式转型，突出内容为王、创意为胜的新动力。

从2004年到2014年中国文化产业实现了高速增长。从2004年算起，只用了七年时间，文化产业增加值就突破了万亿元，成为国民经济新的增长点，这在产业发展史上是个奇迹。文化产业占GDP的比重也在稳步上升，2004年只有2.15%，到2011年超过3%，再到2014年达到3.76%。总的来看，无论从增量还是从占比来看，文化产业在中国确实在快速发展，在国民经济中的地

---

① 《中共中央关于深化改革若干重大问题的决定》：实践发展永无止境，解放思想永无止境，改革开放永无止境。

位逐年攀升。

但是如果通过文化产业与宏观经济增长的相关性比较可以看出，最近十年，GDP 增速一路下行，2012 年跌到了 8% 以下，2015 年 GDP 增速更是跌破 7%。同比文化产业增速来看，文化产业在 2005 年的增长幅度达到 37.1%，此后同样经过波动，最近这几年增长速度也明显下降。如果从一个总体走势来看，文化产业发展的走向基本上和宏观经济的走向是一致的，而且它的增长下滑速度比 GDP 下滑速度还要大。2013 年文化产业的增长率下降到了有统计以来的最低点（11.1%），但 2014 年又上升到了 12.1%，比同期 GDP 增速要高出近 5 个百分点。按照国家关于实现文化产业成为国民经济支柱产业的总体战略部署，在未来五年中国经济下滑趋势持续的背景下，"十三五" 时期文化产业的增长率预计保持年均 15% 甚至更高。文化产业有可能实现 "逆势而上" 的发展，对于中国经济转型发展具有越来越显著的战略价值，对于中国文化在市场经济条件下、全球化语境中的繁荣发展也将发挥举足轻重的作用。

目 录
Contents

文化政策

树立人民性理念，深化内涵式文化体制改革①

魏鹏举

  文化体制改革是我国为适应社会主义市场经济体制而着力推进的重大制度性变革。文化体制改革是改变我国长期以来的文化生产力落后状况、满足人民基本文化权益和多样性文化需求、实现文化大发展大繁荣、建设社会主义文化强国的必由之路。在我国进入全面建成小康社会的决定性阶段，文化越来越成为人民幸福、社会进步、国家富强的核心要素，文化体制改革的转型深化，不仅关系到文化发展的成效，也关乎经济的转型升级，更关乎民心的聚散与国力的兴衰。

  最初，文化体制改革是按照经济体制改革的思路进行的，主要任务是破解计划体制下文化领域的管办不分、人浮于事、效率低下等问题。鉴于文化具有显著的意识形态性和公共性，按照文化建设的基本任务，文化体制分类推进的改革思路逐步确立。通过改革，计划体制的文化事业向三个方面转变：一是公共文化部分，二是文化产业部分，三是交叉的经营性文化事业部分。经过不懈的努力，目前分类改革的阶段性任务基本完成。

  当前的问题是：分类改革符合我国当代文化建设的逻辑，但客观上带来了文化发展理念的模糊、文化主体定位的困惑以及文化行政管理的困难。这个问题在广播电视领域最有代表性，典型的征候就是娱乐化与"限娱令"的反复博弈。我国的广播电视业企业是典型的文化体制改革的"第三部门"，即公共性与产业性交叉的企业化运营的事业单位。企业化运营，自然追求经济收益最大化；事业单位管理，当然要求社会效益第一位。作为经济效益最大化和意识

---

① 魏鹏举. 深化文化改革学者谈：切合人民利益激发文化活力 ［N］. 人民日报，2013-11-05（14）.

形态风险最小化的均衡，中性的娱乐类节目往往成为在封闭体制下电视业竞争的最优选择。在当前体制形态下，电视运营主体既没有通过大规模产业扩张做大做强的发展空间，同时也没有被兼并或淘汰的危险，赚取短期利益，谋求安全发展，这会成为电视部门的普遍追求。在这种博弈状态下，管理部门越是加强限制，电视台就越忌惮内容创新，造成低水平发展的"产能过剩"现象，越来越趋于竞争性复制的过度娱乐化，也就是现在这种"越限越娱"的怪现象。与电视行业的"事业单位企业化管理"相映成趣的是出版行业的"企业单位事业化管理"，对于满足现状的企业来说，这种"双轨制"是左右逢源，既可得市场之利也可享事业之益；但对于那些谋求壮大的企业来讲，这种"双轨制"却是左右逢"渊"，造成行业运营的进退失据。经济效益和社会效益是两个性质冲突的管理尺度，同时加之于一个具有独立经济人理性的文化单位身上，即缺乏有效性也缺乏合理性。如果不继续深化体制改革，文化创新活力无法释放，文化生产力也会被抑制，人民的文化诉求也很难得到满足，文化强国建设的国家战略目标也很难真正实现。

面对这样的改革发展困境，在新的发展阶段，文化体制改革需要从过渡性的机制性调整转向服务文化强国战略目标的实质性改革，从分类推进的外延式改革向理念导向的内涵式改革转型。没有理念的改革只是工具性的革新，没有理念的改革是缺乏灵魂和方向的改革。下一步内涵式改革的主要任务是：以文化强国战略为指导，以文化创新发展为动力，在巩固和总结文化分类改革成效的基础上，大力推进文化理念明确、机制精简高效、依法规范有序的文化行政体制改革。

内涵式文化体制改革的核心是要有清晰明确的文化发展理念。改革就是攻坚克难，改革不仅需要勇气和智慧，更需正确信念的引导。当改革进入深水区，改革触及的问题越来越复杂时，尤其需要信念的力量。在新的文化发展战略期，文化体制改革必须牢牢树立人民性的理念宗旨，促进实质性变革，带动全体中华儿女实现中华人文辉煌之梦。

从延安文艺座谈会以来，人民性就始终是我党我国文化政策的基础和核心。中共十八大报告以及之前的中共十七届六中全会决定，也都将人民性确立为当下我国文化改革发展的基本准则。习近平总书记的"8·19"讲话明确指出，"坚持人民性，就是要把实现好、维护好、发展好最广大人民根本利益作为出发点和落脚点，坚持以民为本、以人为本"。刘云山同志在不同场合反复强调了"文化为民"的思想理念。

文化体制改革，文化发展繁荣，文化强国建设，一切都要以人民性作为基准来衡量其意义与价值，不能为了改革而改革，不能为了繁荣而繁荣，不能为了强盛而强盛。如果人民性这个内涵式文化改革发展的航标确立了，文化改革发展中的问题与难题也就有了解决的依据和方向，文化体制机制创新也就有了不竭的动力和源泉。

文化的人民性至少应该包括四个方面的内涵：文化建设为了人民，文化建设依靠人民，文化建设要让人民满意，文化建设要团结和振奋人民为实现中国梦协力奋斗。把握人民性的文化思想理念，以此为核心价值，理直气壮，贯穿文化体制改革的始终，克服文化建设中存在的官僚主义和形式主义，克服文化行政机制的本位利益，以人民文化权益和国家文化利益为重，推动文化改革发展从一个个的胜利走向最终的成功。

内涵式文化体制改革的关键是要形成精简高效的大文化管理机制。这就需要进一步转变政府职能，整合行政资源，简化行政审批，建立扁平化的大文化行政管理机制，真正从"办文化"向"管文化"转变，从条块分割向统筹指导转变，从运营审批向内容监管转变。

从"办文化"向"管文化"真正转变，就需要在下一步的改革中，行政权力退出更多可经营性文化行业，打破文化稀缺资源的部门垄断，使文化行政管理机构获得公信力，真正站上文化战略指导的高度。其中一个关键的任务就是切实推进广播电视业的转企改制，尽快实现传媒间的数字融合，推动我国文化创新与科技创新的融合发展，提升文化创新活力和发展能力。从我国市场经济发展的经验来看，即使是公共产品，也可以通过政府购买、社会化或市场化提供来实现，这样做往往效率更高、效果更好。而且文化行政部门只有从"办文化"的利益本位中解放出来，才能真正坚持文化为民的理念，做细做精做好"管文化"的职能。

从条块分割向统筹指导真正转变，这就要求通过深化改革，坚决打破文化建设中的行政本位主义障碍，逐步建构完善大文化行政管理格局，使文化行政管理机构真正具有总体文化发展的战略统筹能力。关键的任务是继续推进大部制改革，逐步消弭文艺、出版、广电、网络等条块分割的旧制区隔，破除行政壁垒和威权垄断，从管控型文化行政向服务性文化行政转变。从国家战略高度制定现代文化产业发展模式，建立与市场经济相适应的文化投融资体系和文化产品监管机制，实现文化资源资产的优化整合，做大做强全产业链的文化企业，满足人民的多样性文化精神需求，扩大文化内需，发挥文化创意的融合与辐射作用，带动我国经济转型升级。

从运营审批向内容监管真正转变，就是要以高度的文化自觉和文化自信，勇于开创百花齐放、百家争鸣的开放包容格局，培育和激励全社会的文化创新活力，以统一透明的内容监管代替微观具体的运营审批。关键任务是建立合理的内容评价体系和监管机制。文化的意识形态性是内容的价值倾向问题，与载体和渠道关系不大，所以从意识形态的管理角度，关键是要加强内容监管，完全可以放开载体和渠道的行政管控。从文化的产业性来看，内容也是文化产业的核心价值，内容监管要加强知识产权的保护力度。

内涵式文化体制改革的基础是要建构依法规范有序的文化管理模式。"人民"是一个群体性概念，现实地看，"人民"的文化权益其实是虚拟的，而每一个企业、组织或政府部门的权益相对是具体和明确的。要保障人民性的文化理念，就必须建章立制，依法规范文化管理，这是理念引领的内涵式文化体制改革能够顺利实施的制度保障。

认真研究和开展文化立法工作，将文化建设与改革也逐步纳入法制化的轨道。在下一步的改革中，重点要修订完善《著作权法》，制定出台《文化产业振兴法》等文化领域的综合性立法，积极推动出版、电影等文化领域的行业性立法工作。

加强国有文化企业管理的制度化与规范化，完善国有经营性文化资产管理、监督和运营体制。要改善和创新财税政策，开发有利于文化产业发展的政策红利。破除现有条块规制，大力推动跨行业、跨地域、跨所有制的兼并重组，培育大型国有骨干文化企业。

研究制定长期性普惠文化产业扶持政策，对于各类非公文化企业的发展形成制度性激励与保护。鼓励和保障各类文化主体，积极发挥全社会的文化参与热情，鼓励各种社会力量投资捐赠文化，合理发展各类社会非营利文化组织。

总之，做切合人民利益的文化改革，才能真正激活人民的文化创造活力，才能真正得到人民的认同与支持，这也才是文化强国的真正内涵。

中国文化产业发展的结构性特征

魏鹏举

中国文化产业的总体发展速度快、规模增长快，文化科技融合的内涵式结构升级趋势日益显著，文化与相关产业融合的外延式结构优化受到全面的政策推动。但由于中国文化产业的发展还处于初级阶段，在结构性方面存在的问题仍比较多，比如，文化科技融合相对不足，创新含量低；条块化明显，市场集中度不够；产业的关联性弱，文化创意对相关产业的带动性不足；等等。

从国际经验来看，文化产业与科技发展呈现明显的伴随性增长特征，科技的进步带动文化产业的增长，文化产业发展同时也促进数字技术的快速发展和广泛应用。机械复制技术、音像技术、多媒体技术等都曾经在文化产业的发展历史中起到里程碑式的作用。尤其是 20 世纪 80 年代以来数字技术及互联网的不断发展，文化传媒的"数字融合"趋势成为了一种普遍现象。所谓数字融合①，是指由于现代科技，尤其是数字信息技术的发展，使得原本各自独立的一些行业逐渐有了越来越多的联系与交叉，甚至融合为一体。这种技术融合现象主要发生在传媒、设计等行业领域。比如，传统的报刊、出版、电影、电视、音乐等不同的传媒行业，因为数字信息技术的发展，原本基于不同介质的传媒行业逐渐融合为一体，文字、图像、声音等通过数字化整合为一个不再有介质差异的大传媒行业。设计行业同样由于数字技术的普及和深度利用，原本各自分殊的艺术设计、平面设计、建筑设计、展览设计、工业设计等，现在均

---

① 有关数字融合的研究，比较早的是美国麻省理工学院媒体实验室的奈格尔彭特，他用三个重叠的圆圈来描述计算、印刷和广播三者的技术边界，认为三个圆圈的交叉处将成为成长最快、创新最多的领域。20 世纪 80 年代，美国哈佛大学的欧丁格与法国作家罗尔和敏斯分别创造了"Compunctions"和"Telemetriqu"两个新词试图反映数字融合的发展趋势，并把信息转换成数字后，将照片、音乐、文件、视像和对话通过同一种终端机和网络传送及显示的现象称为"数字融合"（杨建文等. 产业经济学［M］. 学林出版社，2004：259.）。

可以实现数字虚拟设计。

数字融合主要发生在以文化创意为核心价值的行业中，因为这些行业的价值实现不以实物形态为目标。一份报纸主要的价值是它所呈现和传播的内容，而一身衣服最主要的价值是遮体防寒，报纸数字化并不影响其内容价值，而以实用价值为主的衣服则显然无法直接数字化，不然就有皇帝新衣之虞了。数字化的手段，一方面不会对文化内容或创意有本质的损失，另一方面还会更加丰富内容或创意的表达与呈现，更加便于内容或创意的传播、消费以及再利用。数字融合在最近半个世纪以来深刻影响着全球经济社会的发展，大多数的文化或创意相关的行业由分散趋于融合，数字化还不断延伸着文化创意行业的价值链，使之成为一个越来越显要、越来越能创造价值、带来大量就业的文化产业（图1）。

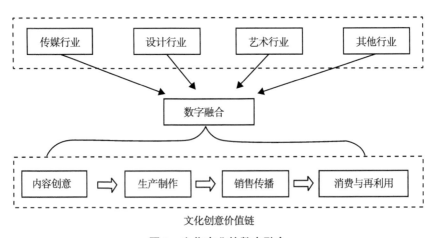

图1 文化产业的数字融合

文化与科技的融合，既是中国文化产业发展的自然趋势，也是中国政府的自觉追求。中国的互联网发展非常迅猛，与世界上的一些市场先发国家相比，中国呈现出"弯道超车"的态势，互联网用户规模已居世界第一。在市场化的环境中，互联网经济高速发展，在市场需求和资本运作的共同作用下，互联网的文化产业化程度在最近几年越来越高。中国的三大互联网巨头 BAT（百度、阿里巴巴和腾讯）都已经全面布局文化产业。与此同时，文化产业的数字化或互联网化也不断提速。中国政府在这方面也不遗余力。中央财政最近几年辟出专项经费补贴推动国有文化企业的数字化升级。文化资源的数字化增长同样令人瞩目。政府还专门出台了一系列推动文化科技融合发展的政策文件，无论是文化部门还是科技部门，都表现出很高的积极性和热情。

据估算，2013 年移动互联网相关业态对传媒产业增长的贡献率达到30.3%，较 2012 年上升 12%[①]。数据显示，2013 年中国网络游戏市场规模达到 891.6 亿元，同比增长 32.9%；在线视频市场规模达 128.1 亿元，同比增长41.9%。2012 年手机阅读用户规模达到了 2.91 亿户，市场规模达到了 55.9 亿元。2013 年 8 月，国务院发布的《关于促进信息消费扩大内需的若干意见》提出，要大力发展数字出版、互动新媒体、移动多媒体等新兴文化产业，促进动漫游戏、数字音乐、网络艺术品等数字文化内容的消费。

除了文化科技融合的内涵式结构升级外，文化产业与相关产业融合发展外延式结构优化趋势也日渐明显。后者既反映了相关产业对文化产业发展的支撑作用，也反映了除 GDP 的直接贡献外，文化产业对国民经济的整体拉动作用。从相关产业的支撑作用看，主要体现在三个方面：第一，作为中间产品和最终产品的需求方，刺激文化创作生产；第二，通过提供技术、设备与材料，支撑文化生产传播；第三，通过产业融合，为文化产业发展提供更广阔的市场空间。从文化产业的整体拉动作用看，主要体现在四个方面：第一，优化产业结构，主要基准是在整个产业链中的纵向整合功能；第二，拉动经济增长，主要基准是文化消费、投资、出口的拉动作用；第三，推动经济转型升级，主要基准是技术创新为代表的全要素生产率提升；第四，提升产品附加值，主要基准是品牌价值。

由于计划经济的历史性因素，中国经济的不同产业间在整体上还有条块封闭的问题，但在文化产业与相关产业关联最为紧密的个别领域自发涌现了一些新业态、新模式，成为融合发展趋势的先声：

一是文化旅游。无论是景区的文化挖掘、主题乐园的涌现，还是丰富多样的旅游纪念品，文化内涵决定着旅游的品位、精神价值和人文含量。文化产业与旅游业融合的典型范例是旅游演出。由张艺谋执导的《印象·刘三姐》仅2009 年就演出了 497 场，观众达 130 万人，演出收入逾 2.6 亿元，引发了国内大型实景演出的热潮。据官方披露，目前中国成规模并具有一定知名度的旅游

---

① 清华大学新闻传播学院传媒经济与管理研究中心. 中国传媒产业发展报告（2014）［R］.

演出项目有 200 余个，2013 年旅游演出的市场收入已达 37.71 亿元①。2007 年，文化部、国家旅游局出台了《关于促进文化与旅游结合发展的指导意见》，进一步推动文化与旅游紧密结合、互融共进、互动发展。

二是文化地产。随着房地产市场的持续升温，2008 年以来中国出现了文化地产热，名目繁多的文化园区如雨后春笋般涌现。尽管文化园区普遍产值低、企业少、同质化严重，大多沦为"圈地"的噱头，但客观上，这一文化产业与房地产业结合的业态自发实现了相当程度的产业融合，在房地产开发之余，也为消费者提供了独特的文化体验，提升了文化产业的集聚效应，改变了文化产业"轻资产"的特征，为文化产业发展提供了一定的资本支持。随着政府对文化园区建设的不断规范，文化地产发展模式也将进一步调整，有望实现文化产业与房地产业的双赢。

三是创意设计。文化创意是凭借创意才能提升产品附加值的关键领域，对以制造业为代表的传统产业有着"点石成金"的独特作用。截至 2012 年底，中国文化创意与设计服务增加值达 3530 亿元，其中广告业 1025 亿元，软件开发 1209 亿元，数字内容服务 74 亿元，工程勘察设计 999 亿元，专业化设计服务 223 亿元②。此外，文化创意领域也涌现了一些崭新业态，如实现了艺术家、博物馆与制造业间无缝对接的艺术授权。据统计，2010 年中国艺术授权和衍生品交易为 60 亿元③。中国文化创意领域蓬勃发展，带来了从"中国制造"到"中国创造"的转变，2013 年中国 500 个最具价值品牌的总价值已达 81025.29 亿元④。

四是装备制造。文化装备是用于文化再生产的专用材料与设备，不仅可以支撑文化产业发展，还可以促进装备制造业转型升级，自身也可以在融合中实现跨越发展。据估算，2008 年中国规模以上文化装备制造业法人单位增加值约为 5147.6 亿元，占该年度我国文化产业增加值的 67.5%，其中，印刷装备 3294 亿元、演艺装备 1544 亿元、广播电视装备 257 亿元⑤。然而，在一些高

---

① 中国演出行业协会. 2013 中国演出市场年度报告［R］.
② 国家统计局，系全口径的法人单位（含企业、事业、社团）数据。
③ 文化部文化市场司. 2010 中国艺术品市场年度报告［R］.
④ 世界品牌实验室. 2013 年（第十届）《中国 500 最具价值品牌排行榜》［Z］.
⑤ 中国文化装备制造业发展研究课题组. 2012 年中国文化装备行业发展报告［R］.

技术含量的领域，中国文化装备制造业发展水平与国外还有较大差距，如数字电影放映机等电影装备还大量依赖进口。作为文化产业中最具固定资产特征的组成部分，未来文化装备制造业在融合发展中地位将进一步凸显。

2014 年 3 月，国务院出台《国务院关于推进文化创意和设计服务与相关产业融合发展的若干意见》，提出"着力推进文化软件服务、建筑设计服务、专业设计服务、广告服务等文化创意和设计服务与装备制造业、消费品工业、建筑业、信息业、旅游业、农业和体育产业等重点领域融合发展"，中国文化产业与相关产业有望在日趋完善的政策推动下走向行业内融合、行业间融合，乃至文化经济普遍融合的新形态，实现真正意义上的融合发展。

尽管融合发展是文化产业的应有之义，早已成为大势所趋，并有个别领域在业态融合与模式创新方面走在产业前列，但当前中国文化产业与相关产业仍呈现关联度较低的整体特征。相比产业规模在政策支持下所获得的迅速提升，当前中国文化产业的产业关联度较低①。根据 2007 年的投入产出表可做出一些初步判断：第一，文化产业总投入产出规模偏低，仅占总投入产出的 1.68%，而同期文化产业增加值占 GDP 的比重为 2.43%；第二，文化产业的影响力系数与感应度系数均小于 1（见表 1），说明文化产业的波及效应较低，与其他产业的关联性较弱；第三，从直接分配系数与完全分配系数看（见表 2 和表 3），文化服务业的前后向关联度都低于平均值，说明其与相关产业严重脱节；第四，部分核心领域呈现封闭局限的发展格局，如文化艺术业、广电音像业投入产出占比最高的部门都是自身。这足以表明，尽管已经成为了独立的产业部门，但文化产业游离于相关产业之外，呈现关联度较低的高度封闭特点。

---

① 产业关联度是国民经济各个产业部门之间以投入和产出为纽带的技术经济关联程度。如果产业关联度大于零，则两个产业部门存在关联；如果产业关联度大于平均值，则两个产业部门密切相关。从关联方向来看，产业关联度可分为前向关联度和后向关联度，又称分配系数与消耗系数。前向关联度是指某一产业与需求本产业产品或服务的产业部门的技术经济关联程度；后向关联度是指某一产业与向本产业提供产品或服务的产业部门的技术经济关联程度。从关联程度来看，产业关联度可分为直接关联度和完全关联。直接关联度是指反映某一产业与相关产业部门的直接供给和需求关系的技术经济关联程度；完全关联度是指反映某一产业与相关产业部门的全部供给和需求关系的技术经济关联程度。

表 1　文化产业对其他产业的波及系数

	第一产业	剔除文化产业的第二产业	剔除文化产业的第三产业	文化品制造业	文化服务业
影响力系数	0.606272	2.177356	0.948206	0.670913	0.597253
感应度系数	0.699009	2.067569	0.977271	0.686384	0.569766

资料来源：根据《2007 年中国投入产出表》整理。

表 2　文化产业对各个产业的直接分配系数

直接分配系数	第一产业	剔除文化产业的第二产业	剔除文化产业的第三产业	文化品制造业	文化服务业
第一产业	0.140657282	0.429400059	0.049825179	0.024805778	0.002330442
剔除文化产业的第二产业	0.01843144	0.040990255	0.056534222	0.02125734	0.011052534
剔除文化产业的第三产业	0.005890733	0.293787294	0.171310059	0.01276776	0.03522951
文化品制造业	0.003740357	0.235726193	0.154278821	0.196542411	0.063971868
文化服务业	0.018453538	0.211048338	0.11253431	0.006484711	0.056430098

资料来源：根据《2007 年中国投入产出表》整理。

表 3　文化产业对各个产业的完全分配系数

完全分配系数	第一产业	剔除文化产业的第二产业	剔除文化产业的第三产业	文化品制造业	文化服务业
第一产业	0.186438	0.974371	0.15324	0.065042	0.024475
剔除文化产业的第二产业	0.041012	0.826237	0.140859	0.052066	0.030282
剔除文化产业的第三产业	0.024871	0.687221	0.270383	0.039608	0.058228
文化品制造业	0.025159	0.713251	0.300953	0.269904	0.010575
文化服务业	0.035516	0.514393	0.188083	0.026369	0.074728

资料来源：根据《2007 年中国投入产出表》整理。

　　中国文化产业在结构性方面的另一个比较突出的问题是行业集中度不足。尽管早在 2003 年中共十六届三中全会发布的《中共中央关于完善社会主义市场经济体制若干问题的决定》中就首次明确提出文化体制改革要形成一批大型文化企业集团，2012 年的《国家"十二五"时期文化改革发展规划纲要》更是直接提出要培育 50 家实力较强、影响力较大的骨干文化企业，但是从现状来看，以改制型的国有文化企业为主体的中国文化产业的总体上还存在条块分割的问题，行业、所有制、地区的界限鲜明，即使是单一行业其集中度也不足，规模经济与范围经济尚未形成，这不利于中国文化产业发展的质量提升和国际竞争力增强。下面以中国出版业的行业集中率来说明这一问题。

　　行业集中率（CRn）是指某行业的相关市场内前 n 家最大的企业所占市场份额的总和，是衡量行业市场结构的一个重要指标，CRn 越大，说明这一行业的集中度越高，市场竞争越趋向于垄断；反之，集中度越低，市场竞争越趋向于竞争。而赫芬达尔指数（HHI）是一种测量产业集中度的综合指数。它是指一个行业中各市场竞争主体所占行业总收入或总资产百分比的平方和，用来计量市场中企业规模的离散度，可以不受企业数量和规模分布的影响，较好地测量产业的集中度变化情况。

　　光明日报社和经济日报社自 2008 年起每年发布中国文化企业 30 强，为分析中国文化产业的市场集中度提供了一个较好的观测样本群。30 强的文化企业绝大多数属于某个单一行业，跨媒体的企业很少。在一个细分行业中，30 强的企业所占份额也不高。这里以新闻出版产业为例，在 2013 年评出的第五届中国文化企业 30 强名单中，有 10 家属于新闻出版产业，相关企业统计见表 4。国家新闻出版广电总局发布的《2012 年全国新闻出版产业分析报告》显示，全国出版、印刷和发行服务实现营业收入 1.66 万亿元。为了方便起见，这里采用企业营业收入来反映企业规模和市场占有能力，由此可以计算出各个企业的市场份额。从而得到相关指标如下：

　　$CR4 = 0.71\% + 0.58\% + 0.54\% + 0.52\% = 2.37\%$

　　$CR8 = CR4 + 0.48\% + 0.44\% + 0.41\% + 0.4\% = 4.12\%$

　　$CR10 = CR8 + 0.37\% + 0.29\% = 4.87\%$

　　$HHI = 0.71^2 + 0.58^2 + 0.54^2 + 0.52^2 + 0.48^2 + 0.44^2 + 0.41^2 + 0.4^2 + 0.37^2 + 0.29^2 = 2.419$

　　从市场集中率来看，无论是 CR4、CR8，还是 CR10，其数值都远远小于

30%，因此可以看出，中国新闻出版产业属于分散竞争性行业；从赫芬达尔指数来看，HHI 远远小于 500，反映出中国新闻出版企业分散程度过高，产业集中度不足，有待引入战略资本进行合并重组。

表4　2013 年中国新闻出版企业 10 强的收入与市场份额

序号	企业名称	2012 年营业收入（亿元）	市场份额（%）
1	江苏凤凰出版传媒集团有限公司	118.6	0.71
2	安徽新华发行（集团）控股有限公司	97	0.58
3	浙江出版联合集团有限公司	90.3	0.54
4	安徽出版集团有限责任公司	87.5	0.52
5	江西省出版集团公司	80.4	0.48
6	湖南出版投资控股集团有限公司	73.7	0.44
7	中国出版集团公司	69	0.41
8	山东出版集团有限公司	67.3	0.4
9	中国教育出版传媒集团有限公司	61.4	0.37
10	四川新华发行集团有限公司	49	0.29

资料来源：根据互联网公开披露整理。

中国文化产业所出现的结构性问题的根源，是产业自身的市场化程度不高。产业融合的实质是多要素的整体性融合，其本质是资源配置的问题。市场是已经被实践证明的，迄今为止，配置资源最有效率的经济体系，在产业融合中发挥着决定性作用。从产业融合理论看，产业融合以市场融合为导向已经成为共识①。这一判断也可以运用产业组织理论中经典的"结构—行为—绩效"分析范式得以确证。正是通过市场资源配置，产业在三个方面突破了自身的高度封闭特性：一是在技术与产品层面激发创新以实现替代与互补，二是在生产中通过模块化提高资产通用性，三是在流通中放松管制以突破市场壁垒。

然而，更好地发挥市场在文化领域资源配置中的作用绝非一朝一夕之功，文化产业与相关产业融合发展，既要寄希望于消费市场的自发生长，更需要政府的主动介入，这也是中国文化产业政策的现实需求之一。

---

① 克雷斯腾森和罗森布鲁姆（Christensen C. & Rosenbloom R.，1997）、阿方索和塞尔瓦托（Alfonso & Salvatore，1998）等都表达了类似的观点。

中国文化产业投融资的现状与趋势①

魏鹏举

　　随着中国经济的高速增长和文化体制改革的深化，中国的文化产业发展逐步进入了一个战略发展期。所谓"战略发展期"有三层含义：整体经济的高速增长托起了文化消费的大盘；高速增长过程中的经济发展结构转型使文化产业成为可持续发展的战略选择；文化体制改革使文化产业对社会资本产生了显著的吸引力。

一、中国文化产业投融资的现状特征

　　国内日益增长的精神文化需求对中国文化产业的发展起到了巨大的拉动作用，中央政府提出的新经济增长观对于中国文化产业的发展起到了强劲的推动作用。中国的金融业则面临着利率市场化、人民币国际化、互联网金融崛起等因素导致的新竞争时代的到来，资本亟待寻求新的业务增长点和新的发展空间，文化产业日益成为各类资本的目标。

　　各种因素都在促进中国文化产业投融资的兴盛，这一场文化资本盛宴的主要特征有如下三个方面：

（一）政府投入力度持续加强，带动越来越多的社会资本进入文化产业

　　2012年全国财政文化体育与传媒支出2251亿元，比2011年增加358亿元，增长18.9%。2007年以来，文化体育与传媒支出年平均增长16%，全国公共财政收入年平均增长15%，表明近年来财政文化投入力度在逐步加大。

　　各级政府针对文化产业的投资都在不断加强。根据国家统计局的数据，2012年中国文化及相关产业的固定资产投资额为16257亿元，是2005年的

---

① 魏鹏举. 中国文化产业投融资的现状与趋势 [J]. 前线，2014，22 (10)：43-46.

5.6 倍，年平均增长近 28%。其中，国家预算资金 837 亿元，是 2005 年的 8.1 倍，年平均增长近 34.9%。在地方政府层面，文化产业是许多地方拉动经济增长、实现增长方式转型的重要新经济增长点，对于文化产业的投入往往更积极，力度也更大。以北京为例，从 2006 年开始，每年的文化创意产业专项资金有 5 亿元，从 2010 年开始，每年增长到 9 亿多元。据不完全统计，最近几年，每一年全国各级政府的各类文化产业专项资金支出总规模超过 100 亿元，这个趋势还在继续。财政部的国家文化产业发展专项资金，2011 年的规模是 34 亿元，2012 年增长到了 48 亿元。此外，由政府主导的文化产业投资基金的类型和规模也越来越庞大，2011 年 7 月，由财政部发起的中国文化产业投资基金的募集规模为 200 亿元，首期即成功募集了 41 亿元。

随着投入力度的不断增加，政府投资的绩效问题日益受关注，创新投入方式，改善投资机制，示范和带动社会资本进入文化产业领域，这将成为政府投资的重要任务。贷款贴息、后期奖励、引导投资、组合投资等模式会成为各类政府专项资金、投资基金等改进绩效的主要方向。

近年来，为促进文化企业与金融体系的对接，文化部积极开展与银行等金融机构的合作，推动文化产业信贷融资发展。据统计，仅 2011 年部行合作框架内的重点信贷项目就达 97 个，贷款余额累计 210.96 亿元。在政府的推动下，文化产业信贷融资规模屡创新高，如 2013 年 1~8 月，北京辖内各中资银行累计发放文化创意产业贷款 456.8 亿元，同比增长 38.5%。

（二）文化产业资本运作活跃，大力推动文化产业与相关产业融合发展

从 1978 年改革开放以来，中国经济已经连续 35 年高速增长，积累了巨大的产业投资资本，尤其是 2000 年以来，随着中国经济结构调整的方向日益明确，能源、地产等传统行业的发展受到抑制，这些行业积累的资本开始寻求新的投资方向。文化产业不仅得到国家政策的大力支持，同时快速成长的文化消费市场也越来越有吸引力，各种资本对文化产业的投资热情不断高涨，文化产业资本运作越来越活跃。各种文化产业投资基金纷纷成立，募集资金的额度快速增长。根据北京新元文智咨询服务有限公司的相关报告统计，到 2013 年为止，中国各类文化产业投资基金有 103 家，总募集金额达到 1408 亿元。

文化产业相关的并购推动产业资源的整合。由于产业发展中整合的动力越来越强，无论是横向的占位并购还是纵向的链式并购都大量涌现。比如，在横向并购方面，2012 年 3 月 12 日国内知名视频网站优酷和土豆共同宣布，双方已签订最终协议，将以 100% 换股的方式合并，成为中国文化产业领域横向并购的标志性事件之一。横向并购已经成为互联网视频行业整合资源抢占这个新兴细分市场控制力的关键手段。

中国文化产业并购潮极大地推动了文化产业与相关产业的融合。并购融合的领域主要是传统媒体与新媒体的融合、文化与旅游的融合、文化与科技的融合以及文化与其他行业的融合。2013 年文化传媒板块的并购案例 50 余起，涉及资金近 400 亿元，大约有半数的案例属于平台、渠道与内容的产业链整合并购。与此同时，跨业进入文化产业领域的并购事件也越来越多，比如，餐饮业的湘鄂情收购笛女影视传媒有限公司和北京中视精彩影视文化公司各 51% 的股权，做烟花制造的熊猫烟花向万载华海发行股份购买其持有的华海时代 100% 股权。

（三）文化与金融密切对接，新的文化金融业态不断涌现

从 2010 年初中宣部等九部委颁布《关于金融支持文化产业振兴和发展繁荣的指导意见》以来，文化与金融的对接就成为中国文化产业发展实践中一个非常重要的领域。在政府相关部门的协调和推动下，文化行业与金融行业的相互了解与认知越来越深入，各自的积极性和主动性不断提升。尤其是金融行业日益将文化产业作为其越来越重要的新业务增长点，文化金融的创新与尝试逐步转化为实实在在的行动。2014 年 3 月，文化部、中国人民银行和财政部推出《关于深入推进文化金融合作的意见》后，提出要适时建设文化金融合作试验区的意见，中国各级政府发展文化金融的热情也被点燃。

文化金融的主要业态是围绕艺术品展开的，因为艺术品的投资属性无论在国际上还是在中国国内都被广泛认可。2007 年 7 月，民生银行启动中国第一只银行系艺术品投资基金——"非凡理财：艺术品投资计划 1 号"。2009 年招商银行发布的《中国私人财富报告》显示，艺术品投资收藏已经成为中国财富阶层最为热衷的资产配置方式之一。同年 6 月，招商银行启动私人银行艺术鉴赏计划。

2009 年 9 月，潍坊银行率先试水艺术品质押贷款业务，是国内商业银行首次发放以书法、绘画为质押物的贷款。潍坊银行根据当地松石斋画廊的贷款申请，以其提供的 27 幅于希宁的中国画作为质押物，通过中国文化部文化市场发展中心艺术品评估委员会的鉴定评估，以及潍坊中仁艺术品发展有限公司的担保，按评估价值的 46% 发放了 200 万元的贷款。如今，潍坊银行的艺术品抵质押贷款总额达到 3 亿元左右。

二、中国文化产业投融资的发展趋势

当前，中国的文化产业发展正处在由初级的经营主体建构和市场能力培育向高级的资本经营和投融资推动转变的关键性进程中，创新和丰富文化产业投融资模式，推进和完善文化产业投融资机制，对于中国文化产业逐步走向成熟具有重要价值。在这一进程中，自觉地培育和完善文化产业投融资体系，对于中国文化产业的健康快速发展、现代文化市场体系的建立健全、增强国际竞争力意义深远。根据当前文化产业以及资本市场的国际国内发展形势，总体来看，中国文化产业投融资发展的主要趋势有六个：

其一，文化产业投融资体系向着多元多层次的方向逐步完善，非公资本的作用越来越显著。在传统计划经济体制下，中国的文化传媒行业运营几乎全部都是国家投资，随着文化体制改革的不断深化，经营性文化单位大多已转制改企，非公资本的文化企业也得以迅猛发展，国有文化资本在整个文化产业中的比重逐步下降。尤其是中共十八届三中全会明确了现代市场体系建设的基本方向，国有企业的混合所有制改革目前已经逐步启动。在文化产业领域，混合所有制会成为一般国有文化企业改革发展的重要方向，一方面可以提升国有文化企业的经营效率和市场效益，另一方面也可以放大国有文化资本的影响力和控制力。对于那些关乎国家文化安全和文化战略实施的重点文化传媒企业，特殊管理股制度的探索会在中共三中全会指示的逐步贯彻落实过程中谨慎推进。在文化产业的资本结构多元化发展的同时，多层次的文化产业投融资市场也将逐步建立：①信贷资本市场对于文化产业的支持力度不断加大，文化金融创新日趋深化；②随着中国多层次证券资本市场建设推进，文化产业的股权交易日益活跃；③在政策利好与文化消费活跃的促进下，各类风险资本进入文化产业的积极性不断高涨，文化产业的直接融资比重将大幅度提升；④以文化产权交易所为主要载体的文化要素市场在治理整顿之后浴火重生，特色化发展和兼并重组将为丰富和健全中国文化产业投融资体系做出重要贡献；⑤以众筹网为主要增长点的文化产业互联网金融将有大作为。

其二，银行依然会是中国文化产业融资的主力，银行业表现出了日益浓厚的参与并创新文化金融的热情。由于文化产业的轻资产特征，银行业文化产业的信贷障碍比较显著，但即使如此，银行信贷依然是中国文化企业获得资金的

主要途径。中国的资本市场是一个比较典型的以国有银行为主体的间接融资市场，从文化产业的角度来看，这有弊也有利。弊端是直接融资市场发展不足，受信贷模式的制约，中小文创企业融资难的问题会长期存在。有利的地方是，银行受国家政策的影响大，文化产业的扶持政策很快就会体现在银行对文化产业信贷的积极性上。目前，银行对文化产业的信贷规模不断扩大，按文化旅游的大口径，中国的文化产业贷款余额在 2013 年底已经超过 4000 亿元的规模。越来越多的银行在体制机制上积极探索，多种文化金融创新模式不断推出。现在，许多银行设立了专门的文化产业事业部，研究并探索银行开展文化产业投融资的合理模式。对于文化产业投融资兴趣浓厚的一般是民营银行和中小城市商业银行，比起那些大型的国资银行，因为相对缺少稳定的大客户和大项目，这些银行的业务创新诉求更强烈，风险较高的文化产业因此也被视为很重要的战略性业务增长点。随着银行业对文化产业的认识越来越深入，银行的文化产业投融资会日益活跃，尤其是在利率市场化以及互联网金融的挑战下，中国银行业介入发展越来越好的文化产业的热情会进一步高涨。

其三，随着股权交易市场的日益健全，各类风险或权益类资本正大举进入文化产业领域，日益成为最有活力的产业推进剂，中小文创企业的融资途径日渐丰富。2014 年 1 月 24 日，全国中小企业股份转让系统（简称全国股份转让系统，即新三板）首批 285 家企业在北京集体挂牌后，可以说，中国基本形成了主板、中小板、创业板以及由新三板为代表的场外交易市场组成的多层次资本市场体系。这一方面为文化产业的股票融资提供了更多平台，另一方面为 VC 与 PE 投资文化产业提供了更多的退出渠道。尤其是后者，对于中国文化产业未来的发展举足轻重。文化产业的本质是内容创新与科技创新的融合，是一个典型的高风险领域。银行可以对那些已经形成资产规模的企业或产品价值相对确定的项目提供金融支持，但文化产业中承载创新及其伴随性风险的那些小微文创企业或项目则很难得到银行融资，这就需要风险偏好型的资本来支持。长期以来，由于中国的风险投资本身发展不够充分，加上文化产业也是方兴未艾，风险资本进入文化产业总体上很谨慎，规模很小。当前，国家明确了文化创意与科技、旅游等相关行业融合发展的战略思路，这会进一步提升和完善文化产业的商业模式及其价值实现方式，加上风险投资的信用环境、退出机制等进一步改善，VC 与 PE 对于文化及相关产业的投入会更有信心，这非常有利于创新型文化产业的发展。

其四，文化创意革命与互联网金融革命的融汇，文化要素市场从线下向线上发展，这将成为中国文化产业投融资发展中最令人期待的景观。近年来，各类文化产权交易所风起云涌，但并不具备成为重要的文化产业投融资平台的潜质。2009 年 6 月，上海文化产权交易所揭牌，这是国内首家成立的文化产权交易所。同年 11 月，深圳文化产权交易所挂牌，试图打造面向全国及全球的文化产权交易平台、文化产业投融资平台、文化企业孵化平台与文化产权登记托管平台。2010 年 11 月，天津文化艺术品交易所在天津成立，推动艺术品份额化交易迅速火爆，但由于其交易的不规范和严重的泡沫化危机，在一年后被政府紧急叫停，全国各类文交所进入治理整顿期。现在的文交所显得有些无所适从，知识产权交易微乎其微不成气候，文化企业股权交易并不专业，艺术品资产交易险象环生，文化产权显得虚无缥缈。下一步，中国文化产权交易市场必然面临大调整、大变革，一方面，必须进行大规模的兼并重组，将现有的二三十个交易所归并为 3～5 个具有规模效益和特色业务的交易平台，如具有专属税收优惠和监管功能的艺术品交易所；另一方面，必须积极回应互联网的挑战，大力拓展文化要素的线上交易模式，如将特色文化创意与小众文化需求有机融合的众筹网金融模式。2013 年在国际上甚至有"众筹年"的说法，中国的众筹网发展也非常快，快乐男生粉丝电影等众筹模式已经初现端倪，随着互联网金融的政策环境不断改善，文化众筹一定会大放异彩。

其五，在改革开放的宏观语境中，中国文化产业的国际化程度不断提高，文化资本的"走出去"与"引进来"会日渐成为常态。目前，中国已经成为世界上文化消费增长最快、潜力最大的经济体，国际文化产业巨头正在以各种方式挤入中国。在 2012 年的"中美电影新政"之后，更多的美国文化产品通过合法渠道进入中国市场。迪士尼乐园在上海处于建设过程中，迪士尼通过业务合作将喜羊羊等优秀中国动漫的授权经营收归囊中。美国梦工厂在上海成立东方梦工厂，环球影城随时准备着在中国落地。当国际文化资本进入中国的步伐越来越快的时候，中国文化资本"走出去"的力度也不断增强。2012 年，万达集团出资 31 亿美元收购了美国第二大院线 AMC，成为中国文化资本"走出去"的标志性事件。在全球化和市场化的国际语境中，中国文化软实力离不开文化产业的发展繁荣，文化产业国际竞争力的强化关键在于国际化的文化资本运作能力。影响世界的大型文化传媒集团都是有全球资本运营能力的跨国公司，如美国的时代华纳、迪士尼和新闻集团等。中国的文化产业要真正实现

"走出去"的战略目标，必须建立国际化的投融资体系，融入世界文化产业的资本运作系统中，构建网罗全球的文化产业链。与全国各类自由贸易区的发展相适应，文化产业"走出去"以及文化资本国际化无疑会成为中国政府大力扶持的发展方向，也会成为中国文化产业发展的重大机遇。

其六，具有文化资源与金融资本融通能力和创新精神的文化产业投融资复合人才日益成为文化产业和金融界的核心资源和抢手货。文化产业是一个以人为本的产业，文化体制改革在中国方兴未艾，文化产业的发展势头迅猛，传统事业体制下的文化传媒人才越来越难以适应新的市场化条件下文化产业发展需要。尤其是文化产业资本运营方面的人才更是严重缺乏。文化产业投融资关系到社会主义文化传媒事业的成败，文化产业投融资人才需要有资本运营的能力和高度的文化责任感和政策水平。而且，随着中国改革开放步伐的加快，国际文化传媒公司对于中国文化传媒企业的竞争挤压越来越大，也包括对于人才的争夺。因此，文化产业投融资人才的培养和储备对于中国文化产业的发展和壮大具有战略意义。当前，具有文化资源与金融资本整合运作能力的人才还比较稀缺，这类人才的培养模式还不成熟，相信随着文化产业投融资实践的不断深化，文化产业界和金融界对于文化金融人才的需求越来越旺盛，愿意致力于文化金融的优秀人才也会越来越多，这类人才的培养机制也会日趋成熟。人才是文化产业的核心资源，也是文化金融发展的关键资源，一切既定的模式或业态都会陈旧过时，只有人的智慧是日日更新的。文化产业与资本的融合创新，说到底是需要知识的融合和智慧的创新。

基于国际比较的我国文化产业
税收问题分析

魏鹏举

在我国，文化产业是经济建设和文化建设的交叉融合产物，是由经济体制改革逐渐导出、由文化体制改革逐步强化的一个特殊的经济行业。在不到 20 年的时间里，文化产业从一个微不足道的边缘产业发展为战略支柱产业，被赋予了经济转型和产业升级的历史重任。文化产业的相关税收政策也日益成为政府职能部门和研究机构高度重视的领域。在文化体制改革逐步实施和推进的过程中，国家财政部、税务总局及海关总署出台了一系列推动和促进文化产业发展的财税政策。伴随着文化体制改革和文化产业的发展，相关税收政策呈现出了明显的过渡性优惠扶持特征，特别是 2002 年之后的税收法规和政策逐渐将重心落位于文化事业单位中的"转企主体"。

通过税收优惠和减免的具体手段，极大地支持和推动了出版社、广电及剧团等文化机构的转企改制。数据显示，"十一五"时期，北京市文化创意产业增加值从 823.2 亿元增加到 1692.2 亿元，年均增速 20.2%，高于全市 GDP 增速，成为首都经济新的增长点。"十一五"时期，为支持首都文化产业发展，北京市国税局、地税局对新办文化企业、文化转制企业和动漫企业累计免税约 28.37 亿元，为首都文化产业蓬勃发展做出了积极贡献。

一、国外经验借鉴

（一）美国

在美国，出版、电影等文化行业往往是参照公益性行业或创新性领域来实施税收扶持政策的。

联邦政府对出版物不征收商品销售税，但有些州对出版物征收销售税，税率一般在 3% ~ 7.5%。此外，美国实行出版物邮寄用度优惠政策，书刊邮寄用度比其他邮品优惠 30%。联邦政府对营利性出版单位并没有特殊优惠政策，完全根据其利润多少征收企业所得税，税率在 15% ~ 34%；有些州政府对营利性出版单位征收不高于 12% 的企业所得税。

为了扶持知识产权业的发展，美国政府给予美国的软件企业"永久性研发税优惠"。根据美国《国内税收》第 41 部分中有关"研究与试验税优惠"的规定，美国公司的研究性支出可享受高达 20% 的税收减免。美国夏威夷州通过立法，对个人来自专利、版权和商业秘密的特许权使用费收入免征州所得税。这样，个人来自音像制品、电脑特技和其他电脑娱乐产品、商业电视和电影产品的销售和许可所有各类收入都可免缴州所得税。类似的做法也出现在加拿大，如魁北克省对作家、艺术家、电影艺术家、音乐家、演奏者及任何生产有版权产品的个人 2 万加元以下的收入给予 1.5 万加元的免税额。

作为美国文化产业的中坚力量，电影产业成为了美国税收政策倾斜的重点领域。从 20 世纪 70 年代开始，美国税法提供的税收优惠吸引了大量的个人投资者，投入电影摄制的资金可以在短期内提前折旧，同时也可以作为报税时的预扣金额。各州政府为鼓励影视行业的发展，纷纷制定了相关的减税政策。截至 2009 年底，全美 50 个州已有 43 个州宣布对影视行业实行 5% ~ 30% 不等的税收减免政策。例如，在纽约州，凡是直接用于影视制作的商品和服务，最高可获得制作费用 15% 的税收优惠。而美国 50 个州之外的自治联邦岛波多黎各对于影视业推出了高达 40% 的税收减免。上述各州的方案往往不仅包括税收减免，还包含"一揽子"的配套措施。

同样地，近年来美国各州文化税收政策也开始重视中小电影企业方面。例如，为吸引制片商在当地拍片，加利福尼亚州政府于 2009 年开始，向低中预算电影和电视剧制片商提供 20% ~ 25% 的税收减免优惠。但是，由于加利福尼亚州每年用于免税、扶持制片商的拨款远不能满足电影制片商的实际需求，而各制片商代表又都想从中分得一杯羹。因此，加利福尼亚州电影委员会选择通过抽签的方式来分配减免税收名额。

如同鼓励个人、企业等组织捐赠或参与其他公益性行业一样，美国政府通过各种税收政策激励对文化部门的捐赠。如《美国联邦税法》（"The Internal Revenue Code"）明文规定，个人和企业向法律指定的一系列文化组织捐赠款物，可以享受减免税优惠。美国开征的遗产税也激励了富人对文化机构的捐赠动机。同时，美国政府还为文化产业发展的财政支持措施确立法律保障。1917年《美国联邦税法》就明文规定对非营利性文化团体和机构免征所得税，并减免资助者的税额。

（二）英国

英国的文化发展战略中，文化产业成为了传统工业的替代升级者。其文化产业税收政策涵盖了音乐、出版、电影、演出及网络游戏。特别是在1997年之后，在"创意产业"的发展战略下，英国政府在文化产业方面出台了大量的税收扶持政策。

英国历届政府从未对图书、期刊、报纸征收过任何增值税，从而使图书与其他出版物始终处于无税状态。目前，英国政府对一般商品征收20%增值税，对图书、期刊、报纸均免征进口税。例如，对音乐产业中的唱片销售增收17.5%的增值税，而对于音乐出版物则不收增值税。免税政策奠定了英国作为全球出版强国的基础。

实行差别税率是英国政府扶持文化产业的重要做法。英国政府对一些大学出版社如牛津大学出版社和剑桥大学出版社的经营全部免税，以资助学术出版。如果英国公司向其他征收增值税的国家进口图书，所支付的税金可向有关部门索回，书报刊还享有免征进口税的优惠。为了调节文化领域不同行业的收入差距，英国政府对文化产业实行差别税率，这在某种意义上避免了税率优惠的弊端。

开征伊迪税为英国电影制作开辟专项筹资渠道。从1950年9月开始，英国政府开始对电影门票根据其价格向影院经理征收税款，根据参与制定该税收政策的财政官员的名字而命名为伊迪税。政府将税款用来资助国家电影投资公司，伊迪税成为英国电影制作的主要资金来源。从2006年开始，制作成本在2000万英镑以下的英国电影，电影公司至少可以获得在英国花费成本20%的税收优惠，而那些成本高于2000万英镑的英国电影，电影公司至少可以获得在英国花费成本16%的税收优惠。2009年，这一政策为英国电影减免了超过9500万英镑的税收；2010年，税收减免额达到2亿英镑。2011年11月14日，继欧盟委员会批准的国家援助政策之后，英国政府公布，将电影税收优惠政策适用期延长至2015年12月。英国在2012年3月21日召开的议会中，宣布2012年预算案的同时，决定从2013年4月开始降低电玩游戏、动漫等企业的税收，对英国游戏企业的征税比例将从现行的28%逐渐调整为24%。

(三) 澳大利亚

自20世纪80年代以来，澳大利亚的文化产业发展速度迅猛、文化市场日益繁荣，其中，主要原因是澳大利亚政府积极创造有利于文化产业形成和发展的税收环境，通过各种税收优惠措施来激励文化经济，使文化产业逐渐成为重要的、新的经济增长点。这些税收优惠措施主要集中在以下三方面：

第一，对于电影出台了一系列的税收优惠政策。1981年，澳大利亚联邦政府规定，投资电影业的纳税人在缴纳所得税时，可享受投资额150%的超额税收扣除，而其投资所获收入只有50%要纳税。20世纪90年代初，澳大利亚政府又规定，合理的制片费用可享受100%的税收扣除。另外，对演职员的所得也有很多税收优惠规定。2001年9月，澳大利亚政府公布，对在本国拍摄大型电影及电视剧的制片商实行税收优惠，凡是在本国拍摄费用超过5000万澳元，或在澳大利亚拍摄费用在1500万~5000万澳元，且该费用占全部拍摄费用70%以上的，制片商可获得12.5%的税收抵免额度，纳税额不足抵免的可获退税。

第二，对于文化创意人才实行弹性机制所得税政策。由于受到文化创意、艺术人才及科研人才每年收入波动较大的原因，澳大利亚对于从事文化产业的纳税人给予了特殊对待方案。从更长周期的角度计算获得的平均收入，进行个人所得税的征收。

第三，提高小型文化企业的起征点，并允许按照年度分期支付其工薪税。为便利小型文化企业纳税，澳大利亚政府从2007年7月1日起提高小型文化企业的起征点，凡年毛收入不足7.5万澳元的小型文化企业，不再要求进行商品与服务税的注册，将非营利文化机构的商品与服务税注册的起点提高到15万澳元。从2008年7月1日起，政府将允许这些小型文化企业按照年度分期支付其工薪税。

(四) 法国

法国的文化产业税收扶持政策是目前国际上产业架构最完整的文化产业税收扶持政策。法国在对公共文化事业的支持和大型文化活动的赞助方面均位居世界前列，从中央政府到地方政府、从图书出版业到艺术品产业，法国大力发展文化产业，使其成为法国经济中举足轻重的一部分。法国的文化产业税收优惠措施主要集中在以下三方面：

第一，对出版业的税收扶持政策。法国出版产业有着特殊的税制，其中有两种税是由国家图书中心集中起来再回报给出版产业的。它们分别是由出版商（社）上缴的 0.2% 的图书营业额税和由印刷机构上缴的 3% 的印刷营业额税。

法国增值税实行三档税率：19.6% 的标准税率，5.5% 和 2.1% 的低税率和零税率。对书籍的销售实行 5.5% 的低税率，对于日报、严肃音乐演出（包括音乐剧、音乐会、芭蕾舞、马戏团）实行 2.1% 的低税率。同时，相比较于所有营利企业缴纳 18.6% 的增值税，法国的文化企业仅缴纳 7% 的增值税。

第二，利用税收政策对本国影视产业进行扶持。法国对于影院票房销售征收 5.5% 的低增值税和 10% 的特殊附加税。法国国家电影中心（CNC）每年制定各种优惠政策，鼓励私人对法国电影制作进行投资。同时，法国在 2009 年制定了《国际影视作品税收优惠政策（TRIP）》，对于由外国公司发起，全部或者部分作品在法国制作的电影作品给予税收优惠。此外，从 1993 年开始，法国还针对音像产品（DVD）按出版商对发行商批发价的 2% 征收特殊的出售出租税。

第三，利用税收政策推动艺术产业的发展和竞争力。法国对于艺术产业提出了增值税减免的待遇。同时，根据欧盟的规定，为保护欧洲各国艺术家在本国的竞争力，如果艺术品交易在欧共体国家境内，增值税则在艺术品出口国缴纳，法国的艺术家原作增值税为 5.5%；如果艺术品出口地在欧共体国家境外，则不用缴纳增值税。

（五）韩国

在经历了 1997 年亚洲金融危机之后，韩国进一步明确了发展文化产业的战略，通过使用税收、财政专项资金及信贷等经济杠杆工具，使得以影视、网络游戏和新媒体为代表的文化产业在亚洲异军突起。韩国政府根据文化产业发展的需要，加大支持力度，提高政策扶持的针对性和有效性。2007 年 12 月，韩国召开经济政策协调会议，通过了《第三阶段服务产业竞争力强化对策》，明确"要像扶持制造业一样扶持文化产业"，把全方位扶持提高到新的水平。对于培育发展阶段的中小型影视和网游企业，韩国政府给予相当力度的税收倾斜政策。

第一，改编标准产业分类体系，新设"出版、音像、广播、通信及信息服务"的大分类，以使文化软件产业在研发及人才培养方面享受政府融资扶持和税收优惠。同时将广告和电影制作业、录像带及记录出版业、专门设计业归为"知识基础产业"，由此，首都圈里的 650 多家中小企业可享受减免 10%

法人税、所得税的优惠。2008 年上半年之前，将完成对富川、釜山等 11 个地区的"文化产业振兴区"指定工作，区内拟实行免除注册及取得税、5 年内减免 50%财产税等项优惠。韩国《增值税法》规定，与文化有关的货物与劳务，包括书籍、报纸、杂志、公报、通信和广播（不包括广告），艺术作品、非营利性文化艺术活动和非职业性体育运动，图书馆、科技馆、博物馆、艺术馆和植物园的门票，彩票，宗教、慈善、科学机构和其他公益团体提供的货物和劳务，都属于免税项目，免征增值税，但是同时进项税额不能扣除。

第二，在创作阶段，对设立"创作研究所"的企业，对其创作、研发费用给予税收优惠，年减免额达 280 亿韩元；2012 年前，将软件振兴院的培训企划、创作人员的师资增加 233%；赋予文化部职员"特别司法警察权"，以强化著作权保护。在文化企业创立的前 4 年按应纳所得税额的 10%征收，第 5 年为 40%，第 6 年为 70%，从第 7 年起才全额征税。韩国对技术密集型文化产业中的中小企业在创立初期也给予一定的税收减免：首都圈以外的地区从创业后有收入年度起，6 年内减免所得税或法人税的 50%；首都圈以内的地区从创业后有收入年度起，4 年内减免所得税或法人税的 50%，之后 2 年内减免所得税或法人税的 30%。同时为了吸引大量外来文化技术人才，韩国对在国内文化产业领域的外国人给予 5 年的所得税减免。

第三，在制作阶段，决定试点推广"文化软件完成保障制度"，每年提供保障资金 100 亿~150 亿韩元，防止优秀文化软件在创作过程中因资金短缺而半途而废。未来 5 年内，在文化软件企业起步和成长阶段，分别给予追加支援，总额达 3500 亿韩元。

第四，在流通和出口阶段，中小文化软件企业如使用国内代理商开辟海外市场，咨询费支援最高可达费用总额的 80%。另外，今后 5 年内进出口银行将安排 4000 亿韩元对文化软件出口提供贷款扶持。

（六）新加坡

作为华人文化圈重要组成部分的新加坡，虽然地理位置上并不占优势，但近年来一直在致力于亚洲艺术品交易中心的建设，其以瑞士自由港为蓝本，以保税仓库的概念设立了自由港，自由贸易区全天候运作，针对黄金、钻石、艺术品这些高价物品，提供仓储、转运、展示、交易的场所，完全免税且软、硬体设施完善，吸引艺术品私人藏家、拍卖公司、银行和博物馆成为他们的客户。新加坡自由港在开业之后，短短几个月中的出租率就达到了 98%。新加坡成立自由港的目的是使其发展成为全球财富管理中心，以便为新加坡竞争亚洲艺术品交易中心增添重要的砝码。新加坡对于进口艺术品，如果入关之后没有发生实质性交易，则免征进口关税；如果艺术品入关之后，在本国境内被转手卖出，则需缴纳7%的进口关税。对于经营艺术品的公司来说只需按规定缴纳企业所得税：自2010年估税年度起所得税税率调为17%，且所有企业可享受前30万新元应税所得的部分免税待遇；一般企业前1万新元所得免征75%，后29万新元所得免征50%，符合条件的起步企业前10万新元所得全部免税，后20万新元所得免征50%。如果在新加坡以个人名义进行艺术品交易的，需按20%的税率增收个人所得税，相关成本和已纳税税额可进行抵扣。

总之，国外发达国家文化产业相关税收扶持政策可以归纳为四个方向：其一，鉴于文化产业涉及业态的复杂性和各国实际国情优势，对于子行业实行差别化有选择的针对性税收政策。其二，鉴于"文化创意人"、"文化智力"要素对于整个产业内容增值的重要性，对于大量的文化创作和技术人员给予所得税减免。如前文所述，加拿大的魁北克省对作家、艺术家、电影艺术家、音乐家、演奏者及任何生产有版权产品的个人2万加元以下的收入给予1.5万加元的免税额。其三，鉴于文化艺术集聚区的产业效应，对于产业园区或集聚区实行特殊优惠政策。其四，鉴于文化发展对于民众、民族以及国家的重要价值，利用各种税收政策鼓励社会力量捐赠和支持文化建设。

二、我国文化产业税收政策存在的主要问题

国外各国利用税收政策推动本国文化产业发展的实践经验说明了，政府税收政策对于新兴产业具有至关重要的引导和扶持作用。税收优惠政策一方面体现了政府对于文化产业的社会效益的肯定；另一方面能够有效地吸引大量境内外投资，培育文化创新活力，推动文化经济发展。

与发达国家相比，我国的财税体制和文化体制改革都处于发展变革进程中，文化产业的相关税收政策也还在不断摸索中。在过去20余年中，我国的文化产业税收政策在推进文化体制改革和促进文化产业发展方面取得了令人瞩目的成效，同时，相对于文化大发展大繁荣的战略要求，我国的文化产业税收政策存在不能适应现代文化产业的高速发展、有效提升文化创新活力、推动文化经济繁荣发展的诸多问题。

（一）与国际水平比较，我国文化产业的税负总体较高

1997 以来，中国税收总收入年均增长率高达 18.8%，而名义 GDP 的年均增长率为 12.2%，由此可见，税收增长幅度大大高于 GDP 增幅，导致我国宏观税收负担不断攀升。文化产业发展迅速，税收政策已成为其"绊脚石"。和发达国家相比，我国的宏观政策环境尤其是税收政策环境对文化产业发展不利。虽然政府出台了一些税收优惠政策，但各地对于各税种的优惠程度不同，没有统一标准，造成了文化产业税收政策的混乱。此外，实际减免税收总量并不大，对文化产业的扶持力度还远远不够。例如，北京市 2005 年 12 月挂牌成立的 10 个文化创意产业集聚区 2006 年营业收入 478.5 亿元，利润 48.8 亿元，上缴税金却达 18.5 亿元。

以艺术品行业为例，按我国目前的税收制度，艺术品进入中国内地出售需要缴纳 6% 的关税（2012 年以来暂行税率，原关税税率是 12%）和 17% 的增值税，还有 5% 的企业所得税和 25% 的营业税。无论是关税还是国内税，中国内地地区的艺术品税收都是全世界最高的，而且税种等设置也极不合理。这一方面严重削弱了我国在艺术品市场上的国际竞争力；另一方面也迫使大量艺术品转入私下交易，偷逃税款问题相当严重。2008 年之前海外画廊首选地是北京，2008 年之后，我国香港地区第一届国际艺术节开幕，因为展览品质和赋税的优势，导致大量海外画廊移师中国香港。高税收在将国际知名画廊挡在门外的同时，还迫使北京很多画廊和拍卖企业出走香港。中国嘉德拍卖公司和北京保利拍卖公司双双于 2012 年将部分业务转移至香港，其他大牌拍卖公司也纷纷表示将"步其后尘"。这对北京打造国际化艺术品交易中心是最大的挑战。2012 年上半年，海关"查税风波"在艺术品市场引起地震式反应，暴露出了过重的税收对艺术品市场的负面影响。

（二）文化产业税收政策的改革过渡色彩显著，亟待建立长效政策体系

这些年来，我国文化产业的税收扶持政策呈现出了"零散化、单一化、短期化"的特点。除了个别的税收政策条款外（财税［2009］31 号、财税［2009］147 号），大部分的税收政策都是应对文化产业的各类子行业，彼此之间缺乏联动效应。动漫产业因为相关部门的重视，其税收政策相对比较全面，其他如出版、广电、演艺等行业的相关税收政策均比较零散，而且连续性不足。

现阶段，我国为推行文化体制改革，制定了相应的增值税、营业税、企业

所得税等一系列优惠政策，中共十七届六中全会提出要"继续执行文化体制改革配套政策，对转企改制国有文化单位扶持政策执行期限再延长五年"。文化体制改革的成败是我国文化产业发展繁荣的关键因素，阶段性的税收政策扶持是必要的。但我们也要为后文化体制改革时代我国文化产业的长期繁荣做长远的政策设计和制度安排。

文化体制改革需要"破"旧的文化发展机制，更要"立"新的文化建设格局，需要建立更广泛、更公平、更全面的文化产业税收扶持政策，创造一个有利于创业、创新，有利于文化创造力、文化生产力活跃的公平竞争环境。

参考文献

［1］Kenneth Goody. Arts Funding：Growth and Change between 1963 and 1983 ［J］. Annals of the American Academy of Political and Social Science，1984（471）.

［2］Kitty Carlisle Hart. Changing Public Attitudes toward Funding of the Arts ［J］. Annals of the American Academy of Political and Social Science，1984（471）.

［3］NEA's Office of Research & Analysis. How the United States Funds the Arts（third edition）［Z］. 2012-11.

［4］Mark Bauerlein，Ellen Grantham. National Endowment for the Arts- a History1965-2008 ［M］. 2008-04.

［5］Glenn B. Voss，Daniel M. Cable ，Zannie Giraud Voss. Linking Organizational Values to Relationships with External Constituents：A Study of Nonprofit Professional Theatres ［J］. Organization Science，2000（11）.

［6］Kotler，P.，J. Scheff. Standing Room Only：Strategies for Marketing in the Performing Arts ［M］. Harvard Business School Press，Boston，MA，1997.

［7］The World Bank. Republic of Tunisia Cultural Heritage Project ［M］. World Bank Other Operational Studies，2012-06.

［8］任鹤淳. 韩国文化产业实况与发展现状 ［J］. 当代韩国，2004（3）.

［9］魏鹏举. 文化事业的财政资助研究 ［J］. 当代财经，2005（7）.

［10］齐勇锋等，国家发展改革委体改所"文化产业财税政策研究"课题组. 调整文化产业税收政策的若干建议 ［J］. 中国经贸导刊，2007（6）.

［11］魏鹏举. 西方发达国家公共财政和公共文化事业的发展 ［J］. 中国文化产业评论（第五卷），2007（1）.

［12］魏鹏举，周正兵. 文化产业投融资 ［M］. 湖南文艺出版社，2008.

［13］马衍伟. 税收政策促进文化产业发展的国际比较 ［J］. 涉外税务，2008（9）.

［14］李秀金，吴学丽．文化产业发展与税收政策选择［J］．税务研究，2010（7）．

［15］吴庆华．国外文化产业财税政策借鉴与启示［J］．财会月刊，2010（5）．

［16］杨京钟，吕庆华．基于中国文化产业发展的税收政策取向研究［J］．江南大学学报（人文社会科学版），2010（4）．

［17］陈莹莹．我国文化产业税收政策研究综述［J］．经济研究参考，2012（36）．

区域文化产业"十二五"规划"七问"①

戴俊骋　蒋　巍

"十一五"时期是中国文化产业发展的井喷时期,从中共十七大报告中明确提出,要"大力发展文化产业,激发全民族文化创造活力,更加自觉、更加主动地推动文化大发展大繁荣",到 2009 年 7 月 22 日国务院常务会议通过了《文化产业振兴规划》,中国文化产业的战略地位不断提升并不断发展壮大。文化产业也在全国各地如火如荼地发展。为了进一步推动"十二五"时期文化产业的发展,各级政府在汲取"十一五"文化产业规划编制经验教训的基础上,已基本完成了"十二五"文化产业规划编制工作。但由于文化产业在国内刚刚起步,地方编制文化产业规划也处在摸索阶段。同时,文化产业与文化事业规划不同,在规划中更强调其产业属性;因特有的产业特征和文化属性,决定其与传统的产业规划不同。因此,如何从区域文化产业的资源禀赋入手,结合文化产业自身的发展规律,做好文化产业规划,既是一个实践问题,又是一个理论问题。本文结合在一些地方参与"十二五"文化产业规划编制经验,从七大方面进行了思考。

一、为什么制定(WHY)

从 1998 年文化部设立文化产业司以来,"文化产业"的提法开始正式出现在政府工作报告中。2004 年 4 月,国家统计局印发的《文化及相关产业分类》,使得文化产业有了数据统计的依据和标准。"十一五"期间,文化产业规划开始以单独的专项规划形式出现在许多地区。但是由于认识和经验不足,

———————
　　① 戴俊骋,蒋巍. 区域文化产业"十二五"规划"七问"[J]. 华东经济管理,2012,26(2):51-54.

与传统产业相比，文化产业规划总体地位偏低，呈现出"规划对文化产业的重视程度与文化产业实际地位不相称的局面"。[①] 具体表现在大部分地区在制定"十一五"时期文化产业规划时往往与文化事业规划合并在一起，或者以更为宏观的"文化发展规划"形式出现。随着文化产业在"十一五"期间的逐步兴起和长足进步，各个地区也对文化产业的发展特点和内涵有了更加深刻的认识，对文化产业规划的标准也有了更高的要求，洞悉问题且指引方向的要求也更为强烈，于是在规划制定过程中首先要回答的一个问题是：为什么要制定文化产业规划？这个问题通常在规划背景部分得到解答。

根据宏观环境 PEST 分析方法[②]，在政策方面，过去的 10 年中，国家政府部门先后出台了《文化产业发展第十个五年计划纲要》、《国家"十一五"时期文化发展规划纲要》、《十七大报告》、《文化产业振兴规划》、《关于加快文化产业发展的指导意见》等政策文件，[③] 各个省市也相应出台了文化产业政策，这些政策都是区域文化产业规划制定过程中的重要背景和参考依据。在经济方面，主要受国家经济发展方式转型、区域产业结构升级等因素影响，文化产业以其资源消耗低、环境污染小、产业附加值高的特点成为应对产业要素价格提升和环境约束条件日趋严峻的重要接续产业；同时，购买力的提高和消费结构的升级，使文化产品的数量和质量需求发生了改变。在社会方面，全球化进程中的同质化力量使得地域文化的意义更加凸显；同时低碳生活方式的兴起，使得文化产品主题和形态也更加绿色环保。在技术方面，三网融合、物联网、云计算等信息技术的提升给区域产业发展带来新的良机。可以说，这些方面都是各地区在规划背景中可以提及的部分，但是提及多少、用什么方式提及则需要考虑，即针对区域自身文化资源禀赋和产业发展状况，进行"量体裁衣"的问题。但现阶段在规划制定过程中容易出现"帽子太大，放之四海而皆准"的情况，形成"因为国家大力发展文化产业，所以本地区也要大力发展文化产业"或是"由于城乡居民收入提高，因此本地区对文化产品的消费力就会提高"的逻辑谬误。

① 蔡尚伟，刘锐，翟真. 关于"十二五"文化产业规划编制若干问题的思考 [J]. 重庆工商大学学报（社会科学版），2010，27（3）：1-7.

② PEST 分析是指宏观环境的分析，P 是政治（Politics），E 是经济（Economy），S 是社会（Society），T 是技术（Technology）。

③ 向勇. 规划我国文化产业新蓝图——论"十二五"文化产业规划的主要问题、基本原则与重点领域 [J]. 文化月刊，2010（8）：41-43.

要解决这样的悖论，回答好这个问题，核心在于宏观环境和地方实践的对接。即把脉区域特色，针对区域文化产业的发展现状，阐释宏观环境对于区域文化产业发展的具体影响，提炼出与区域特色密切相关的规划背景，最终凸显本区域文化产业规划制定的必须性。以北京市为例，针对北京市"十二五"总体规划中提到的"优化一产、做强二产、做大三产"的发展思路，中心城区重点在于"做大三产"，结合 2010 年 10 月北京市发布《关于大力推动首都功能核心区文化发展的意见》，发展文化产业的意义在于"以文化产业带动高端服务，促进区内服务业的产业高端化发展，创造新的生产力"。[①] 而在城市发展新区的一些区县，则需要抓住中心城区产业向外转移的机会，将文化产业作为产业间融合升级的抓手，从创意设计、品牌新平台推广等生产性服务业角度推动区域现代制造业发展，达到"做强二产"的目标。而位于生态涵养区的一些区县，可以借助文化产业与农业的融合，大力发展"创意农业"，[②] 提升农业产品附加值，从而起到"优化一产"的作用。因此，为了避免在进行背景分析时候的"脸谱化"、"类型化"，区域特色文化资源的产业化、非物质遗产的生产性保护等这些能够凸显区域特性的规划背景也是可以重点提及的。值得注意的是，由于一些文化产业的发展对于区域的生态环境、创意资源、文化氛围等有着显著的依赖性，在这些方面禀赋优势明显的区域可能实现文化产业在服务区域和影响范围上的更强辐射，从而在更高区域层级上有其意义。

二、谁来制定（WHO）

这个问题不仅是针对规划本身，而且针对文化产业编制队伍。首先要探讨文化产业规划指导部门的设置问题。在各个地区中，有专门的文化产业促进办公室、宣传部、文化委员会、文化产业集聚区管委会，不同管理主体受限于自身权限范围，其出发点不同，在规划中主要任务方向自然也不同。宣传部作为地区区委直属机构，位阶较高，统筹能力强，但对产业发展动态把握存在一定不足，对企业实际情况了解较少。文化委员会作为文化事业的主管单位，对文化产业和文化事业的融合发展上颇有思考，因此经常出现文化事业和文化产业一起抓的"文化发展规划"本子，容易将区域文化设施作为核心资源，但对

① 郭培宜. 北京市中心城区文化创意产业发展定位 [J]. 北京规划建设, 2010 (5)：93-96.
② 任荣, 刘树. 北京需要大力发展创意农业 [J]. 投资北京, 2008 (3)：80-82.

其他产业要素资源由于管理范围的限制统筹相对不足,在多种产业融合发展和多个领域相互协调方面尤显不足。而区域内的文化产业集聚区作为区域文化产业具体管理运营部门,与区域内企业直接接触,洞悉企业需求,但在各个部门协调调动上还欠缺力度。理论上,由地区主要领导挂帅的文化产业促进办公室作为文化产业专门的促进机构,对文化产业的聚焦程度和执行力度都最高。但是在实践中,许多地区的文化产业促进办公室为议事机构,而非具有编制的具体执行机构,组织机制并不健全,导致其高度够,但落实力度稍显不足。当然,由于各地具体情况不同,部门设置和部门职权管辖的问题也不能轻易言改,这就要求不论是哪个部门主抓,在文化产业规划后期部门论证中要充分吸纳相关部门的意见,尤其是与文化产业最为相关的发改委、信息办、商贸委、文化委员会、旅游局、广电系统等部门的意见,避免"同一产业不同布局,同一项目不同表述"的情况出现。

除了在后期论证上下功夫,现阶段各地区在文化产业规划编制过程中已经充分考虑文化产业覆盖面广的问题,重视编制队伍建设。从编制队伍组织形式上看,由于政府的编制人员政治意识较强,但文化积累和产业意识欠缺,因此单纯由政府中文化产业主管部门"闭门造车"编制出来的规划往往成为"御用型研究"。而简单地将规划任务外包给科研机构和咨询企业,又容易导致理论与实践相脱节,与政府具体工作相脱节。同样由于编制人员的学科背景不同,也会造成编制队伍知识的结构性缺陷。文化研究者谙熟文化发展规律,但往往缺乏产业意识,有时甚至还排斥产业思维。业界和经济学界擅长产业思维,但又容易忽略文化生产和传播的特殊规律。因此,在文化产业编制队伍上,应以主管部门为主,相关部门人员为辅,充分吸纳科研院所、咨询机构中不同领域的专业人士参与,从而尽可能避免编制队伍的团队缺陷。

三、为谁规划(WHOM)

规划是为了实现产业发展所提供的产品对社会需求的有效供给,故涉及两个方面的问题:一是产业自身如何发展,二是如何引导企业向着满足人们不断增长的更高消费需求的方向发展。因此,文化产业规划本身是一个对接,一头是以文化企业为主体的文化产业发展;另一头是文化产业发展价值有效实现的源头,即社会有效的文化需求。这里着重讨论企业层面内容。

企业作为文化产业发展的主体,是决定产业发展的关键要素。因此,产业规划服务的主体应该是企业，政府应作为促进产业发展的服务方出现。只有充分做好企业调查，洞悉企业需求，才能做出一个好规划。在具体规划编写过程中，政府也意识到这点，安排规划单位进行调研，但受限于时间，通常采用重点调查的方式，受访的企业都是区域内发展较好、规模较大的大中型企业。而这些企业出于维护自身市场地位的考虑，往往要求政府维护现有的市场秩序，弱化市场竞争，并要求"一企一策"的专项优惠。这些诉求本身和市场经济理念相矛盾，会对规划产生错误的方向性引导。但是，文化产业的特点之一在于文化企业规模普遍较小，许多文化核心企业往往也规模不大，并且这些中小企业的需求在一定程度上具有普遍性和一致性，只有对这些中小企业进行集中访谈才能真正了解地区产业发展的症结。但受限于时间，规划调研有些欠缺，从而导致区域文化产业发展主导力量的诉求得不到倾听、考虑和呼应。由于文化产业涉及门类太多，各个地方在哪些产业门类具有一定基础，就对该门类进行调研，而对一些看似规模不大的产业门类，在调研乃至规划编写过程中会出现某个门类企业"选择性缺失"的情况。此外，现阶段由于大多数区域在"十一五"期间文化产业基础较为薄弱，因此在发展过程中有时过于重视区域外生性的产业发展力量，将招商引资作为区域文化产业发展的重要途径，容易将规划文本做成招商引资的方案，将规划任务异化成政府在新时期内需要在哪些产业通过招商引资引进哪些企业，以此促进产业的发展，而对区域内的企业，即区域产业发展的内生性力量反而重视不足。因此，只有做到"大小兼顾、内外兼顾"，才能真正系统地了解地方文化企业发展诉求，并在规划中有所体现。

四、产业选择（WHAT）

产业选择是整个文化产业规划的核心，选择文化产业中的哪些产业？这些产业间的产业结构如何？该如何选择是产业选择过程中需要回答的三大问题。

（一）文化产业范畴

选择哪些产业涉及文化产业的范畴问题。究竟哪些产业从属于文化产业？仅就文化产业名称本身而言，尽管绝大多数地区沿用"文化产业"这一概念，但是为了与世界城市接轨，北京提出采用"文化创意产业"的概念，而上海则采用"创意产业"的概念。

不仅名称不同，而且各个地区的产业范畴也不同，并制定了各异的统计标准。仍以北京和上海两大城市为例，北京文化创意产业下辖文化艺术、新闻出版，广播、电视、电影，软件、网络及计算机服务，广告会展，艺术品交易，设计服务，旅游、休闲娱乐和其他辅助服务 9 个大类、27 个中类、88 个小类行业，而上海创意产业则包括研发设计创意、建筑设计创意、文化艺术创意、时尚消费创意和咨询策划创意 5 大类、38 个中类、55 个小类行业。

即使是文化产业下的子产业门类，各个地区也界定了不同的产业范畴。以设计创意业为例①，北京包括建筑设计、规划设计和其他设计；而上海则包括工程勘察设计、建筑装饰、室内设计、城市绿化设计等。总之，各个地区一般选择将本地区具备一定优势的产业门类纳入到整个文化产业统计范畴中，如云南把茶业、玉器也视为文化产业范畴，从而出现了所谓文化产业的"地方标准瓶颈"。②

不但地方标准之间"打架"，国家文化产业标准也前后不统一。有对文化产业统计范畴进行重新界定的城市主要沿用 2004 年 4 月国家统计局印发的《文化及相关产业分类》，但是这一体系与 2009 年《国家文化振兴规划》又有所不同，这就导致各地在进行文化产业规划时没有统一的标准。同时，不同标准下的统计数据也不能准确反映文化产业的发展情况，不利于区域之间的产业选择比较，不利于宏观决策，无法对文化产业的发展进行科学的规划指导。③

更为严重的是，有些产业名称不同，但不同地区的产业范畴相同；有些产业名称相同，但地区界定的产业内涵完全不同。并且有些产业与产业之间是相互重合的，最典型的是新媒体产业、数字内容产业、新闻出版产业之间，实际上是有产业交集的，但是各个区域根据自身产业基础，各取所需。文化产业作为复合型产业，与工业中相对明确的产业统计范畴相比，产业门类亟须更加清晰的界定。

(二) 产业结构界定

文化产业作为复合型产业，产业范畴太广。在进行文化产业内部产业结构界定时，用传统产业经济学中的"主导产业、支柱产业、潜导产业"等产业结构体系容易与上位规划发生冲突。最经常出现的情况是在某地区"十二五"

---

① 仅就设计创意业本身而言，在名称表述上就不统一。有的地区就叫设计业，有的地区叫设计创意业，有的地区叫创意设计业，有的地区则直接限定为工业设计业等。

② 张泉. 文化创意产业的"标准瓶颈"：各地标准混乱 [J]. 瞭望，2010 (5)：60-61.

③ 张振鹏，王玲. 济南文化创意产业发展路径分析 [J]. 前言，2009 (4)：59-64.

产业总体规划中文化产业的定位是潜导产业（或新兴产业、朝阳产业），但在文化产业内部产业结构界定时却出现"某某产业是文化产业中的主导产业或支柱产业"的表述。同时，文化产业具有融合性强的特点，尤其与旅游产业、电子信息产业等交集明显。由于与上位规划衔接不够，容易导致"旅游产业是某地区支柱产业，但文化旅游业却是文化产业领域潜导产业"等类似情况出现①。为了避免这些情况出现并对接上位规划，地方进行文化产业结构制定时常常引用国家统计局关于文化产业分类体系的划分，将文化产业分为核心文化产业、外围文化产业和相关文化产业三大类②，并由此引申出本地区文化产业发展的核心层、外围层和相关层。但无论如何，应该必须明确的是，不是所有地区的文化产业核心层都是核心文化产业。③ 比如，一些非省会城市往往就不适宜发展新闻服务、出版发行服务等核心文化产业。为了避免这种体系上的混淆，在文化产业规划进行产业结构界定时，就可以采用"重点发展领域、鼓励发展领域、限制发展领域"或"核心领域、关联领域、配套领域"等形式进行表述，或者用"同心圆"、"金字塔"、"逻辑框图"等图形模式来进行界定表达，即越靠近圆心和塔尖的子产业越应鼓励发展，并明确界定出子产业之间的逻辑关系。

（三）产业选择过程

现阶段产业选择过程一般根据传统产业经济学的产业选择方法，根据产业需求弹性、产值比重、劳动力比重等指标进行度量，或者从产业相对竞争力、产业与环境适合度、产业链关联适合度、产业资源与能力匹配度及产业发展潜力等方面构筑产业选择筛选器，再或者利用规模优势（如区位商等）、效率优势（如比较资本产出率、比较劳动生产率、比较全要素生产率等）、产业比较优势确定区域优势产业等。文化产业很多时候可以用制造业概念进行涵盖，但也有很多是不能用制造业方法的。④ 比如，根据经典的支柱产业选择理论，支柱产业产值需要达到地区总产值的 5% 之上。对于一些工业发达区域，某个文

---

① 一般出现在某些自然型旅游资源突出、人文类旅游资源亟待开发的地区。

② 根据国统字［2004］24 号《文化及相关产业分类》，文化产业核心层包括：（一）新闻服务，（二）出版发行和版权服务，（三）广播、电视、电影服务，（四）文化艺术服务；文化产业外围层包括：（五）网络文化服务，（六）文化休闲娱乐服务，（七）其他文化服务；相关文化产业层包括：（八）文化用品、设备及相关文化产品的生产，（九）文化用品、设备及相关文化产品的销售。

③ 胡惠林 . 关于区域文化产业战略与空间布局［J］. 山东社会科学，2006（2）：5-14.

④ 陈文玲 . 发展文化产业必须厘清五大关系［J］. 传媒，2009（8）：30-31.

化产业门类在全国范围内都具有影响力，理应成为该区域文化产业重点发展领域，但即使是文化产业全部产值也达不到 5%，根据产业选择理论就无法确定。

作为"十一五"期间才在各个地区真正快速发展的文化产业，产业基础普遍较为薄弱，在统计数据和各种基础资料方面无法支撑产业分析和选择的过程，在实际的产业筛选过程中就容易忽略客观的数据分析，而直接进行主观判断，变成"貌似什么不错就发展什么"，产业选择成了根据既定结果再反推的过程。同时，由于上面提到的统计口径不一致的问题，区域之间缺少横向比较，不但是城市与城市之间，就是大城市的区县之间也不容易比较，往往导致最后的筛选变成"拍案解决"。当然在数据问题一时无法解决的情况下，有关文化产业筛选问题更多是由于现阶段文化产业理论研究还较为薄弱，尤其是文化产业发展模式、动力结构、业态选择等基础理论还需要深入挖掘，而不能简单照搬工业研究结果。

五、产业布局（WHERE）

文化产业规划方兴未艾，在空间布局的用词上欠缺规范。除了通用的总体空间规划中的节点、区、轴、带等概念外，有的规划用的是文化生态学的"种群"概念，有的规划用的是"组团、业簇"等，在这方面亟须规范统一。尤其在空间范围的指代上需要明确，就算是同一个空间概念，区域之间指代的空间范围也有很大差异。如同样是"节点"，在城区内文化产业可能指代某一个场馆，在郊区就是一个村子。这在一定程度上受土地利用规划中用地类型的限制，没有专门的文化产业用地类型与其对应，因此在布局上不容易落到具体地块上，同时这也是导致很多地区"以文化产业之名，行其他产业之实"的重要原因所在。

具体到文化产业规划空间布局时，与工业相比，文化产业受到文化设施限制，在空间上表现得更为分散，所以一般在规划中就选择落实到若干文化产业集聚区内。但是诸如一些知名的会议中心、剧院、影院甚至是商用写字楼，可能是该区域某些文化产业领域发展的重要场所，没有被授牌成为集聚区，这种情况下在空间规划时就无法覆盖到。因此，如何根据文化产业特征进行空间布局也是将来需要突破的重点问题之一。

此外，在区县级地方文化产业规划布局时常常会遇到与政府上位规划衔接的问题，这个问题在其他产业规划中也经常碰到。鉴于文化产业规划的复杂性，在省/直辖市文化产业规划时，常常将某个区县划分为文化产业某个领域的重点发展区，而不鼓励其他产业领域在该区域的发展。但是各个区县显然不能简单地接受上位规划定位，往往选择几个重点发展领域，从而与上位规划造成冲突。

六、目标设定（WHEN）

在"十二五"规划中一般根据发展时序，将阶段目标划分为前两年和后三年两个阶段。在实际规划中，一般将需要规划的重点任务和重点项目落在前两年集中上马，缺乏五年的整体性规划。从表面上看这是一个老生常谈的问题，并且可以通过"十二五"中期规划进行评估和校正。但是文化产业的市场培育期长，无法像工业生产那样，一旦厂房落地就开始产生效益。许多文化产品要通过一定的时间期限，简单地按照两年或者三年的划分不足以支撑一家文化企业成长，许多效益在前期无法显现，阶段目标设定时容易出现过高的预期判断，很多文化产业可能要在一个五年规划期后才能初具规模。因此，在进行基于时间序列的趋势预测和定量目标设置时，简单地套用线性预测模型往往不太适合，指数预测模型相对符合文化产业后期爆发式增长的产业规律，同时文化产业在时间序列预测模型中对不规则变动参数的模拟更具难度。此外，文化产业的中期规划调整显得尤为重要，现阶段大多数区域文化产业尚未成型，通过招商引资而来的某个重大项目，往往会直接导致区域文化产业发展方向的重大调整。

七、如何实施（HOW）

这是整个规划的核心所在，在此我们着重探讨主要任务和保障措施两方面的问题。

（一）主要任务

主要任务章节一般有两种编写体例：一种是根据不同产业门类进行任务分解，可以称为"纵式任务体系"。这种编写体系最大的问题是，在主要产业门类之外的一些潜导产业和重要节点往往被忽略或者做概略化处理，而这些产业可能会成为区域文化产业重要的增长点。另一种是按照"要素—项目—集聚区—平台"的传统制造业规划编写体例进行，可以称为"横式任务体系"。这种体系的问题在于文化产业涵盖门类太广，产业与产业之间具有共同的促进要素，但是个性要素更多。同时仅就产业发展要素而言，文化产业与制造业相比，对土地要素依赖程度相对低些，尤其是在对土地要素的利用上，文化产业在本质上不需要大规模的产业用地，可能一栋楼哪怕一间工作室都能有巨大的产出。但是对空间整体创意氛围的营造、开放的创新社会网络的构建要求更高，这在任务体系中不容易被政府相关部门落实成具体任务。同时，劳动力要素又是文化产业发展的核心所在，各级政府都意识到创意人才之于产业的重要性，都相继出台了相关的人才引进和培养政策，但是在产业规划层面，如何凸显创意人才的重要作用，并且在编写过程中凸显这种重要性，这也是一个亟待商榷的问题。

从主要任务的要求上看，讲究"有高度、有实处、有新意"。首先，"有高度"就是与上位规划中提到的重点任务对接。在"十二五"文化产业规划制定中主要是与中共十七大报告和《国家文化振兴规划》进行对接。中共十七大报告中指出："在时代的高起点上推动文化内容形式、体制机制、传播手段创新，解放和发展文化生产力，是繁荣文化的必由之路。"这里已经明确指出现阶段文化创新的战略重点，现阶段文化政策就是要着力实施对这些战略重点的支持①。《国家文化振兴规划》中则提出了"发展重点文化产业、实施重大项目带动战略、培育骨干文化企业、加快文化产业园区和基地建设、扩大文化消费、建设现代文化市场体系、发展新兴文化业态和扩大对外文化贸易"八大措施，为各个地方细化具体任务提供了方向。② 其次，与中央对接，不能意味着脱离区域实际，而是需要与地方实际相切合，即"有实处"。特别是哪些是区域层面可以做的，如许多城市提出大力打造数字出版产业，但是数字出版的版权"瓶颈"不是靠地方政府层面就可以解决的，因此不需要着墨太多。同时，应当避免跟风的做法，抛弃不符合本地资源条件的"热门项目"，避免一窝蜂地做某些产业规模不足和财政收入匮乏的基地等。最后，"有新意"意味着要选择具有未来前景的产业，包括"数字文化产业"、"3D 技术与 3G 技

---

① 巫志南. 当前推进我国文化政策创新的思考［J］. 同济大学学报（社会科学版），2009，20（1）：51-55.

② 高书生.《规划》关键词与政策保障［J］. 传媒，2009（8）：29-30.

术"以及内容产业等,并在现有文化资源基础上进行创意发展①。

(二) 保障措施

在保障措施章节的编制过程中,受限于信息的不完整甚至失真,往往容易变成文化产业规划负责部门的工作计划。尤其是文化产业涉及面广,涉及的部门特别多,其子产业的规划内容和保障措施容易产生部门之间相互"打架"的现象。当规划内容一旦与这些职能单位规划的内容冲突,由于各个子产业只是文化产业下的细分产业,比较于其他部门的专项规划显得力度不足,如信息办的"信息化专项规划"、旅游部门的"旅游专项规划"等都比文化产业信息化提升和文化旅游等章节内容力度大。但是如果简单地照搬其他部门的专项规划,那又丧失了文化产业规划作为一个独立的产业规划理应起到的统筹作用。因此保障措施的细致程度以及与其他产业规划从任务到冲突的协调,文化产业规划实施组织保障应在规划后期论证环节重点解决。一定要在保障措施部分落实对文化产业规划的考察评价,要对规划的效果及其实施行为进行考评,并形成一套完整的评价完善机制②。

---

① 陈少峰. 做好"文化产业'十二五'发展规划"的对策 [EB/OL]. http//news. 163. com/10/0506/11/660EUOTM000146BC. html. 2010-05-06.

② 沈望舒. 新编北京总体规划应突显文化思考的轨迹 [J]. 北京规划建设,2004 (4):65-66.

北京与国内重点城市文化产业
政策比较研究[①]

戴俊骋　王　佳　高中灵

文化产业政策的完善关系到文化产业的健康、稳定、持续发展，需要针对本地区文化资源特点和产业发展现状制定适合本地区的政策，以此调动发展文化产业的积极性和自主性。近几年，我国文化产业发展迅速，北京市作为中国的文化中心，在文化产业政策出台上起到了一定的引领作用。但是包括上海、广州、深圳、南京、杭州在内的重点城市也都把文化产业的发展放在了重要地位，为文化产业的发展制定了一系列政策措施。本文以北京市为基准，选取上述五个重点城市的文化产业政策与北京市进行政策比较研究，从财政专项资金、税收政策、投融资、人才和集聚区政策五个方面，剖析北京文化产业政策的优劣势所在，并对北京文化产业政策的优化完善提出建议。

一、引言

文化产业政策作为文化产业发展的重要保障，对文化产业的发展起到引导、管理、扶持和调控的作用[②]。西方发达国家早在20世纪70年代开始就将文化要素逐步引入经济活动领域，并制定了灵活多样的文化政策。随着中国文化市场逐步开放，急需借鉴西方先进经验，加快推进社会经济文化转型，实现文化观念转型与文化管理体制转轨[③]。体制性"松绑"和政策性助推是文化产

---

① 戴俊骋，王佳，高中灵. 北京与国内重点城市文化产业政策比较研究［J］. 北京社会科学，2012（5）.

② 解学芳. 文化产业政策的比较机理研究——以长江三角洲地区为例［J］. 上海行政学院学报，2008（9）：65-72.

③ 周斌. 论文化产业政策的构建与创新［J］. 江苏大学学报（社科版），2005（7）：1-6.

业发展的基本动力①。1998 年，文化部设立了文化产业司，标志着中国政府正式将文化产业纳入政府工作体系，如何通过产业政策的出台来推动文化产业的发展成为了从国家到地方政府的现实命题。

目前，学术界对文化产业政策的研究主要集中在文化产业政策的实施主体、政策内涵和实施效果三个方面。其中，在现行文化产业政策实施主体方面，姜亦雯在对世界主要国家文化产业政策比照的基础上，认为现行文化产业政策实施的主体和推动力可以划分为三类：一是以美国、英国等为代表的市场自由型，二是以中国、法国、日本等为代表的政府主导型，三是以加拿大、澳大利亚等为代表的多元主体型②。政策实施主体的差异，既有各自文化产业发展历史的作用，也受到国家经济社会特征的影响。即使是同为政府主导型的中、日两国，日本以行业协会为代表的中介组织在整个文化产业政策体系中发挥了重要的作用。中国则由于文化产业管辖部门的职权割裂现象明显，难以发挥行业协会等团体的作用③。故本文讨论的国内各个城市的文化产业政策更多集中于政府的政策层面，对相关行业协会出台的政策不予考虑。

文化产业作为第三产业中最富现代意义的产业，其产业内涵除具有一般第三产业属性外，还具有某些特殊的社会文化和意识形态属性④。因此，对文化产业内涵的研究也从文化和产业这两个层面展开：前者如 Frith 从文化产业的文化内涵角度，将文化产业政策划分为产业型文化政策、旅游型文化政策、装饰型文化政策和文化民主型政策等⑤。后者如 Kong 按照产业政策的实施对象，将英国现有的文化产业政策归类为增加对文化生产所需基础设施投资的政策、促进各种标志性开发的政策、投资公共艺术和雕塑建设的政策和加强商业与公共部门合作的政策⑥。国内现阶段的文化产业政策也更多着眼于产业层面，并较多地借鉴了制造业产业政策的研究，一般按照产业要素展开。本文也遵循这

① 蔡尚伟，何鹏程. 中国文化产业政策的创新演化 [J]. 成都大学学报（社科版），2010（2）：5-8.

② 姜亦雯. 中外文化产业政策研究——基于国际比较视角 [J]. 美与时代，2010（11）：38-40.

③ 姜自茹. 中日文化产业政策比较研究 [J]. 安徽文学，2007（11）：199-200.

④ 刘艳红，韩国春，罗晓蓉等. 对中国文化产业政策的探讨 [J]. 云南师范大学学报（社科版），2006（9）：15-19.

⑤ Frith, S. Knowing One's Place: The Culture of Culture Industry [J]. Cultural Studies From Birmingham, 1991（1）：135-155.

⑥ Kong, L. Culture, Economy, Policy Trends and Developments [J]. Geoforum, 2000（31）：385-390.

样的思路，根据不同要素进行文化产业政策的比较研究。

在文化产业政策的实施效果方面，鉴于文化产业不同于一般产业的特殊性，其政策实施结果不仅需要关注经济效益，更多需要关注社会文化效益。李庆本等在对欧盟各国现行文化产业政策进行综述的基础上，提出文化产业政策的实施效果既要使文化经济活动能够适应市场竞争环境，又要引导文化领域在价值观方面的健康发展①。同样，马冉认为加拿大文化产业政策的实施效果最突出地表现在提高了文学艺术家地位，通过保护其创作积极性来刺激本土文化产品创造，巩固和发展了本土文化成果②，其后才谈及文化产品生产和分销能力的提高。因此从经济与社会文化效益并重的角度出发，廖建军等在比较中、日两国文化产业政策规划纲要的基本内容之后，认为日本《内容产业促进法》在政策效果评价中更强调文化的"合作"、"沟通"、"理解"，要优于中国《文化产业振兴规划》直接将产业目标任务纳入相关考核制度中的做法，值得中国学习和借鉴③。本文对政策实施效果的评价也包含了这样的基本前提。

可以发现，现阶段的产业政策研究多采用比较研究的方法，一方面有利于研究同类产业政策在不同区域的实践效果，另一方面有利于研究不同产业政策对类似区域的影响差异。但是在研究对象上，一般集中在国家文化产业宏观政策层面。而近年来在实践中文化也已成为城市发展的核心要素之一，各地方政府普遍接受并认可文化产业的引入将改变既有城市经济发展路径的观点，并尝试重建经济活动中文化所扮演的角色，城市文化产业政策研究的重要性正日益凸显④。北京作为中国首都，是许多文化产业政策的策源地和试点区，是中国城市文化产业政策的最佳样本。故本文将北京作为参照物，与国内其他文化产业重点发展城市的文化产业政策进行比较研究。

二、重点城市文化产业发展状况比较

本文选取北京、上海、深圳、广州、杭州这5个将文化产业作为经济发展支柱产业的重点城市进行比较。这5个城市在"十一五"期末文化产业增加

---

① 李庆本，吴慧勇. 中华文化传播对象国的文化产业政策研究报告 [J]. 中国文化研究，2010 (3)：195-201.

② 马冉. 加拿大的文化产业政策措施评价 [J]. 辽宁行政学院学报，2009 (11)：17-18.

③ 廖建军，蔡斌. 中日文化产业政策比较研究 [J]. 出版科学，2010 (3)：97-99.

④ 汪明峰. 文化产业政策与城市发展：欧洲的经验与启示 [J]. 城市发展研究，2001 (4)：11-16.

值占 GDP 的比重都已经超过了 5%。此外，南京在此期间以 16% 的平均增速居全国城市前列，成为国内文化产业发展的重要"潜力股"，故将其也纳入考虑。

需要指出的是，各个城市对文化产业的称谓不同，如北京市为文化创意产业、上海为创意产业，而其他城市一般为文化产业，这里统一用文化产业的表述。不仅是称谓不同，各个城市文化产业的范畴也非常不同，因此绝对数值的比较并没有太多的意义。但是可以更多地根据重点城市文化产业占该城市 GDP 的比重及其与 GDP 增速的比较，来反映出该城市文化产业发展占整个城市的比重和产业发展增速。

单就北京市而言，从文化产业增加值指标上看，北京市 2009 年为 1497.7 亿元，占 GDP 比重为 12.6%；在 2010 年"十一五"期末已经突破了 1600 亿元。在产业增加值总量和占 GDP 比重方面，在全国各大城市中占据领先地位。

从文化产业占 GDP 的比重比较来看，北京、上海、深圳、广州、杭州文化产业增加值占 GDP 的比重都已经超过 5%，成为这些城市的支柱产业。其中北京、杭州的文化产业增加值占 GDP 的比重都达到了 12.6%，这与北京、杭州的文化产业增加值统计范畴较广有关，北京除按国家统计局《文化产业分类标准》外，还增加了工业设计、科技研发等，杭州除了国家统计局的统计范畴，还增加了工业设计、建筑设计、科技研发、教育培训等。而其他城市的统计口径相对较小，影响了该城市文化产业的增加值及其比重。以南京为例，它的统计范畴完全按照国际统计局出台的《文化产业分类标准》进行统计，不包括现阶段对各个城市 GDP 贡献率较大的计算机软件设计、建筑设计、工业设计、科技研发等行业门类，因此其产业增加值偏低，产值比重也仅为 3.5%。

从文化产业同比增速来看，北京、上海、深圳、广州、杭州、南京文化产业同比增速都超过 7%。其中，上海同比增速最快，且产业增加值较大，大有赶超北京之势。而南京 16% 的增速更多是由于其产业基础相对初级，可增长的空间较大。与 GDP 同比增速相比，除深圳和杭州外，其他城市文化产业同比增速均高于 GDP 同比增速，显示出文化产业在这些城市较高的成长性，其中上海发展速度要高于同期的 GDP 增速 1 倍，显示出文化产业在上海良好的增长性（见表 1）。

表1　2009年重点城市文化产业发展情况一览

城市	文化产业主要指标				参考值	
	产业增加值（亿元）	同比增速（%）	占 GDP 比值（%）	与 GDP 增速的对比（%）	同期 GDP（亿元）	GDP 同比增速（%）
北京	1497.7	11.2	12.6	1.1	11866	10.1
上海	1149	17.6	7.7	9.4	14901	8.2
深圳	550	7	6.7	-3.7	8201.2	10.7
广州	595	13	6.5	1.5	9112.8	11.5
杭州	642.4	7.7	12.6	-2.3	5098.7	10
南京	151.7	16	3.6	4.5	4230.3	11.5

三、重点城市文化产业政策总体状况

（一）重点城市文化产业政策颁布数量比较

政策颁布的数量可以在一定程度上反映城市对文化产业的重视程度。根据本文的统计，"十一五"期间，六大城市制定并颁布的政策总计为59个，其中杭州最多，为15个，北京为14个，上海为8个，深圳与广州均为9个，南京相对最少，为5个（见图1）。

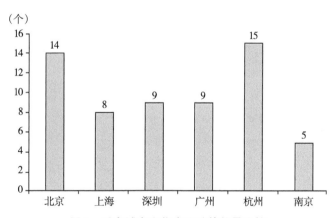

图1　重点城市文化产业政策数量比较

(二) 重点城市文化产业政策颁布时序比较

从颁布政策的时序来看，2005 年深圳颁布了《中共深圳市委深圳市人民政府关于大力发展文化产业的决定》，是六大城市中最早明确提出大力发展文化产业政策的城市。同年杭州市人民政府办公厅颁布了《关于鼓励和扶持动漫游戏产业发展的若干意见（试行）》，但是更侧重于动漫游戏产业，而没有对文化创意产业进行通盘的考虑。

到了 2006 年，作为"十一五"规划的开端年，北京市对文化创意产业的4 个指导性政策正式颁布。其中 2006 年 11 月 7 日颁布的《北京市促进文化创意产业发展的若干政策》，是指导北京文化创意产业后续工作的纲领性文件；《文化创意产业发展专项资金管理办法（试行）》的提出则利用财政手段，真正将文化创意产业的扶持落到了实处。同年，南京也颁布了《关于加快发展南京文化产业的意见》，而广州则对促进软件和动漫游戏产业提出了相应的纲领性文件。

2007 年，北京又相继颁布了《北京市文化创意产业集聚区基础设施专项资金管理办法（试行）》和《北京市文化创意产业集聚区认定和管理办法（试行）》，将文化创意产业集聚区作为北京市文化创意产业工作的重要抓手。值得注意的是，2007 年中共十七大报告更加明确地指出："大力发展文化产业，实施重大文化产业项目带动战略。"这为 2008 年各个城市大力发展文化产业奠定了国家政策基础。其他城市中，仅有广州和南京市政府对 2006 年颁布的政策进行了政策细化。

到了 2008 年是文化创意产业政策制定和颁布的"井喷年"，北京在该年仅出台了《北京市文化创意产业贷款贴息管理办法（试行）》，而上海、深圳、杭州都在这一年出台了至少 5 个以上政策，可以说上海和深圳对文化创意产业的基础扶持政策都在 2008 年颁布。而杭州则从对网络游戏产业的支持，转而向更大范围的文化创意产业提供政策支持，《关于打造全国文化创意产业中心的若干意见》在一定程度上反映了杭州市政府产业打造的迫切之心。

2009 年，北京开始对包括影视动画产业、网络游戏产业等领域进行专项政策支持；而杭州市则从专项资金、扶持文化创意企业上市、鼓励大学生创业等方面又追加颁布了 4 个相关政策。

2010 年作为"十一五"规划的总结年和"十二五"规划的制定年，各个城市都将文化创意产业明确放入"十二五"规划的发展重点，文化创意产业定位从"新引擎"向"新支柱"过渡。六大城市都制定并颁布了相关的政策，其中杭州保持了 2008 年的政策支持力度，并将文化创意产业集聚区也纳入了支持的重点。

总体而言，北京市政策出台频率较为平均，基本上可以做到每年推出至少一个政策，显现出循序渐进的政策推广过程（见图 2）。

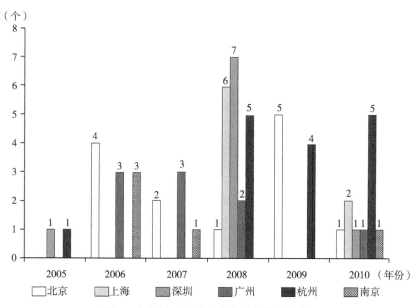

图 2　各年份重点城市出台政策数量比较

四、重点城市不同类型文化产业政策内容比较

由于总体指导性政策大体相同，为了研究的方便，将政策类型划分为：①财政政策（专项资金）；②税收政策；③投融资政策；④人才政策；⑤集聚区政策。以北京为参照物，对重点城市在不同类型的政策进行具体的梳理比较。

（一）重点城市文化产业财政政策比较

重点城市对文化产业的财政支持主要都通过设立专项资金来实现，都出台了文化产业发展专项资金管理办法。北京市作为最早设立文化产业类专项资金的城市，为其他城市提供了政策模板。在北京基础上，深圳专门制定了专项资金操作的规程，广州则设立了重点支持产业的专项资金。从绝对金额来说，随着各个城市对文化产业的愈加重视，北京的优势已经逐渐在缩小，如深圳也已经从 3 亿元增加到北京市一开始就设定的 5 亿元。在资金资助方式上，主要是补助、贷款贴息和奖励三种，但在政府采购方面未给予详细的规定。深圳对几种不同的专项资金使用方式做了比例上的限定，其中项目补贴为 55%，贷款贴息为 15%，配套资助为 5%，奖励为 15%，无息借款为 10%，使得各种专项资金使用方式有了确定的比例。北京现阶段每年的政策会根据具体情况进行调整，但是并没有在条例和使用方法中进行明确。而上海进行文化产业资金的"投资资金"尝试、深圳的"无息贷款"模式以及南京明确的"配套资助"模式都是值得北京借鉴的地方。

（二）重点城市文化产业税收政策比较

北京并没有制定相应的文化产业税收优惠政策，但是北京文化创意产业促进中心每年会分别就现有的九大文化产业一级分类所能够享受到的税收优惠政策进行整理。这些税收上的优惠散见于众多不同的政策文件中，对于众多文化企业而言，并不具有针对性。而杭州于 2008 年颁布了《关于统筹财税政策扶持文化产业发展的意见》，对文化产业利用财政政策扶持文化产业发展进行了详细具体的规定。这种政策模式是将来税收优惠政策的实施方向。从税收优惠的内容来看，上海、深圳、杭州、南京的税收优惠范围较窄，规定比较笼统。广州的税收优惠对象明确，规定详细。同时，这些税收政策更多是针对营业税和所得税本身，而对文化产业中经常需要遇到的流转税六个城市均没有具体规定。对于"土地和房产的城镇土地使用税和房产税"这些文化企业在经营过程中遇到的经营税收大头，仅有南京提到，并且是在不可抗力因素条件下可进行免税处理。从支持力度上，更多的是借鉴科技企业税收政策，而缺乏针对文化企业自身特色而设定的相应优惠政策。

（三）重点城市文化产业投融资政策比较

各个城市都十分重视文化产业投融资，鼓励文化企业多种方式筹集资金，其中北京比较重视金融机构对文化企业的支持，但是缺少促进文化企业上市及风险投资等社会资本支持文化产业发展的政策。杭州对投融资服务体系有专门的资金支持，不仅有鼓励为文化企业提供融资服务的指导意见，还针对企业上市制定了专项政策。上海、深圳、广州、南京则更加重视引导风险资金进入文化产业。具体的政策内容中，融资担保、资产抵押和鼓励上市成为了各大城市鼓励文化企业进行投融资的重要手段。但是文化企业，特别是中小型企业由于缺乏必要的投融资担保物，在与银行及金融博弈过程中往往处于弱势地位，现阶段各个城市对于无形资产的担保仍有所欠缺。而在鼓励上市层面，各个城市都仅仅做了面上的规定，并没有具体的政策措施进行保障。其中，即使是在鼓励风险投资进入文化产业领域方面各个城市也缺乏具体的实施细则。

（四）重点城市文化产业人才政策比较

人才政策方面，目前杭州对人才支持的政策相对最为完善，不仅有为人才提供发展平台的政策，还有鼓励实施人才工程的政策。而包括北京在内的其他五大城市都将文化创意人才纳入整个高层次人才系统中一起享受人才优惠待遇，并没有制定专项政策。同时，这些城市更多集中于人才引进政策上，在本城市人才培养政策方面都有所欠缺。具体政策内容中，六大城市都包括鼓励建设文化产业培训基地、设立奖励等方面给予政策支持、改革分配制度等几个方面。其中广州、杭州都有针对人才的专项资金，杭州、南京还通过各种人才专项工程吸引人才。与之相比，北京对文化产业人才的吸引政策缺乏具体落实；如广州直接设立2亿元的人才专项扶持资金，并且对大城市人才最为关心的户籍问题进行明确；杭州也有3000万元专门的"青年文艺家发现计划"对人才进行挖掘；深圳更是明确允许"拥有特殊才能和自主知识产权的人才，以知识产权、无形资产、技术要素等占有企业股份，参与利润分配"，提高人才在深圳创意的积极性；上海市的人才支持政策中对创意人才的"国际交流"有专门的资金进行支持，并且鼓励高校有针对性地设立一些与创意产业相关的专用学科，也算是在人才制度上的微创新。

（五）重点城市文化产业集聚区政策比较

各城市文化产业园区政策的内容都覆盖到对各类文化产业集聚区提供包括政策、资金、税收、人才等方面的支持，把重点集中在对企业的招商引资上。在特色方面，深圳针对文化产业不同类型园区建设进行了分类和指导，避免同类型园区的重复建设和资源浪费；杭州出台了《文化创意产业特色楼宇的认定和管理办法》，旨在推动老写字楼"腾笼换鸟"；南京出台了文化产业园区专项人才引进政策，将人才作为园区建设的第一要素。相比之下，北京的政策比较宏观，还缺乏对集聚区入驻企业的相关政策。需要指出的是，由于不同政府部门的分头管理，上海有"创意产业集聚区"和"文化产业基地"两个不同的市级文化产业园区和两套相似却又有所不同的政策，在一定程度上造成了政策冗余和资源浪费。

五、北京文化产业政策比较优劣势分析

(一) 北京文化产业政策优势

(1) 政策体系相对比较完善。通过与上海、深圳、广州、杭州、南京文化产业政策体系的对比，可以看出北京的文化产业政策相对比较完善，不仅有支持文化产业的综合政策，还有重点支持产业的专项政策，除了没有针对人才吸引的专项政策外，其他政策都已经涉及，尤其是税收优惠政策、文化产业园区政策，北京都做了比较详细的规定。

(2) 政策内容具引领性。从财政支持内容方面来看，北京对文化产业的财政支持力度最大，除了设立文化产业专项资金，还有文化产业集聚区专项资金，并且北京的文化产业专项资金数量最多；从税收政策来看，北京的税收优惠政策内容比较全面；从知识产权保护方面来看，北京已经出台《北京市展会知识产权保护办法》，其他城市没有涉及。

(二) 北京文化产业政策不足

(1) 文化产业专项资金的管理有待加强。北京文化产业专项资金的使用方式较少，资金的使用和管理不严格，而深圳对资金的申请、使用、管理都做了严格的规定，杭州还把文化产业专项资金同市科技专项资金、市人才专项资金结合使用。

(2) 缺乏鼓励文化创意产品交易和出口的政策。改革开放 30 多年来，我国各个行业的出口贸易都呈现顺差的发展态势，唯有文化产品与服务的出口贸易为逆差，这意味着中国文化走向世界任重而道远。作为我国文化中心的北京，承载着文化"走出去"的使命，因此需要相关的政策措施来促进北京文化产品与出口贸易。

(3) 缺乏鼓励成立行业协会的政策措施。发达国家发展文化产业十分重视中介组织特别是行业协会的作用，而通过北京、上海、深圳、广州、杭州、南京文化产业政策比较，我们发现，没有一个城市重视文化产业行业协会的作用，都没有出台促进行业协会发展的政策措施。

(4) 缺乏促进文化企业上市的专项政策。文化企业如果能够成功上市，可以为企业筹集到进一步发展壮大的资金，可以规范企业运营、吸引更多优秀人才、增强企业的发展后劲，但是目前北京没有专门支持文化企业上市的法规

政策，仅仅是提出要积极支持符合条件的文化企业改制上市。

六、北京文化产业政策优化建议

（一）文化产业政策"市场化"

（1）构筑以知识产权为核心的文化产业政策体系。文化产业的核心在于创新和创造力，而对于知识产权保护实际上就是对人的创造力和创新能力的保护，因此，文化产业的发展离不开对知识产权的保护。当前，北京并没有把知识产权保护作为重点，仅仅是出台了一部《北京市展会知识产权保护法》，对文化产业知识产权整体保护的法律保障体系还需要完善。北京市应该从全国首都的角度，作为知识产权保护的试点城市，推动国家尽早出台文化产业知识产权保护细则。

（2）加大经济政策支持力度，尽早出台促进文化企业上市的意见。一方面，北京需要进一步保持税收优惠优势，对不同产业实行差别税率，通过税收优惠继续鼓励文化企业保持活力。另一方面，加大投融资政策力度，增加鼓励风险投资进入文化产业的内容，引导风险投资，扶持处于种子期和起步期的文化企业。同时，还要拿出专项资金进行文化产业投融资服务体系建设，并尽快出台扶持北京市文化企业上市的支持细则。通过该政策的实施，引导和培育一批发展成熟、规模较大的文化企业在主板上市和一批成长性较好、具有一定规模的文化企业在中小企业板、创业板上市；支持已上市的文化企业通过增发、配股等方式开展再融资。

（3）制定加快文化创意行业协会建设的规定。北京应制定并加快推进文化产业行业协会建设，发挥行业协会桥梁纽带作用的政策。独立的组织，如非政府组织艺术家协会等，在文化产业发展中具有强大的影响力，成立各种相对于政府独立的行业协会，不仅会使北京市文化产业政策的制定更加合理，能够保证政策的适当性，而且对于行业标准规范的确有不可替代的作用。要积极发展专利、会计、律师、评估等中介服务组织，为文化产业发展提供专业化、市场化的高水平服务等一系列政策进行详细规定。

（4）文化产业专项资金评价过程优化，出台效果评估政策。随着经济的发展，北京文化产业专项资金的额度应该不断增加，拓展专项资金使用方式，除了现有方式外，还可以利用专项资金提供无息贷款；完善资助项目申报标准、申报流程和评审规则，合理确定财政资金投向；还要对专项资金使用效果进行评估，提高资金的使用效率。

（二）文化产业政策"北京化"

（1）坚持北京市重点发展产业政策。通过与上海、深圳、广州、杭州、南京的政策比较可以发现，各个城市都十分重视自身优势发展文化产业，北京也应该继续坚持实施优势文化产业扶持的专项政策，对政策的各项内容进行完善。

（2）加快培育北京市的国家级文化产业集聚区。北京应该继续完善文化产业集聚区认定和管理政策，对集聚区进行认定过程中，要明确政府的职责，加强政府的监督和引导，避免集聚区重复建设，防止资源浪费，同时还要对入驻集聚区的企业制定专项政策，以更好地吸引文化企业、人才。现阶段北京市已经有了30个市级集聚区，但是需要进一步通过申报鼓励创建国家级文化产业集聚区，给予一定的支持和奖励。

（3）从北京户籍入手制定文化创意高端人才支持专项政策。虽然目前北京对文化产业人才实施了一些优惠政策，但是并没有出台针对文化产业人才的专项政策，没有人才发展的专项资金。北京应健全激励机制，建立文化创意人才信息库和人才服务机构，从文化创意专项资金中设立人才专项资金，积极实施各种人才吸引、发现工程，每年对文化创意人才来京发展提供一定的落户指标，允许和鼓励文化产业人才以特长和管理才能作为无形资产，按一定比例持有文化企业股份并参与分配；采取"引进来"、"走出去"等各种方式办培训，大力引进国际化人才，推进引进人才方式的多样化。其中北京的户籍问题是解决北京文化产业高端人才留京的"瓶颈"问题，可以通过出台相应政策进行解决。

（三）文化产业政策"国际化"

（1）出台鼓励文化创意产品出口的政策。政策应规定建立北京文化创意产品出口基地和物流基地，搭建文化创意交流平台，举办以"文化产业"为主题的国际文化产业文化节、博览会、高层论坛、专家研讨会和设计比赛等，加强北京文化产业与国内外地区的交流与合作；鼓励和支持民营企业文化创意产品的出口，对文化企业拓展国际市场给予资金资助，扩大北京文化创意产品出口规模，优化出口产品结构，以提高北京文化产业的国际影响力和辐射力，其具体规定应以文件形式说明。

（2）鼓励通过直接投资、购并重组外国企业等方式实现海外运营。在新的时代背景下，北京市自身具备众多富有实力的大型文化企业，应加强对国外文化企业的跨国并购，成为企业海外运营的重要方式。通过并购方式进入国外市场，既可以大大加快投资周转速度，避开种种市场壁垒，又有利于企业本土化与国际化相结合，充分利用原有企业的资源，迅速扩大企业规模，实现规模经济效益。而且国外众多企业在严重的金融危机冲击后，急需资本的注入，这为我国企业并购提供了难得的机遇。因此，在投资方式选择上，鼓励具有实力的企业进行跨国并购，加快文化产业对外投资的速度。

基于不同文化概念认知的地方泛文化产业实践

戴俊骋

现有文化产业概念不清晰和范畴不明确，造成地方文化实践已经远远超过既有文化产业的统计标准范畴，呈现出"泛文化产业"的现象。本文认为泛文化产业的产生是由于对文化概念不同的认知造成的，并分析了历史文化产业、旅游文化产业、民族文化产业、科技文化产业、特色文化产业和公共文化产业六种主要的泛文化产业实践，从地理学角度探讨泛文化产业实践之于地方的必要性、在县域及以下尺度集聚的必然性以及文化产业知识的传播的转化过程，最终提出针对泛文化产业发展的对策建议。

一、引言

一直以来，"文化"这个概念众说纷纭，一般认为对文化的定义包括描述性的定义、历史性的定义、行为规范性的定义、心理性的定义和结构性的定义等。描述性定义是将文化进行概括式的列举，包括技艺、知识、信仰、艺术、法律、伦理道德、风俗以及其他区域社会成员学习习得的习惯或能力都可以称为文化；历史性的定义认为文化是人类社会通过历史遗留下来的；行为规范性的定义认为文化是后天习得的某种行为方式；心理性的定义认为文化是特有想法的固定编码；结构性定义则将文化视为一种意义共享的系统①。学界对文化的定义丰富多样，也影响到公众对文化的认知。

正是由于文化内涵的多样性，使得文化产业作为一种新的产业形态，从发展一开始就深受范围界定的困扰。文化产业好像变成了一个"筐"，什么都要

---

① 郭莲. 文化的定义与综述 [J]. 中共中央党校学报，2002，6（1）：115–118.

往里面装，把旅游、体育甚至于教育培训等都纳入了文化产业范围。虽然国家已经出台了文化产业的分类标准，对文化产业进行了界定，但是我国的文化产业定义与联合国及其他国家从定义的内涵到外延再到分类标准都有较大差异，而国内各个省市对文化产业又各自建立了不同的统计标准。如果将1998年文化部成立"文化产业司"作为中国文化产业真正开始发展的元年，近二十年过去了，无论从学界还是业界仍然经常会听见对文化产业概念的辨识、解读或者重新认识。一方面是由于文化产业范畴的界定问题；另一方面结合平时文化产业规划实践工作经验，可以发现尽管我们都清楚文化产业不能将"文化"与"产业"简单拆开来看，但是在实践中对文化产业的认知，很多是基于对"文化"的认知，进而影响到对文化产业的认知，最终反馈到地方文化产业的发展实践中。

本文在对文化产业概念简单回溯的基础上，基于地方尺度对这种基于对文化的不同认知影响到地方文化产业不同发展实践的现象进行剖析。文中列举的这些文化观念很容易就能在地方文化产业实践中找到原型，这里的案例的目的不在于评价文化概念认知好坏的问题，因为这些想法都是从地方实际出发，可谓"一点错都没有"。其最终目的是从地理学角度剖析泛文化产业现象产生的必要性与必然性，希冀跳出对文化或文化产业概念的纠缠，切实为推进地方文化产业发展提供建议。

二、文化产业范畴界定刍议

关于文化产业范畴界定是一个老生常谈的问题，这里再简单做个回溯。基于对不同文化产业的理解，各国政府在政策层面，根据国情与产业发展选择，对文化的范围界定和分类各有所侧重，为文化产业划定了不同的范围。具有代表性的分类模型包括：①英国DCMS模型。该模型把文化产业定义为需要创造力、技能和天赋，通过运用智慧有潜力创造财富和就业机会的活动。具体包括表演艺术、工艺设计、时尚设计、广告、建筑、艺术及古董市场、出版、广播电视、电影及录像带、音乐产业、软件与计算机、服务、互动休闲软件。②象征性文本模型（Symbolic Texts Model）是从批判文化研究传统中发展起来的文化产业分类方法。该模型认为一个社会文化的形成与传播过程是通过象征性文本或信息的工业生产、传播和消费来实现的，因此其分类也从这几个环节展开。③同心圆模型认为文化及其影响是通过一系列层或"同心圆"向外扩散，越向外，文化在商业内容中的比例越低。该模型将文化产业由核心向外围分为核心文化产业、其他核心文化产业、更广泛的文化产业和相关行业四大类。④世界知识产权组织版权模型，这一模型被美国、加拿大等国家充分吸收，重点关注文化商品和服务中的知识产权问题，将文化产业分为核心版权产业、部分版权产业和相互依存版权产业。⑤教科文组织分类模型，该模型分为核心文化产业和拓展文化产业，其中核心文化产业包括美术馆、图书馆和博物馆，表演艺术，节日，视觉艺术，工艺品，设计出版，电视、广播、电影，视频和电脑游戏，摄影，互动媒体，共10个行业；扩展文化产业包括乐器、音响设备、建筑、广告、印刷设备、软件和视听硬件，共7个行业。

我国在进行文化产业分类的时候充分借鉴了联合国教科文组织模型，2004年国家统计局制定发布的《文化及相关产业分类》（2012年进行了修订），不仅为全国范围内开展文化产业统计提供了依据，也为厘清文化产业的边界创造了条件。国家统计局《文化及相关产业分类（2012）》把文化产业分为两大部分、十个大类，两大部分分别是"文化产品的生产"和"文化相关产品的生产"，十个大类包括新闻出版发行服务、广播电视电影服务、文化艺术服务、文化信息传输服务、文化创意和设计服务、文化休闲娱乐服务、工艺美术品的生产、文化产品生产的辅助生产、文化用品的生产和文化专用设备的生产。但是包括中国香港、中国台湾以及内地的北京、上海、广州、深圳、杭州等文化产业发展最发达的城市都对文化产业有各自的范畴界定和分类标准①，使得从全国尺度上形成共识的统计口径，在各城市发展的过程中又形成了较大的差异。

三、基于不同文化认知的泛文化产业实践

无论学界还是实践层面对文化产业实践的界定和分类一直没有清晰定论，导致基于不同文化概念认知的泛文化产业实践产生。这里提及的"泛文化产业"现象的产生，是因为地方的实践范畴很多时候已经明显超过上述学理和国家统计分类下的文化产业范畴，但之所以还把其归于文化产业实践范畴，是我们在许多地方政府工作报告中，关于文化产业板块工作总结及有关政策中会

---

① 戴俊骋，王佳，高中灵. 北京与国内重点城市文化产业政策比较研究 [J]. 北京社会科学，2011（5）：4-10.

经常性地出现下述的表述并真正用于指导实践。

（一）有历史就是有文化——历史文化产业实践

从词语构成来看，历史文化产业是在文化产业前冠以"历史"，用"历史"修饰和限定文化产业。历史文化产业重点强调"历史"，但关键还在于文化产业，说到底还是文化产业。有学者认为历史文化产业就是通过开发利用历史文化资源而运行发展的文化产业①。从具体实践上来看，发展文化产业变成了地方历史的比拼，这在拥有深厚历史积淀的古都、历史文化街区、历史文化名镇名村、历史文化名城等地方表现尤为明显。按照周尚意教授"三个本性"的说法，由地方本文、历史事件和个人经验等作用形成的第三本性是地方性延续的关键，基于历史发展的文化产业在不同地方比拼之间才具有不可复制性。于是以历史文化名人为代表的历史文化资源之争的案例并不鲜见，李白故里之争、大禹出生地之争、梁祝故里之争、诸葛亮躬耕地之争、屈原族别之争、杜康之争……甚至发生了"一个花木兰五地争抢"的局面，乃至西门庆、潘金莲之争②，无一不表现出地方对从历史文化资源向历史文化产业进行转化的迫切之情。但现阶段这种历史文化产业实践存在"越老、越真、越好"的误区，过于追求所谓悠久历史和真实性的考据上，而忽略了对已有历史文化资源的创新型开发，也忽略了对历史文化资源深层次的文化内涵的显性化创意展示。

（二）有景色就是有文化——旅游文化产业实践

马波教授在1998年就区分了旅游文化与文化旅游的不同，认为旅游文化与文化旅游是两个截然不同的概念，不能混淆。旅游文化属于文化的范畴，是文化的一个门类；文化旅游属于运动的范畴，是旅游的一种类型。文化旅游可以促进旅游文化的发展，但其构成要素要比旅游文化简单得多③。学理上看旅游者通过旅游体验追寻真实感和自身意义的一种活动过程，同时这类旅游者的出现势必造成相应的文化消费，即旅游这种社会机制将文化的过程性和产品性联系在一起，文化旅游是一种由旅游消费而带动的文化产品，同时它又是由文化动机带动而参与旅游活动的文化过程④。不过实践中文化旅游产业和旅游文

① 赵东.试论历史文化产业在陕西文化产业中的重要地位 [J].陕西社会主义学院学报，2010（3）：28-30.

② 沈艾娥.我国历史名人文化产业发展初探 [J].三峡大学学报（人文社会科学版），2012（5）：68-72.

③ 马波.现代旅游文化学 [M].青岛大学出版社，1998：37.

④ 冯翔.欧洲旅游：关于产业发展及组织管理的全新研究 [M].中国旅游出版社，2009：218.

化产业基本是混用的，其差异更多表现为旅游部门和文化部门管理范畴的不同，于是常常出现一个项目、同样内容在旅游局和文化局（或文化产业主管部门）呈现不同说法。对于人文资源丰富、以文化旅游为主的地方，去细分究竟是文化产业还是旅游产业没有实际的意义。但现在以自然风光为主的地方，越来越多地开始打上自然文化、生态文化乃至原生态文化产业的符号，很多则将自然山水与养生文化自然地画上等号。有学者总结这种"原生态文化"已不仅是一种观念上的文化现象，事实上它是一个生产的现实，这个现实就是以"原生态"冠名的文化再生产活动的发生，它已经渗透到工业、农业、服务业的各个层面，并在企业、产品和经营理念或产品特征的宣传上广泛使用，并以文化产业的行业形态发生和兴起[1]。这些显然已经远超出原有文化产业的范畴，但是其对许多主体功能区规划中被划定为生态涵养区的地方发展具有重要意义。

（三）有民族就是有文化——民族文化产业实践

我国地域辽阔、民族众多，各民族都有各自浓厚的、不可替代的文化特色。在长期历史发展中，各少数民族形成了独特的民族建筑、民族服饰、民族佳肴、民族手工艺品等传统产业，具有鲜明的民族特色，真实地再现了各民族的文化传统，不仅具有独特的现代经济价值，而且还是少数民族聚居地区未来最具发展潜力和市场竞争力的产业部门[2]。民族文化产业在民族性显著的地区应运而生，其实质是依托各少数民族优秀的文化传统，通过对传统文化的产业化运作，使民族文化资源得以开发和利用，民族自身得以更好地发展。最直接相关的民族文化产业包括民族文化产品制造业（如民族工艺品、旅游纪念品、民族刺绣产品、纺织品等）、民族体育业、民族文化音像制品生产、民族文化旅游业、民族歌舞表演经营、民族出版物的生产经营、民族医药的生产经营、民族饮食文化的经营等。现在为发展文化产业，从体量上考虑，将不同的民族文化要素进行整合，但过程中"囫囵吞枣、矫揉造作"，导致"人人束腰、个个对歌、处处走婚"等张冠李戴场景层出不穷。因此，在民族文化产业发展过程中，亟须把民族传统文化当作原生态因素保护，并加以保存和创造

---

① 刘宗碧，唐晓梅. 原生态文化产业的生态文化特征分析 [J]. 原生态民族文化学刊，2013 (3)：132–138.

② 陈沈. 中国民族文化产业的现状与未来走出去战略 [M]. 国际文化出版公司，2006.

性地运用①。但是偏颇地认为民族文化产业必须具有原生态特征，容易导致民族文化开发故步自封，欠缺深度和广度②。

（四）有科技就是有文化——科技文化产业实践

如果说上述三种实践与地方文化息息相关，那么科技文化产业实践似乎少了"文化味"，但在广大新区或开发区科技文化则备受青睐，因为这些区域往往被认为缺少文化积淀，甚至有的地方被称为"文化沙漠"，于是"文化不够，科技来凑"，科技文化产业应运而生。从理论上说，我们可以认为科学技术本身就是一种文化现象，是人类文化的重要组成部分。科技文化是在科技发展的历程中积淀而成的一种独具特色的文化形态。科技文化是人们运用科技，变革、适应自然和社会的方式以及实际成果，可以包括科技知识、科技思想、科技体制、科技法规、科学方法、科学精神等方面③。问题在于科技与文化两个概念的范畴都太大，单论科技产业与文化产业就已经覆盖了现有产业转型升级背景下，地区主导产业发展的主要门类。但中央连续出台了包括《国家文化科技创新工程》（国科发高［2012］759号）、《国务院关于推进文化创意和设计服务与相关产业融合发展的若干意见》（国发［2014］10号）等核心政策文件，将文化与科技通过融合的方式绑定在了一起。"融合"的概念好提，但在实践中融合的内涵品质却不易提升。一方面，目前在国内尚未形成真正支撑和引领文化发展的科技支撑体系；另一方面，文化消费需求对科技创新的带动不足，关键技术装备和软件系统国产化率相对偏低，因此真正意义上的科技文化产业并未形成。而"重科轻文"的倾向以及现有对科技产业的扶持政策相对完善，也容易使得科技文化产业演变成为众多企业披着文化的外衣，大步走向科技产业的路子。

（五）有特色就是有文化——特色文化产业实践

如果一个地方文化特征不那么突出，没有响亮的文化品牌，那么只需要"特色+文化"模式就可以作为文化招牌，于是遍地可以看见由"某某文化"派生出的"某某文化产业"。这种特色文化产业在许多人看来是最接地气的，

---

① 刘宗碧．"原生态文化"的实质及问题研究的理论对象［J］. 原生态民族文化学刊，2012（1）：91-98.

② 胡静，顾江．中国民族文化产业发展战略与路径选择［J］. 经济管理，2007（21）：62-65.

③ 潘建红．科技文化：内涵、层次与特质［J］. 理论月刊，2007（3）：93-94.

有学者将其视为某一民族和区域中的"草根文化产业"①，包括特色文化旅游、工艺美术、戏剧演艺、节庆会展和健身运动，以及基于本土文化遗产资源题材的影视产业、动漫产业、出版产业，及与此关联的特色文化饮食、酒文化和茶文化产业等都可以涵盖。而《关于推动特色文化产业发展的指导意见》（文产发〔2014〕28号）（以下简称《意见》）为特色文化产业正名，《意见》中特色文化产业是指依托各地独特的文化资源，通过创意转化、科技提升和市场运作，提供具有鲜明区域特点和民族特色的文化产品和服务的产业形态。从七大重点任务中可以看到，国家层面认可的特色文化产业体系包括：①工艺品、演艺娱乐、文化旅游、特色节庆、特色展览等特色文化产业；②区域性特色文化产业带；③特色文化产业示范区；④打造特色文化城镇和乡村；⑤各类特色文化市场主体；⑥培育特色文化品牌；⑦促进特色文化产品交易。无论理论还是政策层面都为地方以特色之名发展文化产业提供了注脚。只是发展特色文化产业容易造成"文化的产业化"与"产业的文化化"两种极端，前者易忽略文化作为社会意识形态建设的重要手段，容易造成文化庸俗化，引起意识形态的扭曲；后者则易忽略文化的美学价值，容易将"特色等同于特产"，将文化具象化，削弱审美趣味，形成"菜薹文化产业"、"小龙虾文化产业"等地方文化产业实践。

（六）有参与就是有文化——公共文化产业实践

最后又是一个言之甚多的问题，公共文化服务与文化产业之间有何关系？有观点认为，"公共文化服务与文化产业之间是基于'公益性与商业性'的互斥关系，公共文化服务的公益性与文化产业的商业化难以共存"；有观点认为，"公共文化服务与文化产业是基于'经济基础与上层建筑'的依赖关系，文化产业具有文化造血功能，没有文化产业'搭台'，公共文化服务难以（持续性）'唱戏'"；有观点认为，"公共文化服务与文化产业之间是基于'一般性与特殊性'需求满足的并存关系，公共文化服务主要由政府提供、满足公众的基础性文化需求，文化产业依赖于文化的市场化能力，满足有消费能力个体的'特殊化'文化需求，两者并存但互不相关"②。但在特色不鲜明或资

---

① 齐勇锋，吴莉.特色文化产业发展研究〔J〕.中国特色社会主义研究，2013（5）：90-96.
② 刘辉.公共文化服务的文化产业效应——以渭南市"一元剧场"为个案〔J〕.理论探索，2012（1）：103-106.

源不丰富的情形下，许多地方直接将文化事业发展与文化产业实践挂钩，将文化基础设施建设、公共文化消费与公共文化产品和服务的供给作为文化产业发展实践的重点来抓。尤其在《关于加快构建现代公共文化服务体系的意见》（中办发〔2015〕2号）中明确提出"推广运用政府和社会资本合作等模式，促进公共文化服务提供主体和提供方式多元化。鼓励和支持社会力量通过投资或捐助设施设备、兴办实体、资助项目、赞助活动、提供产品和服务等方式参与公共文化服务体系建设"，均为公共文化产业发展打开了一个"口子"。

四、泛文化产业实践的地理学思考

（一）泛文化产业实践之于地方的必要性

在世界经济转型的大背景下以及知识经济、消费主义、个人主义和创新理论等多种理论和社会思潮的共同影响下，文化产业逐渐兴起和发展起来①。各个地方争相发展文化产业，条件不够努力创造条件也要发展这些泛文化产业，重要原因在于想将地方性转化为地方的文化资本，进而成为吸引全球资本的核心抓手。阿伦·斯科特（Allen Scott）将全球社会网络关系聚焦于文化经济活动，认为地方的特殊性常是基于每个地方的独特历史和地方文化经济不断发展所形塑而成的②。伴随全球化进程的不断深入，各个地方要在越来越呈现扁平化的全球网络结构中确立其地位，作为吸引和维持全球人文和经济流动的空间和文化产品受到了人们的重视③。在地方生产和营销过程中，无论历史、旅游、民族、科技还是地方特产、特性都愿意插上"文化"的翅膀，由此产生了文化产业的泛化。

（二）泛文化产业实践在县域及以下尺度集聚的必然性

现阶段关于文化创意产业集聚的分析主要有马歇尔理论框架和雅各布理论框架④。前者认为产业集聚能够给企业带来廉价的生产要素投入，从而产生正外部性。后者则认为文化创意产业一般集聚在大都市原因是由于其能提供产业

---

① 周学政. 创意产业兴起的社会文化背景分析［J］. 前沿，2010（17）：86-89.

② Scott, A. The Cultural Economy of Cities［M］. London：Sage, 2000.

③ Kearns, G., Philo, C. Selling Places：The City as Cultural Capital, Past and Present［M］. Oxford, New York：Pergamon Press, 1993.

④ Vang, J., Chaminade, C. Global-local Linkages, Spillovers and Cultural Clusters：Theoretical and Empirical Insights from an Exploratory Study of Toronto's Film Cluster［R］. CIRCLE Electronic Working Paper Series（No. 3），2007：5.

所需要的多样化专业人才市场①。包括电影、电视、动漫、设计等文化产品的生产一般是项目指向的，需要对各种知识的重新整合能力②，也因此需要丰富多样的专业化人才，这在县域及以下尺度的各地方不容易实现。可以说各地方也想发展更为"纯正"的文化产业，主要"瓶颈"还是受制于人才。因此县域及以下尺度的许多地方只能通过将文化产业实践泛化，寻找那些对人才集聚要求相对简单或者拥有成熟人才积累的产业实践作为突破口。当然上文中科技产业同样具有这样的人才集聚特征，但正如约束条件里提到的，提及科技文化产业实践的地方一般集中在高新技术区或者开发区升级形成的新城。

(三) 文化产业知识传播的尺度转化过程

文化产业理论与地方实践是一个相互促进的过程，江莉莉（Lily Kong）教授曾以亚洲主要文化产业发展国家为例，分析文化产业知识如何通过正规和非正规渠道影响并嵌入具体实践中，她发现这是一个从西方渐进的本土化过程③。同样，文化产业概念或者如标准及分类的政策到地方，是一个降尺度的转化过程，其通过理论层面的构建宣传，通过"指导思想"、"办法"、"细则"等越来越具体且富有针对性的政策来促进文化产业在地方化的实践转化。从泛文化产业实践来看，地方对文化产业的理解先基于自身发展基础条件，有悠久或者特殊历史的就进行历史文化产业实践，有丰富自然生态和人文旅游资源的就进行旅游文化产业实践，有显著民族性的就进行民族文化产业实践，有科技实力的就进行科技文化产业实践，如果没有这些显著条件，就找特色文化产业发展的路子，再没有就回到发展文化事业的老路子来。当然也是由于这些地方的实践，又为中央决策提供了重要参考，如《关于推动特色文化产业发展的指导意见》就是典型的依托地方实践和呼吁，自下而上推动中央政府文化产业政策制定的例子。

五、发展建议

这种泛文化产业实践如果不加以引导，容易变成"新瓶装旧酒"的文字

---

① Scott A. Capitalism, Cities, and the Production of Symbolic Forms [J]. Transactions of British Geographers, 2001, 26 (1): 11-23.

② Storper M., Venables A. Buzz: Face-to-face Contact and the Urban Economy [J]. Journal of Economic Geography, 2004 (4): 351.

③ Kong L., Gibson C., Khoo L., et al. Knowledges of the Creative Economy: Towards a Relational Geography of Diffusion and Adaptation in Asia [J]. Asia Pacific Viewpoint, 2006, 47 (2): 173-194.

游戏或者统计游戏，这里给出四条发展建议：第一，做里子，不做面子。不仅把文化作为地方营销的工具和手段，而且把文化真正转化为地方发展的内生动力。第二，做筛子，不做筐子。泛文化产业不意味着要把既有认为好的与文化能搭上边的东西都往文化产业筐子里装，要真正筛选出具备地方特色且具有可持续竞争力的文化特色产品和服务。第三，做旗子，不做幌子。如果要发展文化产业，就把其作为地方的一项旗帜性的工作来抓，而不是一个可有可无的添头。第四，做链子，不做点子。要依托地方搭建文化产业链，而不是单纯依靠某个创意或者某个事件或者某些单个节点来推动发展。

坚持改革开放，充分借助资本力量
推动湖南文化产业跨越式发展①

魏鹏举

一、市场是检验文化产业的关键标准

早在 16 年前，中共十四届六中全会通过的《中共中央关于加强社会主义精神文明建设若干重要问题的决议》就将"坚持走改革开放之路，积极推进文化事业改革"作为我国文化发展的基本方针。2002 年召开的中共十六大，第一次将文化分成文化事业和文化产业，强调根据社会主义精神文明建设的特点和规律，适应社会主义市场经济发展的要求，推进文化体制改革。2004 年中共十六届四中全会通过的《中共中央关于加强党的执政能力建设的决定》提出了"深化文化体制改革，解放和发展文化生产力"这一重要命题，指出"深化文化体制改革，解放和发展文化生产力。根据社会主义精神文明建设的特点和规律，适应社会主义市场经济的要求，进一步革除制约文化发展的体制性障碍"。

中共十六届四中全会同时提出了文化发展的评判标准，即"坚持把社会效益放在首位，实现社会效益和经济效益的统一，把文化发展的着力点放在满足人民群众精神文化需求和促进人的全面发展上"。中共十七届六中全会一以贯之地坚持了这个要求。从改革和发展的视野来看，公益性文化事业无疑要以社会效益为最终追求，文化产业则要在符合社会效益要求的基础上，以市场效益的最大化为关键考量。这是我国文化体制改革的题中之意，也是社会主义市

① 本文是魏鹏举于 2012 年 9 月 23 日在"湖南文化产业加快发展，走在前列"专家顾问座谈会上的发言。

场经济发展的基本要求。

不以市场为标准，文化生产力就无法真正得到解放和发展。我们之所以要进行文化体制改革，根本的原因就是要适应社会主义市场经济发展的实践，改革在单一的事业体制下阻碍或不利于文化生产力发展的制度性弊端，在可经营性领域发挥市场的经济作用，一方面，公共财政保障公益性文化事业的健康发展；另一方面，通过市场经济激活文化生产力，实现文化产业的快速发展。

不以市场为标准，文化产品所承载的价值就无法深入人心。我国文化建设的根本任务是要以社会主义先进文化引导和满足人民日益增长的精神文化需求，在市场经济条件下，文化产业必须积极发挥市场在发现需求、满足需求、引导需求方面的功能。唯有如此，文化产品所承载的社会主义先进文化价值才能与老百姓的精神文化需求结合，才能深入人心，才能发挥核心价值的正能量。

不以市场为标准，文化产业的可持续发展能力就无法建立。在起步阶段，文化产业固然需要政府的扶持和推动，但从长远来看，文化产业的内在动力是市场，文化产业的发展资源是市场，只有真正建立起市场能力，文化产业才能实现健康的可持续发展，这无疑也是文化体制改革的重要任务之一。

不以市场为标准，文化软实力就无法在全球化的语境中提升。推动中华文化走向世界和维护国家文化安全，这是文化软实力的两个面向，文化影响力和亲和力在全球范围的提升是其关键。在全球化的语境中，生硬的文化宣传或简单的文化防御显然越来越无效甚至走向负面。美国的文化软实力是建立在以好莱坞为代表的强大文化产业基础上的，日本的国际文化形象同样得益于其占据全球动漫市场的文化产品。

湖南文化产业的发展经验也充分说明市场化在文化产业快速发展中的重要作用。近代中国解放革命的成功源头在于倾听民声、了解民情、改善民生。我个人有个不太成熟的看法，湖南在中国当代的文化发展中同样开创了一个"草根娱乐革命"的样板。在传统的文化体制环境中，由精英主导的文化离老百姓的需求越来越远。湖南的"文化湘军"在20世纪末发起了面向百姓、面向需求、面向市场的文化产业革命，不仅创造了文化产业的发展奇迹，同样也开创了中国文化产业的新格局。

今天，在文化大发展大繁荣的号角中，湖南一定要秉持改革开放的精神，以市场为圭臬，积极借助资本与科技的力量，面向国际大舞台，开创中国文化产业发展的新气象。

二、资本是推动文化产业发展的基本力量

文化产业当以内容为体，以科技与资本为翼。文化内容需要包容性的长期累积，科技对文化产业发展的作用同样需要较长时间的融合渗透过程。在市场经济环境中，资本是文化产业跨越式发展最直接和有效的力量。国际的经验是这样的，中国的经验是这样的，湖南的经验同样是这样的。

在第二次世界大战之后，发达的资本主义国家的文化产业开始迅猛发展，主要的推动力量就是资本。资本推动单一媒体向多媒体和跨媒体发展，推动地方媒体向国际性的媒体拓展，推动内容、制作、传播、再生产的全产业链型的巨型文化产业集团快速成长。时代华纳、新闻集团、迪士尼等国际性的文化产业巨头正是借助资本的力量上位的。

中国市场经济的发育时间还比较短，文化产业也才起步，但即使如此，资本在推动文化体制改革的深化以及文化产业的快速发展方面已经展露身手。一批国有的传媒集团通过资本市场实现顺利的转制发展，一些民营文化企业借助资本市场快速成长。中国的文化企业，正在借组资本之手，不断整合国内文化市场，也在尝试拓展国际市场。

1996 年湖南经济电视台的组建拉开湖南广播电视业的市场化大幕，1999年湖南电广传媒挂牌上市，湖南文化产业进入资本运营的大发展大繁荣时期。目前，全省上市文化企业有 4 家，电广传媒、中南传媒、拓维信息进入全国文化企业 30 强，《湖南日报》进入全国省级党报第一方阵。

借助资本的力量，可以有效整合文化产业的发展资源。我国文化产业方兴未艾，势头很好，但是市场主体弱小，产业能力不足，亟待资本的整合提升。资本是市场的基本动力，资本能给文化产业带去的，不仅是资金，不仅是信息，也不仅是利润，资本也会带来产业所需的管理、人才、渠道以及智慧。

借助资本的力量，可以有效消除条块分割的发展壁垒。我国文化产业发展的现实困境之一就是事业型的文化管理体制导致的文化领域条块分割和利益固化。通过文化体制改革，我们组建了一些行业性文化产业集团，也努力推动跨行业、跨地域的文化部门整合，但阻力很大，成效有限。在市场经济环境中，资本才是打破行政壁垒、融合利益、实现文化体制改革任务的真正有效力量。

借助资本的力量，可以有效提升文化产业的市场集中度。文化产业具有典型的规模经济与范围经济的特征，需要一定的市场集中度才能提升文化产业的

盈利能力和发展实力。我国的国有文化企业大多比较分散，民营文化企业大多比较弱小，这种局面很不利于国家文化产业整体实力的提升。我们需要经历一次兼并重组的阵痛，培育文化产业的战略投资者，打造文化产业的旗舰航母，这是中国文化产业升级的必由之路。

借助资本的力量，可以有效实现中华文化"走出去"。这是一个需要依靠资本压路机开路的全球化时代，文化的输出和资本的扩展是成正比的。中华文化的国际影响力与我们的经济实力严重不符，这固然与我们的经济结构比较低端有一定的关系，但也与我们一直以来的国际文化交流模式有很大关系。以行政方式进行的文化"走出去"很难持续和深入，往往还会导致敏感反弹。资本是全球化的重要纽带，资本也是文化传播和交流的重要通道，是有效也有力的文化"走出去"方式。

我国文化产业经历了分散发展的市场发育阶段，已经逐渐进入了聚合发展的资本扩张时期。在这个重要的时点，我们必须继续坚持社会主义市场经济的发展道路，在文化产业领域不断深化改革，进一步激发市场活力，给资本更大的发挥空间，引导社会资本从过剩的经济领域向这一战略性的新兴产业流动，不仅有利于文化产业大发展大繁荣，也有利于调整经济结构，转变经济增长方式。

三、解放观念，锐意改革，拓宽文化资本空间，创新文化金融手段

"文化湘军"曾经是中国文化产业的"先头兵"，现在也是全国文化产业的排头兵，但在中共十七届六中全会之后，全国各地的文化产业鼓声雷动，湖南文化产业的优势地位面临巨大的挑战。"文化湘军"要想加快发展，继续走在前列，就必须进一步解放观念，树立先进的文化发展理念，必须继续锐意改革，激发文化产业大发展的活力。

总体来看，文化建设要坚持两轮并进、统筹兼顾，但又要策略不同。有限的公共财政要大力扶持公益性文化事业、保障文化民生，而经营性文化产业则要充分发挥市场机制、调动资本活力。我们发展文化产业，既要注意把握正确的方向，同时也要相信市场和资本的正向能量。中国电影这些年的发展可谓突飞猛进，非公资本已经成为电影业的主力，中国电影的发展不但没有偏离核心价值，反而涌现出了越来越多符合主流价值、老百姓爱看的社会效益与经济效益俱佳的优秀影片。湖南卫视积极面向市场，依托各种社会力量合作进行节目

创新与推广，在赢得市场的同时，也以快乐健康的内容向全国乃至全世界的受众传递着中国发展的正能量。

具体来看，提出以下两点建议：

首先，要转变政府对文化产业的投入方式，尊重和发挥资本市场的主体作用，撬动更多社会资本参与文化产业的建设发展，积极鼓励和吸引各类社会资本参与文化产业，推动文化产业跨行业、跨所有制、跨地域、跨国界的兼并重组。湖南省已经设立了文化产业发展专项资金，也制定了《湖南省文化产业发展系统性融资规划（2011～2020 年)》等一系列政策措施，这是很好的基础，也显示了发展文化产业的决心和信心。文化产业属于市场领域，当它还不成熟的时候，需要公共力量的适当扶持，但最后是要交给市场的。因此，公共财政对于文化产业的投入和扶持一定要讲究策略和方法，不然就可能在培育产业的同时也导致市场发育不良。文化产业专项资金的使用，要逐渐由直接投入向间接投入转变，要由直接孵化投入向扶持孵化器和战略投资人转变，学会和专业的社会资本合作，调动它们的积极性，以社会资本为主体进行项目的选择与跟踪，政府主要进行陪同投入，主要做好文化产业投融资的激励机制和风险规范体系。同时，要积极创造条件，让社会资本可以进入更多的文化产业领域，一方面让社会资本参与或部分参与垄断领域的竞争；另一方面也给社会资本更大的产业发挥空间，调动社会资本更大的积极性。

其次，要积极发展各类文化要素市场，探索建立湖南文化金融试验区。从目前来看，国内几个主要的资本市场尚不能满足快速发展的文化产业的需求，大量的中小文化企业、文化产权、文化资源等亟待与资本对接，同时，各种各样的社会资本也看好文化产业但又暂时找不到合适的投资标的。由于存在文化金融的强大需求，从 2010 年开始，各类文化产权交易所或艺术品交易所风起云涌，但由于缺乏系统论证和严格规范，集中炒作艺术品，误入歧途。文化要素市场是分散的各类文化要素与文化资本对接的重要平台。文化要素市场的建设，一定要走出艺术品或奢侈品的误区，面向大文化资源，服务文化的保护和生产，培育文化与资本共赢的长期投融资市场。比如，我们应该对湖南各地的历史人文资源或民间文化遗产进行系统的梳理和整理，由地方政府或行业协会对这些文化资源进行公共知识产权性质的登记保护，结合具体项目规划，形成特色文化资源的资产包，在文化要素市场挂牌交易，促进文化资源与文化资本的有效对接，在保护性开发文化资源的同时，也实现金融资本的生产性增值。

考虑文化领域的战略性和公共性，应该在文化金融方面有一些特殊的制度安排，鼓励文化金融创新，吸引国内乃至国际资本进入文化领域。湖南还可以探索建立面向国际资本市场的文化金融特区，争取将湖南建设成为国际性的中华文化要素市场。

文化金融

中国亟待提升对外文化产业投资能力

魏鹏举

文化产业被视为"黄金产业"和"朝阳产业",由于它是融合文化、科技与创意的具有可持续发展品质和高附加值的新兴经济领域,英国、美国、法国、韩国、日本等已经把它作为一种战略性产业来发展,积极扶持本国文化产业的国际资本扩张,谋求国际文化产业的主导地位,提升其文化影响力。

改革开放释放巨大红利,中国经济高速增长,但是在文化产业方面却远远落后于世界的进程。由于我们的文化产业相对落后,国际文化产业纷纷进入,不断蚕食和占领中国文化市场。对于中国来说,这种局面已不仅是经济问题,同时也已经成为影响文化和社会发展的问题。在这样一种严峻的国际形势下,中国适时提出了文化"走出去"的战略。如何实现这一战略,仁者见仁,但越来越多的实践显示,文化产业的国际投资是推进和实现这一战略目标的最基本、最有效的途径之一。

根据联合国贸易和发展组织的《2013年世界投资报告——全球价值链:投资和贸易促进发展》,中国海外直接投资的增长令人瞩目。2012年,中国对外直接投资创下了840亿美元的历史纪录。中国已经成为世界第三大对外投资国,仅次于美国和日本。受寻求市场、提高绩效、获取自然资源和战略资产等多元目标驱动,中国公司对外投资的行业和国家范围非常广泛,对各国投资促进机构的调查表明,中国被列为最有前途的外国直接投资来源地。

中央宣传部部长刘奇葆撰文指出:中国已成为全球第三大对外投资国,但文化类投资占比还很小。要鼓励文化企业创新投资方式,"走出去"开展绿地投资、并购投资、联合投资,扩大境外优质文化资产规模。要加强文化出口平台和渠道建设,通过"买船出海"、"借船出海"等方式,进一步拓展国际营销网络,完善海外网点布局,推动我国文化产品更多地进入国际市场。

随着中国经济的壮大以及政府对于文化产业"走出去"的激励，中国资本的海外文化产业投资并购案例日益增多。比如，俏佳人传媒集团 2009 年用 2 亿多元成功收购了美国国际卫视，改名为 ICN 国际中国联播网，在美国拥有了 12 个电视频道，覆盖美国 5000 万人口。在 2011 年 2 月又并购了美国大纽约侨声广播电台。西京集团在 2009 年用 3000 万元全资收购了英国普罗派乐卫视（Propeller TV）。中国民营电视台蓝海电视（Blue Ocean Network，BON）2010 年 5 月在美国正式开播，创始人顾亦凡、诸葛虹云占股 68%，鼎晖创投投入 1000 万元占股 32%。据《凤凰周刊》2012 年第 31 期报道，香港卫视、亚太第一卫视等都是内地资本投资产物。

从上述的案例可以看出，中国的文化产业类海外投资主要集中在传媒渠道领域，如何借助渠道来实现中国文化的内容传播，这是下一步中国文化产业海外拓展的重点。下面的两个案例在这个问题上都值得借鉴。

2009 年 12 月 14 日，中国港中旅集团所属天创国际演艺制作交流有限公司，以 354 万美元购买了美国第三大演艺中心布兰森市的白宫剧院，对其实行交叉管理，总经理在美国聘任，首席执行官则由中国人担任，中方管理人员主要负责演出和演员的管理。天创公司运营白宫剧院的前期投入达 550 万美元。根据布兰森的演艺市场需求，天创公司计划每年演出 600 场，每场平均上座率按 60%算，每年将有 43.2 万人观看纯正的中国剧目，10 年间将有 432 万美国观众直接领略到中国的文化艺术魅力，由此感受认知中国。2010 年 7 月 1 日，中国品牌剧目《功夫传奇》落地美国，在白宫剧院内举行了驻美演出的首次公演。该剧自 2004 年 7 月 15 日在北京红剧场首演后一直驻场演出，到 2012 年 7 月，演出场次已达到国内驻场演出 3887 场，国内外演出总场次 5100 场，是目前中国一个剧目出口商演次数最多，且具有中国自主知识产权的国家品牌剧目。从 2013 年 8 月开始，呼和浩特民族演艺集团与北京市文化局联合制作和排演的大型原创舞台剧《马可·波罗传奇》准备在白宫剧院演出 110 场。

2012 年 5 月 21 日，大连万达集团和全球排名第二的美国 AMC 影院公司终于签署并购协议。万达集团的国际化战略迈出实质性的一步。此次并购总交易金额 26 亿美元，包括购买公司 100%股权和承担债务两部分。同时，万达承诺，并购后投入运营资金不低于 5 亿美元，万达集团总共为此次交易支付 31 亿美元。这是近年来中国文化产业对外投资最大、最有影响力的一次并购，虽然也只是渠道意义的拓展，但也显然希望能借助这个重要的院线通道推动中国电影走入美国。2013 年 2 月 8 日，在中国创下 13 亿元票房奇迹的喜剧电影《泰囧》被安排在北美 AMC 影院所属的 29 家影院进行点映。但是，该片在美国上映时的海报并没有任何的英文简介及演职员介绍，反映出该片面向的依然是海外华人观众。《泰囧》首日票房惨淡，只有 9098 美元（约合 5.6 万元）。美国专门报道电影等娱乐界活动的周刊《综艺》（VARIETY）杂志网站上 2 月 10 日刊登的票房新闻报道说，《泰囧》在 2 月 10 日结束的这个周末票房收入是 29143 美元，上演这部电影的 29 个 AMC 电影院平均每个影院的票房为 833 美元（美国平均电影票价 10 美元）。

上述两个案例可以说是中国文化产业"买船出海"的典范，从内容传播的角度来看，剧场加剧目的方式相对而言更可行。演艺是一个相对小众的市场，成本也比较低，因此较为适合进行文化的尝试性植入和细分市场开拓。电影不仅是一个文化创意的软创新行业，在当今更在朝着高科技、大制作的硬创新竞争方向发展。中国电影创意与制作水准距国际前沿还有不小的差距，要想真正进入国际市场，光有渠道的便利还远远不够，必须大力提升科技制作水平，培育核心竞争力。中国近期的文化产业对外投资已经开始有针对性地进行有助于中国电影产业技术升级的并购。

2012 年 9 月 25 日，据美国媒体报道，好莱坞最知名的特效公司之一——詹姆斯·卡梅隆创办的数字领域公司，被中国的小马奔腾和一家印度信实媒体公司以 3020 万美元联合收购，小马奔腾 2000 多万美元持股 70%，成为真正的老板。据彭博社报道，2000 多万美元由北京市广播电影电视局提供的无息贷款来支付。通过联合收购，小马奔腾将获得数字领域及其子公司航母传媒（Mothership）旗下的所有核心业务（包括电影、视觉特效，广告制作，虚拟人合成技术）及位于美国加利福尼亚州和加拿大温哥华的工作室，以及一部科幻大片的制作权。小马奔腾的这次并购显示了中国文化企业的前瞻视野和更大的国际化野心。

长期以来，中国的对外文化投资大多数是以对外宣传资金的方式花出去的，如在国外投资办中国文化展示会、个别演艺人员的专场音乐会、艺术品展览等众多非市场化运作的宣传活动，不怎么考虑市场机制。这种对外宣传的文化"走出去"方式，往往不但无法真正实现文化输出的目标，让大量的文化资金浪费掉，而且还会引发负面效应，甚至引起国际社会对中国文化"走出去"的政治警惕及社会反感。不按市场规律进行的文化投资，很容易被认为是别有用心的，而且对于正常的文化市场秩序是一种干扰和破坏，让这样的文化投资变得不受欢迎。

据新华网报道，2013 年 1 月至 8 月中旬，中国各类文艺团组在金色大厅共租用场地 27 场，至少有 133 个院校和团体参加了在这里举办的各类音乐会和演出。与此相对的是，金色大厅的中国音乐会上座率普遍不高，部分观众对待演出的态度很随便。一些演出被媒体称为是演员们的自娱自乐：一场上座率不错的演出，台上正唱着，台下观众却忽然少了一片，原来这是下一个节目的"演员"去候场。大家"你刚唱罢我登场"，互为观众与演员，让在场的奥地利观众目瞪口呆。每年年初到春节前后，大量的中国音乐团体到金色大厅演出"新年音乐会"，金色大厅"生意兴隆"，甚至出现过一天之内有两场"中国新年音乐会"的"盛况"。

在 2014 年中国的"两会"（即全国人民代表大会和全国政协代表大会）期间，部分文艺界的代表们对于中国文化"走出去"问题进行了批判和反思。据《中国青年报》报道，全国政协委员、北京交响乐团团长谭利华发言提出，"我们现在很多'走出去'的演出就是自娱自乐，被人家当笑话看"。有人甚至说金色大厅已经被中国人改造成了"金钱大厅"。"这种乱象跟文化政绩观有很大关系，"谭利华对《中国青年报》记者说，"其实是自欺欺人，文化'走出去'是为了赢得文化尊重。像这样的话，久而久之，'走出去'走的就是一条死路。"在谭利华看来，文化"走出去"更重要的是专业化和职业化。"按照国际惯例，旅费自理，落地由经纪公司负责。我们现在除了几家艺术团是按照国际惯例，大多数都是自己花几百万元、几千万元，还沾沾自喜地说，我们的文化'走出去'了，我们成功了。其实都是假的，假的太多太多了。"

上述媒体对于中国文化"走出去"的典型征候"金色大厅情结"的分析形象生动、鞭辟入里，也刻画出了很大一部分中国人对外文化投资的无聊、无效与荒诞。正本清源，中国文化产业的国际投资一定要充分发挥市场机制，以文化企业为主体，优化国家扶持政策与资金，以文化效益和经济效益最大化为目标，有效推进和实现中国文化"走出去"战略，在此，特提出以下四个方面的建议：

1. 培育和扶持一批中国文化产业国际化的战略投资人

一方面需要进一步深化文化体制改革，支持政府出资的文化产业私募投资基金参与对国有文化企业的兼并重组，同时以此为依托，加快培育一批具有国际拓展能力的国有文化产业战略投资人；另一方面要支持更多有实力、有丰富国际投融资经验的民间文化产业投资基金，借鉴和学习其他国家在扶持本国文化产业国际资本扩张上的做法，以合理的财税政策、陪同资助等灵活多元的文化"走出去"激励机制代替单一的国家直接投资。比如，出台《企业投资海外文化产业优惠办法》，为文化产业投资海外提供税收、信贷、保险支持。

2. 通过积极的对外文化贸易拓展和强化文化产业国际投资的能力和水平

中国经过多年的努力，文化产品的国际贸易已经有了不少成就。现在需要进一步利用各种条件发展中国文化产品的国际贸易，通过发展实物贸易和完善市场网络来建立和提升中国文化产业的国际市场竞争实力，进而实现由"文化产品走出去"到"文化资本走出去"的升级。比如，可以借助现有海外华人文化传播资源，由龙头企业采取投资、合作、参股等方式，经营各类海外"中国文化城"、"中国音像城"、"中国书城"等，建立文化产品国际连锁经营网络和文化产业国际投资体系。

3. 建立政府性的对外文化投资服务体系

韩国遍布全球的文化产业振兴服务机构为韩国文化产业的国际化做出了卓越的贡献。中国在这个方面也要依托驻外文化机构，在从事文化交流的同时，建立对外文化投资服务功能，研究对象国家的文化产业相关政策法规，充分利用国际规则，保障中国对外文化投资的安全和有效，定期出台《企业投资海外文化产业指导目录》，为文化企业投资海外提供导向和指南；等等。

4. 在自贸区或文化保税区建立对外文化投资的"蓄水池"

2013年9月29日，上海自由贸易区正式揭牌为全国文化贸易与投资发展带来新机遇。同时，北京在文化保税区建设方面已经有很丰富的经验，可以抓住国家发展自贸区的契机，在北京抓紧建设国家文化艺术贸易口岸，加速文化产业"走出去"的进程，提升文化产品、文化资本进入国际文化市场的影响力与能力。各地应充分利用这些对外贸易的特殊区域政策优势，推动对外文化贸易服务平台与文化产业金融服务平台的衔接与配套，完善并落实金融服务文化产业的相关政策，建立中国对外文化投资的"蓄水池"，在为优秀的文化出口企业与文化出口项目引入战略投资者的同时，也为中国的对外文化投资资本提供走向国际的配套专业服务。

迈向国有文化资产的精细化管理道路①

魏鹏举

如果说，"文化资本"是社会学的一个抽象概念的话，长期以来，"文化资产"对于大多数人来说可能也和"文化资本"一样抽象。如今，中央文化企业国有资产监督管理领导小组办公室正式发布了《国有文化企业发展报告（2012）》，至少"文化央企"的国有文化资产是可以说得清楚了，这预示着国有文化资产的管理逐步迈向科学化、精细化的道路。

国有文化企业是新中国文化建设和发展的重要成就，对于我国的文化事业发展也起到了非常重要的历史作用，但是随着社会主义市场经济的发展，随着文化体制改革的不断深化，处于变革转型期的国有文化企业在资产规模、运营质量、管理绩效等方面有些模糊不清，这显然不符合文化体制改革精神，不利于国有文化企业的壮大发展，甚至会成为制约文化强国战略目标实现的重要隐患。

作为首部国有文化企业"白皮书"——《国有文化企业发展报告（2012）》，首次发布了国有文化企业统计数据，从产业分布、规模分布、地区分布、经济效益、政府补助等多维度，对于各类国有文化企业发展状况进行了全面、系统、规范的梳理，对于国有文化企业的资产及运营状况初步有了一个全景式的分析。尤其值得一提的是，"专题研究"部分对于国有文化企业的上市、竞争力、绩效等关键问题进行了深入探讨，有很强的实践向度和学术锐度。

本报告的发布，一方面体现了我国国有文化资产的管理机制已经建立，管理体系逐步完善；另一方面也表明很"感性"的文化领域开始接受严格"理性"的审视，长时期处于模糊领域的国有文化资产管理开始导向科学化、精

---

① 魏鹏举. 迈向国有文化资产的精细化管理道路［N］. 光明日报，2013-01-10（16）.

细化的轨迹。

当然，如果按照精细化管理的标准，本报告所能开启的只是国有文化资产精细化管理的一个小窗口，随着国有文化企业资产管理体系的逐步完善，对于国有文化企业的资产运营状况的科学分析还应该在多个方面有所改善和提升。比如，有待进一步提升各类、各地区、各行业国有文化企业数据来源的全面性、准确性和及时性；有待专门深入研究国有文化企业的无形资产评估与核算体系；有待逐渐丰富国有文化企业发展监测的坐标系，将它们与国内其他行业、非公文化企业及国际典型文化企业等进行纵横比较，以期推动国有文化企业真正成长为绩效优、竞争力强的文化旗舰。

深化中国文化产业投融资体系建设的若干思考①

魏鹏举

伴随着文化体制改革的推进和文化产业的不断发展，政府出台的一系列政策推动金融业支持文化体制改革和文化产业的发展。2010年由中宣部、文化部等文化管理部门会同中国人民银行、财政部等金融管理部门联合颁布了《关于金融支持文化产业振兴和发展繁荣的指导意见》，2014年3月由文化部、中国人民银行和财政部发布了《关于深入推进文化金融合作的意见》。在这两个专门针对文化产业投融资的文件基础上，2014年4月国办发〔2014〕15号文《国务院办公厅关于印发文化体制改革中经营性文化事业单位转制为企业和进一步支持文化企业发展两个规定的通知》中重点提出了"关于投资与融资"的部署，明确提出"鼓励和引导社会资本以多种形式投资文化产业，参与国有经营性文化事业单位转企改制"等一系列政策意见。这些文件对于构建政府引导的多元多层次文化产业投融资体系起到了关键性的政策推进作用，但中国文化产业投融资体系实践推进还有待进一步的体制机制创新。

现代市场体系的基本特征是统一开放、竞争有序。文化产业的很大特殊性来自文化产品或服务的内容价值，现代文化市场体系建设的基础是关于文化内容的管理标准的逐步建立和内容审查制度的进一步完善，如电影、游戏等的分级制管理亟待探讨出台。在加强和完善内容监管的基础上，文化产业的产业属性应当打破体制区隔，建立统一开放的文化投融资准入或退出制度，可以探索不同资本类型的文化投资负面清单管理模式，为多元化的文化产业投融资体系

---

① 魏鹏举. 深化中国文化产业投融资体系建设的若干思考［EB/OL］. "元浦说文"微信公众平台，2015-08-19.

打造扎实的制度基础。根据文化产业的发展特征，借鉴国际经验，紧随中国金融体系的建设步伐，完善并不断探索创新能够有效支持文化产业发展繁荣的多层次资本市场。综合来看，中国文化产业投融资体系的建设至少需要从以下五个维度进行深化与创新：

（1）改善政府投资，完善国有文化资产的投融资管理模式，积极吸纳民营资本、国际资本，探讨国有文化企业建立混合所有制、特殊管理股制度等创新机制。处理好政府与市场的关系，这是建设中国文化产业投融资体系的关键。政府是中国文化产业的管理者也是主要推动者，政府职能发挥的好坏对于中国文化产业的发展及其投融资体系的建设具有至关重要的影响。从此前的文化产业发展实践来看，政府的大力推动与扶持总体上是积极和正面的，但也确实存在很多问题。比如，大量的财政投入，明显存在体制性歧视，非公企业或项目获得资助的几率很小，而且难度也很大；绩效管理整体缺失，无法确切判断政府投入对于文化产业发展的实际影响。过分积极的财政支持，其实有时会适得其反。比如，当国有文化企业可以更多更方便地从政府获得成本低廉的财政资助时，原本先天不足的市场动力就会进一步减弱，这正好背离了文化体制改革的目标。还有，过多的财政扶持对风险投资会形成挤出效应，国有文化企业本来就不善于开拓资本市场，况且风险资本对于企业的内部治理结构、经营团队、财务管理、商业模式等都有较为严苛的要求，如果能有更符合国有文化企业"性格"的财政资金，风险资本一般很少会进入这些企业。也就是说，积极的政府投入其实干扰甚至破坏了企业精神和市场机制。因此，中国文化产业投融资体系的建设首先要从政府投资的改善做起，发挥政府投资在培育文化资本市场方面的引导作用，要更多地通过组合投资、风险陪同等模式推动风险资本、私募基金等社会资本投资文化产业，尤其要推动国有文化企业建立市场化发展的导向。推动国有文化资产的管理创新，建立国有文化投融资平台，对国有文化企业的管理从直接的业务管理向间接的资产管理转变，从微观的经营管理向宏观的投资管理转型。创新国有文化资产的产权制度，建立和完善混合所有制，在重点的文化传媒企业探索特殊管理股制度，通过管理权与经营权的适度分离，在保障重大导向管理的同时，充分放大国有文化资本的产业带动效益，促进国有文化企业提升市场竞争能力并不断做优做强。

（2）发挥政策性银行的引导和示范作用，积极推动银行业的文化金融创新，结合科技银行的经验，探索文化艺术银行的新模式。银行信贷是现代金融体系中最为成熟的资本业态，在绝大多数市场经济国家都是占主导的金融主体。中国的银行业基本上是国有体制，这对于银行业支持文化产业有一定的制度优势，因为政府支持文化产业的战略政策也是银行业支持文化产业的政策利好。但这种国有垄断型的央行业态也有其很大的问题和缺陷，银行业的市场化程度相对不充分，银行业的运营模式比较单一，因此在金融创新方面总体动力不足。文化产业是一种以无形资产为主的新兴经济形态，一般较难满足银行信贷的抵质押要求，尤其是固定资产较少的中小文创企业在通过银行进行融资时更是困难重重。目前，在政策利好的推动下，按官方的统计，中国的文化产业信贷余额在 2013 年接近 1600 亿元，[①] 如果按将文化设施、文化商业、文化旅游等包含在内的大口径，国内各类相关信贷规模已经达到 4000 亿元。但需要注意的是，银行的涉文信贷绝大多数还是投给了文化产业的基础设施建设、文化商业项目或文化旅游等固定资产为主的文化类领域，知识产权等无形资产质押融资的案例还很稀缺，中小微文创企业获得的信贷支持也是微乎其微的。在中国，信贷资本是资本市场的绝对主力，文化产业的发展必须依靠银行业的支持，这是中国文化产业投融资体系建设中极为重要的一个部分。首先，政策要鼓励商业银行探索适应文化产业发展的金融创新模式，如艺术品抵质押模式，尤其应当为民营银行及中小城市商业银行创造较为宽松的金融管理环境，积极探索和创新文化金融模式，因为这些银行有开展文化产业信贷的积极性，而且这类创新业务对于它们来说机会成本也相对较小。其次，政策性银行尤其应当在推动文化产业发展方面发挥积极作用。一方面，现有政策性银行要在各种擅长的领域推动文化产业的融合发展，如国家开发银行可以推动文化产业在现代城市的改造发展中发挥积极作用，农业发展银行可以在推动文化产业与现代农业以及新城镇建设中融合方面发挥重要作用，而进出口银行无疑需要在中国文化产业资本向国际拓展方面做出应有的贡献。另一方面，中国也可以参考美国的硅谷银行，发展艺术银行，甚或专门的文化产业银行，这也是与建设社会主义文化强国相适应的中国文化金融的创新风范。

（3）大力推动文化产业类的天使投资、风险投资、私募基金等风险偏好型投融资形式，规范并推动文化企业在主板、中小企业版、创业板以及新三板

---

① 根据文化部项兆伦副部长 2014 年 3 月 25 日在全国文化金融合作会议上的讲话，2013 年中国文化产业中长期本外币信贷余额达 1574 亿元，较年初新增 419 亿元，同比增长 36.28%。

等证券市场上市，发展集合债等有利于中小文创企业直接融资的各类金融工具。文化产业是以创新为内涵的新经济业态，和高新技术产业一样，都属于高收益与高风险并行的行业。与高新技术产业相比较，文化产业除了有科技创新的内涵外，更有文化创意的特质，因此，文化产业的创新内涵更为丰富和复杂。鉴于文化产业的这种创新特质，直接融资显然更适合文化产业的发展，尤其是天使投资、风险投资等风险偏好型的投融资形式，是中小文创企业获得资金的主要渠道，也只有这些直接投融资业态能够形成与文化产业的对接，中国文化产业的生态性繁荣才能真正实现。结合中国文化产业发展的实践，当前，大力推动文化产业直接融资发展应当成为投融资体系建设的重点和基本方向。这需要在如下四个方面加大工作力度：其一，通过政府的投资引导基金带动天使投资、风险投资、私募基金等积极投资文化产业，发展文化产业组合投资，政府资金以低息或无息贷款的形式补贴投资风险，以配比组合的方式撬动各类社会风险资本进入文化产业。其二，完善规章制度，建立健全投融资信用体系，规范文化企业的内部管理与财务制度。因为中国大多数文化企业还不是规范的市场主体，要么是从事业体制转变过来的，要么是由"文化人"主导的中小微民营文创企业，对于市场化运营还不熟悉，对于资本市场的认识还很粗浅。文化创意型的企业要学会与资本市场打交道，要与资本形成平滑对接，要能够得到资本的信任，这应当也是发展中国文化产业投融资的一个基础条件。其三，规范并推动文化企业在主板、中小企业版、创业板以及新三板等证券市场上市，丰富文化企业的股权融资途径，完善风险投资的退出机制。对于规模较大的文化企业来说，股权融资是其发展壮大的主要模式，同时也有利于规范并约束其运营管理；对于中小文化企业来说，创业板乃至新三板是其实现股权融资的重要渠道。此外，权益资本市场的完善会更好地激励风投私募进入文化产业领域。其四，积极发展文化产业的相关债券融资市场，鼓励私募债、集合融资等多种形式的债券融资模式，补充丰富文化产业的直接融资市场。债券融资对于文化企业的发展有着重要的价值，和央行信贷相比，债券融资的成本较高，但融资时效更长，有利于中长期文化项目的开展；与股权融资相比，会形成文化企业的债务负担，但并不改变企业的治理结构，有利于保护创业者的权益，也有利于文化项目执行的稳定以及企业管理的统一连续。

（4）开发和建立多层次文化要素市场，规范和提升各类文化产权交易所，探索建立区域性的文化金融创新试验区，积极推动文化产权与金融资本的对接。文化要素是文化产业发展的基础资源，也是文化产业与资本市场对接的主要介质，这是文化产业投融资体系建设的重要组成部分。当前，中国文化产权市场的发展有些超乎寻常，甚至有些畸形。2009 年深圳与上海才开始初步尝试，但在短短的 4 年时间内，全国各类文化产权交易所（以下简称文交所）层出不穷，甚至许多地市级城市都成立了文交所。2010 年天津文化艺术品交易所开展的艺术品份额化交易模式一下子把中国的文化产权交易推上了顶峰，紧接着 2011 年 11 月国家出台的治理整顿政策又让中国的文化产权交易顿时跌入深谷。分散无序、大起大落，这是当前中国文化要素市场发展过程中的显著问题。文化产权市场是中国的一个创新，这不仅对中国文化产业投融资体系的建设意义重大，也有可能成为中国在新兴资本市场影响世界甚或引领全球的重要契机。我们一定要善待这难得的创新，固然要规范发展，但也不可因噎废食，不能因为艺术品份额化的冒进之弊而扼杀了整个文化要素市场的活力。着眼长远，中国文交所的发展需要把握以下几个原则：其一，不可拘泥于艺术品，须放眼各类文化资源和文化资产。文交所能在中国激流勇进，很大程度上得益于艺术品份额化交易模式的市场成功，但由于缺乏审慎的论证和产业价值基础，迅速膨胀的泡沫不仅毁了这种创新模式，也极大地制约了文交所的健康发展。文交所的视野必须从狭窄的艺术品交易拓展到开阔的文化资源，积极发展多层次文化资源与文化资产交易模式，推动金融资本进入文化资源的保护开发，推动文化资产要素的市场化流动及其价值实现。其二，整合同质市场，适度发展特色文化产权交易市场。文交所一窝蜂而上，大多仓促上马，许多缺乏基本的行业经验和资产实力，业务大多相互模仿，同质化严重。为今之计，是要提升这个领域的准入门槛，提升从事文化产权交易的主体资质，鼓励兼并重组，大幅度增强中国文化交易市场的集中度；与此同时，鼓励和推动特色文化产权交易市场的发展，如专门的艺术品交易所、非物质文化遗产展示交易平台、文化企业的私募股权交易平台等。其三，以公有体制为主体，鼓励各类资本性质的文化产权交易所的竞争与创新。从 2011 年 11 月国务院出台整顿政策以来，中国文化产权交易市场就步入了典型的国进民退发展路径，这尽管符合中国的社会期待，也是中国政府所擅长的，但长期来看不利于中国文化产权交易的创新发展。文化产权交易应当总体尊重其市场化的地位，允许并鼓励各类资本参与，政府要做的是规范引导，而不是单纯管制甚至取而代之。

（5）积极关注互联网金融等新的金融业态的成长与发展，大胆探索基于
金融创新的文化产业发展模式创新，搭建融通文化创意、文化科技、文化创
业、文化消费的文化金融模式。文化产业是一场革命，互联网金融也是一场革
命，文化产业投融资体系的建设绝对不能少了互联网金融的部分。互联网金融
的本质是网络化用户创造价值的大数据金融，对于传统的精英中心主义的金融
业态有着革命性的影响与促动。文化产业的产业链结构具有很显著的"哑铃"
特征，即在内容创意与服务供给端是海量的分散主体，也就是说，每一个有着
创意能力和意愿的个人都会是文化产业的产品与服务生产者或供给者；在文化
产品或服务的需求端也是海量的分散主体，文化需求是高度个性化、差异化的
需求，在数字化的时代，这是文化产业发展的基本趋势。从现代文化产业的发
展实践来看，规模化生产或复制是其基本商业模式，满足大众化文化需求也是
其主导的盈利模式，这些也是现代文化产业出现和发展壮大的基础。比如，当
出版行业具有了大规模复制的技术条件以及适合规模化大众消费的图书产品
时，德国法兰克福学派所批判的"文化工业"（Cultural Industry）也就出现
了。随着多媒体技术尤其是数字技术的发展，文化产业的规模经济或范围经济
效益日益显著，这是文化产业能成为许多国家的支柱产业的技术与经济模式基
石。随着互联网日益进入人们的日常生活，文化产业也在互联网时代出现崭新
的发展前景。文化产业相对于一般传统的实体经济类型，在经济收益模式上形
成了革命性的突破，即打破了一般的边际成本递增而边际收益递减的经济规
律。在现代技术条件下，一方面，文化无形资产的复制传播成本会随着规模的
扩大而趋于零；另一方面，文化产品的文化价值收益以及商业价值收益会随着
市场规模的扩张而不断增值，相对于边际成本的不断降低，边际收益不断递
增。这是文化产业在规模经济与大众消费时代的显著优势。当文化产业发展进
入互联网时代，文化产业的个性化、精准化的新发展机遇出现了，这又是文化
产业的独特优势，这种优势的发挥自然需要与之有伴生性关联的互联网金融的
支持。最值得关注和期待的文化产业相关互联网金融模式是众筹网模式，它是
整合海量分散创意创造与海量分散个性需求的投融资商业平台。典型的众筹网
模式是 2009 年在美国上线的 Kickstarter，在 2013 年进入了井喷发展期，累计
为各类小微文化创意或科技创新项目成功融资 10 多亿美元。全球众筹融资产
业规模从 2009 年的 32.1 亿元飙升至 2012 年的 168 亿元，3 年增长 380%。中
国的众筹网发展近年来也风生水起，出现了诸如点名时间等日益有影响力和实

力的众筹平台。目前，由于现行金融相关制度的约束，众筹模式还不能进行金融性质的投融资，只是为小微创意项目提供面向不特定大众的预购式筹资。不过，随着中国互联网金融的深入发展，我们绝对可以对文化产业相关的众筹模式有更高的期待。

互联网破解文化产业金融难题^①

魏鹏举

  在传统的金融市场体系中，始终存在一个文化产业的金融难题，即文化无形资产和外部性显著的商业模式无法被以银行为代表的金融体系接受。传统金融体系是从工业化的近现代市场经济进程中发展成熟起来的，主要是适应工业经济的实体资产和物理产品销售模式，与此相对应的就是一般国民经济生产总值（GDP）的统计口径就是以投资形成的实物资产为对象的。文化产业发展起来以后，其主体的文化无形资产一直无法进入政府的官方 GDP 核算体系中，社会的无形资产评估对于科技无形资产的适应性较好，文化无形资产的评估却始终难以规范化和标准化。从国内外现有的文化产业投融资案例来看，与银行类金融资本对接的基础机制还是文化企业的实体资产信用和实物产品收益，能被风险投资或私募资金看中的企业或项目绝大多数具有科技文化融合的特征。文化无形资产和收益不确定的创意项目基本无法获得资产市场的认可，小微文化创意企业基本上没有什么路径通过信贷或资本市场获得融资。

  在传统市场环境中发展起来的文化产业模式下，金融领域也始终存在一个文化产业难题，即以人为本的文化企业或项目，其内生的价值特性和随性的行为特征无法形成金融信用。这个金融难题的背后是一个伦理性的悖论：在现代社会，资本可以雇佣人，但人不能雇佣资本。明白地说，就是钱可以预约购买到人的体力或脑力劳动，但一个仅有体力或脑力劳动能力的人几乎不可能借到钱。在现代社会语境中，这个论理性悖论并不是说人的价值不如资本的价值，而是说明人的价值不具有金融信用价值。一个富有创造力的人，在没有有效实物资产或能被证明的市场效益的情况下，不可能从银行甚或

---

  ① 魏鹏举. 互联网破解文化产业金融难题［J］. 人文天下, 2015（15）: 10-12.

风投那里得到创业所需要的资本。以货币为特征的资本具有客观性、标准性和流通性，而人却具有典型的主观性、个异性和随意性。如果说，在现代社会以前，人甚至可以被作为私人资产的话，到了现代社会，如康德的"道德律令"所言，人是目的而非工具，现代的人更不具备资产的性质了。所以，在现代的法制和伦理环境中，无论人的肉体还是精神，都无法作为担保或抵押获得资本，因为违约的风险是绝对无法避免和克服的。因为这样的金融难题，资本市场即使对文化产业有很大的热情，也很难对极富活力和未来价值的创意创业形成支持。

进入21世纪，互联网革命日益深刻地影响着人类社会经济和文化发展。麦克卢汉的著名论断"媒介即讯息"在互联网时代被进一步印证。人类文明的历程很重要的一个表征就是突破时空局限的人际媒介不断丰富并日益发达。在蛮荒时期，人类只能结绳记事口耳相传；进入文明时期，石壁、青铜器、木板、竹简、绢帛、纸张等各类媒介不断丰富，印刷术的发明更是极大地促进了人类文明的进程；工业革命后，机械印刷、电报、电话、录音机、照相机、摄像机等多媒体媒介日益发达，人际距离被无限拉近，人的创造力被极大地激发，文化成果可以超时空地传播和共享。现代文化产业之所以发生发展蔚为大观，很大程度上可以说是工业化引发的媒介突破带来了文化生产、传播、再生产的商业模式裂变式发酵的成果。在机械印刷时期，文化产品被大规模简单复制和再生产，形成了适应大众文化消费的基本商业模式；进入多媒体时期，广告、电影、电视等将社会带入大众娱乐时代，最大程度地汇聚大众消费热情的注意力经济模式形成，不仅刺激了文化产业本身的丰富，也极大地助推了消费社会的发育；以信息高速公路为引领的知识经济时代很快到来，文化创意形成的知识产权与相关产业融合渗透，形成了不断延展的文化创意产业链经营模式，迪士尼类型的国际性文化传媒集团将文化价值触角尽其所能地延伸到玩具、服装、旅游、地产等各个产业领域。互联网的发展从虚拟到现实，从赛百空间到购物乐园，人类社会的精神世界和物理世界被神奇地融合在了一起，形而上与形而下界限变得越来越模糊，人人创造、人人传播、人人分享的文化创意价值聚变革命到来。

互联网不仅带来文化产业和金融业发展的崭新景观，同时也为文化金融合作的双向难题提供了破解的契机与方向。精神与现实的互联网融合为金融的文化产业难题提供了解决的基础；创意活动的互联网大数据为文化产业的金融难题提供了有效的解决途径。一般情况下，一个人或若干人的创意"点子"基本不可能在陌生人那里得到足够的资金支持去付诸实施，但在互联网语境中完全可以实现，如 2009 年在美国创办的 Kickstater 上，一个试图发挥自己所长做木匠手工制品的人可以在 2 个月内就获得了 2 万美元的大众资助，并以其逐渐完成的手工制品作为回报。人的才华可以成为融资的标的，这个在一般市场环境中不可能实现的梦想在互联网条件下就这么轻松地实现了。在互联网中，人人创造，人人分享，以海量的网民为基数，每一个创意都有被认可和分享的价值，人的创意价值可以直接转化为现实需求价值。分散的海量创意和海量的小众需求，在传统产业发展机制下是没有商业价值的，因为传统产业模式是工业化的大规模生产和批量化的大规模销售。在互联网环境中，分散的海量创意与海量的小众需求可以实现无成本的无缝对接，通过大数据的应用，金融信用也随之形成。现在的互联网众筹金融已经成功地发展出实物众筹、荣誉众筹、股权众筹、债权众筹等多种模式，对于小微文化创意项目的金融支持越来越得心应手。就如同现代科技产业与风险投资相伴相生，文化产业与互联网众筹必然成为相互促进的一对伴侣。

从国际上来看，互联网众筹融资已经逐步发展壮大，2013 年甚至被称为众筹年。2009 年，一个美籍华人创办了一个为创意创业者提供互联网融资的平台 Kickstater，标志着互联网众筹融资的正式出现。在不到 4 年的时间内，Kichstater 为数万个创意项目成功融资 6 亿美元。目前，国际上主流的互联网众筹融资是实物众筹或荣誉众筹，即给予互联网出资人以承诺的产品或荣誉回报。由于非法集资的法律风险问题，债权众筹或股权众筹的发展受到很大的限制。由于互联网众筹模式日益壮大和成熟，它在创新经济发展中的重大价值也越来越被认可，互联网金融的广阔前景促使许多国家开始研究股权众筹的合法性问题。

在中国，互联网众筹融资方兴未艾。和此前的互联网经济一样，中国的互联网众筹也是追随"美国样板"亦步亦趋、照样学样发展起来的，不一样的是，在中国，互联网众筹很快遍地开花、炙手可热，而且衍生出众多中国特色的众筹产品。点名时间起步最早，众筹网后来居上，后者与快乐男生合作发起的快乐男生电影众筹开创了"粉丝众筹"的模式。股权众筹在中国也已经有不错的发展和表现，比如，天使汇通过限制单个项目天使投资众筹数目不超过50 个而小心地规避非法集资的法律红线，其发展前景令人瞩目。互联网金融大鳄阿里巴巴推出娱乐宝的类众筹产品，标的为 4 部电影和 1 个游戏，承诺年化收益率 7%，一经推出就大受追捧，当然也饱受争议。阿里巴巴对此早有准备，将这个本质上是债权众筹的产品定义为保险理财，游走于金融法律的缝隙中。

资本是推动文化产业发展的基本力量

魏鹏举

文化产业当以内容为体，以科技与资本为翼。文化内容需要包容性的长期累积，科技对文化产业发展的作用同样需要较长时间的融合渗透过程。在市场经济环境中，资本是文化产业跨越式发展最直接和有效的力量。国际的经验是这样的，中国的经验同样是这样的。

在第二次世界大战之后，发达资本主义国家的文化产业开始迅猛发展，主要的推动力量就是资本。资本推动单一媒体向多媒体和跨媒体发展，推动地方媒体向国际性的媒体拓展，推动内容、制作、传播、再生产的全产业链型的巨型文化产业集团快速成长。时代华纳、新闻集团、迪士尼等国际性的文化产业巨头正是借助资本的力量上位的。

中国市场经济的发育时间还比较短，文化产业也才起步，但即使如此，资本在推动文化体制改革的深化以及文化产业的快速发展方面已经展露身手。一批国有的传媒集团通过资本市场实现顺利的转制发展，一些民营文化企业借助资本市场快速成长。中国的文化企业，正在借助资本之手，不断整合国内文化市场，也在尝试拓展国际市场。

中共十八届三中全会旗帜鲜明地提出要发挥市场在配置资源中的决定性作用，提出要积极发挥市场的作用，深化文化体制改革，建立多层次文化产品和要素市场，鼓励金融资本、社会资本、文化资源相结合。十八届三中全会后，国务院连续出台《关于推进文化创意和设计服务与相关产业融合发展的若干意见》和《关于加快发展对外文化贸易的意见》，文化部、中国人民银行和财政部颁布《关于深入推进文化金融合作的意见》，这些都对中国文化产业借助资本的力量实现融合带动、促进文化贸易、繁荣文化建设提出了明确的要求。

借助资本的力量，可以有效整合文化产业的发展资源。我国文化产业方兴未艾，势头很好，但是市场主体弱小，产业能力不足，亟待资本的整合提升。资本是市场的基本动力，资本能给文化产业带来的，不仅是资金，不仅是信息，也不仅是利润，更有产业所需的管理、人才、渠道以及智慧。

借助资本的力量，可以有效消除条块分割的发展壁垒。我国文化产业发展的现实困境之一就是事业型的文化管理体制导致的文化领域条块分割和利益固化。通过文化体制改革，我们组建了一些行业性文化产业集团，也努力推动跨行业、跨地域的文化部门整合，但阻力很大，成效有限。在市场经济环境中，资本才是打破行政壁垒、融合利益、实现文化体制改革任务的真正有效力量。

借助资本的力量，可以有效提升文化产业的市场集中度。文化产业具有典型的规模经济与范围经济的特征，需要一定的市场集中度才能提升文化产业的盈利能力和发展实力。我国的国有文化企业大多比较分散，民营文化企业大多比较弱小，这种局面很不利于国家文化产业整体实力的提升。我们需要经历一次兼并重组的"阵痛"，培育文化产业的战略投资者，打造文化产业的旗舰航母，这是中国文化产业升级的必由之路。

借助资本的力量，可以有效实现中华文化"走出去"。这是一个需要依靠资本压路机开路的全球化时代，文化的输出和资本的扩展是成正比的。中华文化的国际影响力与我们的经济实力严重不符，这固然与我们的经济结构比较低端有一定的关系，但也与我们一直以来的国际文化交流模式有很大关系。以行政方式进行的文化"走出去"很难持续和深入，往往还会导致敏感反弹。资本是全球化的重要纽带，也是文化传播和交流的重要通道，是有效也有力的文化"走出去"方式。

我国文化产业经历了分散发展的市场发育阶段，已经逐渐进入了聚合发展的资本扩张阶段。在这个重要的时点，我们必须继续坚持社会主义市场经济的发展道路，在文化产业领域不断深化改革，进一步激发市场活力，给资本更大的发挥空间，引导社会资本从过剩的经济领域向这一战略性的新兴产业流动，不仅有利于文化产业大发展大繁荣，也有利于调整经济结构，转变经济增长方式。

信用评级防范文化投资"热伤风"[①]

魏鹏举

如今,在国家一系列利好政策的推动下,文化产业成为投融资的热门行业,这无疑是我国文化产业实现快速增长的大好时机,在这个重要的关键点上,一定要防止出现信用不适可能导致的文化投资"热伤风"。

按照中国人民银行的标准口径统计,2013 年中国文化产业中长期本外币信贷余额达 1574 亿元,较年初新增 419 亿元,同比增长 36.28%,高于同期全部产业中长期贷款平均增速 26.98 个百分点。如果按照包含了文化基础设施、文化旅游等在内的宽口径,根据相关银行各自的披露,到 2013 年末国内相关信贷规模至少已经达到 4000 亿元,2014 年初的文化产业信贷规模的放量更大。除了金融资本对文化产业的投入规模迅猛增长,各级政府的文化产业专项投入也非常惊人,按不完全统计,从 2006 年至 2014 年,各级政府的文化产业专项资金、投资基金的支出规模也超过了 1000 亿元。如此大规模的资金在短期内集中进入方兴未艾的文化产业领域,社会投资风险的几率急剧增大,政府投入的绩效评估要求也越来越强烈,中国亟待启动文化企业信用评级机制。

建立文化企业信用评级机制,可以有效地规范文化企业的管理与运营,促进文化产业健康快速发展。中国文化企业的成长大致有两个路径:其一是文化体制改革转制的各类国有文化企业,其二就是在市场中由各类社会资本创办的文化企业。前者先天不足,后者后天不足。信用评级机制的建设可以促进改制文化企业适应市场化运营的要求,完善现代企业治理,对于推动市场化发育起来的非公文化企业快速成长为有竞争力的规范成熟市场主体也有直接的作用。

建立文化企业信用评级机制,是保障存量文化产业投资安全、提升政府文

---

① 魏鹏举. 信用评级防范文化投资"热伤风"[N]. 经济日报. 2014-06-12 (08).

化产业投入绩效的重要基础性工作。如果文化企业的运营或财务管理出现问题，最直接的危害是现有文化产业投资风险加剧以及政府投资的负面效应凸显，长远则会从根本上损伤社会投资的信心，也会导致政府投入预算的大幅度压缩。在中国文化产业基本面目前总体向好时，应抓紧时间启动文化企业信用评级工作，防患于未然，通过信用问责倒逼文化企业提升其运营管理水平和盈利能力。

建立文化企业信用评级机制，对于加快文化金融合作，建立多元多层次文化产业投融资体系具有深远意义。2014 年 3 月，中国人民银行与文化部、财政部联合发布《关于深入推进文化金融合作的意见》。这个意见得到各级政府、各类金融机构以及文化行业的积极响应。建立并启动文化企业信用评级是实现文化金融合作共赢的关键工作和长效机制。只有如此，文化资源与金融资本的对接才会顺畅高效，文化企业的融资成本会进一步降低；也只有如此，银行及其他金融机构才可以将现在的零散的试探性业务发展成为大规模的标准性业务；唯有如此，政府对于文化产业的扶持会更有针对性、更科学合理、更有效率。

建立文化企业信用评级机制虽然很紧迫且意义深远，但切不可急功近利、草率推进，需要认真研究和细致论证。目前，还没有发现国际上有专门针对文化企业的信用评级体系或成熟模式。在缺乏足够经验借鉴的情况下，按照中国的国情，这里建议应由政府的文资管理部门牵头推动这项信用评级工作的开展，在现有的一般企业信用评级模式的基础上，充分考虑文化企业的资产特征、市场结构、盈利模式、增长潜力等因素，系统深入总结分析现有的文化金融合作经验，按照社会化的原则，由现有的第三方独立权威评级机构探索开展文化企业信用评级工作，政府给予适当补贴和扶持，从国有文化企业的非盈利性信用评级入手，促进国有文化企业的治理转型、提质增效，进而带动战略资本兼并整合，提升中国文化产业的产业链整合水平和市场集中度。

特色文化产业投融资体系建设的若干思考

魏鹏举

为贯彻落实中共十七届六中全会关于发展特色文化产业、国务院关于推进文化创意和设计服务与相关产业融合发展的精神，加快实施《国家"十二五"时期文化改革发展规划纲要》，2014年8月，文化部、财政部发布《关于推动特色文化产业发展的指导意见》，旨在推动特色文化产业健康快速发展。

特色文化产业产值增长空间广阔，经济贡献潜力巨大，对于提升中华文化软实力意义深远。特色文化产业以中小企业、个人工作室、家庭作坊居多，在解决就业上比工业更具优势。特色文化产业也存在明显的弱势和不足，它的健康发展需要在政府的引导扶持下，积极发挥市场机制，尤其是社会资本的多方参与。探索特色文化产业投融资体系，既有现实紧迫性，也有发展战略性。

一、特色文化产业的基本特征与主要问题

（一）资源特征

（1）分散性。从地域分布上看，我国的特色文化资源呈现出一种点状与带状相结合的广泛分布状态。一方面，我国的特色文化资源广泛分布在全国各个地区，另一方面，陕甘新的"丝绸之路经济带"、川贵藏的"藏羌彝文化经济带"等特色文化资源则呈现带状分布。

（2）区域性。我国的特色文化资源具有鲜明的区域特征。特色文化资源通常是具有鲜明区域特点和民族特色的文化产品和服务，主要包括民族文化和地域文化两大基本内核。我国民族分布"大杂居、小聚居"而形成的民族文化，以及由于地理空间分布而形成的地域文化，共同呈现出较明显的区域性。

（3）高附加值。特色文化产品和服务在生产创造环节与流通环节都能够通过内容生产而提升产品的附加值，并且这些产品与服务通常都是技术独特、

差异性强、文化价值极高的商品，因而市场升值幅度大，具备获取高额利润的潜力。

(4) 垄断性。各地的特色文化都要具有其独一无二的形式或者内容，无法被其他文化资源所替代，具有极强的资源垄断性。每个地区不同的历史及现实人文景观和文化积淀，构成了各个地域独具特色的文化资源优势，这种积累而形成的特色文化具有极强的空间依赖性，成为具有区域垄断性的文化资源，其他文化资源无法替代。

(二) 产业特征

(1) 在地性。特色文化产业通常以文化旅游业态为主，对地理空间具有较强的依附性。由于特色文化资源具有较强的空间依赖性和区域垄断性，不同地域空间自然禀赋的差异，使每个区域在发展特色文化产业的过程中自成特色，逐渐形成了一些独特的经济业态和文化品牌。

(2) 分散性。由于受到不同地域、历史和社会风俗习惯的影响，特色文化产业呈现出一种高度差异性的地域分布，百花齐放，丰富多样。区域产业的发展总是围绕在一定的空间和时间条件下进行的，特色文化产业在自觉的开发过程中，总是在不同程度上体现出本地区、本民族的文化特色。

(3) 原生性。不同区域的特色文化产业大都集中分布在少数民族以及经济欠发达地区，交通环境较为封闭，淳厚的民族传统文化得到较好保存，原生性文化特征明显。至今还保留着的诸多传统民族歌舞、民族服饰、民族工艺、民族建筑等，文化底蕴深厚，是发展文化产业的宝贵资源。

(4) 小众性。由于文化差异和文化认知程度的不同，受众在接受不熟悉的特色文化产品时，其兴趣、理解能力等方面都会大打折扣，文化折扣现象明显。但对于那些生活在此种文化之中以及对此种文化比较熟悉或具有强烈向往的受众而言，却有很大的吸引力，呈现出强烈的市场分化。

(三) 存在问题

(1) 业态简单，同质化问题严重。某些区域的特色文化产业虽然形成了一定规模，但还只是单个行业、同种类产品的发展，没有有效地挖掘和开发旅游衍生品、工业衍生品等文化周边产品，业态较为简单。由于结构单一，发展基础薄弱，导致开发设计能力弱、技工和人才严重短缺、质量提高缓慢、创新能力弱、产品雷同，企业同质化现象突出。

(2) 高度区隔，碎片化问题突出。由于特色文化对地域的依附性较强，分散性导致产业分布高度区隔，种类欠丰富，且各门类文化资源和文化企业在数量上相对均衡，缺乏重点主导发展方向，整个产业布局呈现碎片化分布，缺乏合力，以至于特色文化产业的发展格局不完善，没有形成比较完备的特色文化产业创新体系、市场体系和服务体系。

（3）进退失据，原生保护和市场开发失衡。由于开发手段单一，理念落后，缺乏统一、科学、合理的规划，导致特色文化资源在开发过程中过度追逐商业利益，忽视产品文化内涵的挖掘和保护，在产品开发上搞短期行为、竭泽而渔，致使文化资源的原生保护和市场开发步入失衡的境地。

（4）产业化弱，规模经济和范围经济缺失。目前特色文化企业多为中小企业，大多分散经营，没有进行资源的整合优化，资源利用效率不高，经营规模无法进一步扩大，规模经济和范围经济出现明显缺失。同时，产业"聚而不群"现象普遍存在，发展各自为政，没有形成有效分工，彼此合作不足，整体发展意识淡薄。

（5）资本短缺，缺乏资本化思维和融资途径。长期以来特色文化产业大都陷入经营困难的局面，依靠政府补贴勉强维持，因而大多数企业的发展都面临着资本严重短缺的问题。同时，由于经营理念较为落后，信息较为闭塞，无法将文化资源有效转化为资本进行运作，缺乏资本化思维和通达的融资途径。

二、文化产业投融资的成效与适应性问题

国内日益增长的精神文化需求对中国文化产业的发展起到了巨大的拉动作用，中央政府提出的新经济增长观对于中国文化产业的发展起到了强劲的推动作用。中国的金融业则面临着利率市场化、人民币国际化、互联网金融崛起等因素导致的新竞争时代的到来，资本亟待寻求新的业务增长点和新的发展空间，文化产业日益成为各类资本的目标。

（一）主要成效

（1）政府投入力度持续加强，带动越来越多的社会资本进入文化产业。2007年以来，文化体育与传媒支出年平均增长16%，全国公共财政收入年平均增长15%，表明近年来财政文化投入力度在逐步加大。财政部的国家文化产业发展专项资金，2011年的规模是34亿元，2012年增长到了48亿元。

在政府的投入引导和推动下，金融资本与文化资源的对接日益通畅，2011年，中国人民银行发布的年度社会融资规模统计数据报告中，第一次发布了文

化产业中长期贷款统计数据。2012 年，中国人民银行联合银行间市场交易商协会与文化部共同启动了文化企业债券融资试点。2013 年，中国人民银行提议推进文化金融改革创新试点。2014 年 3 月，中国人民银行与文化部、财政部联合发布《关于深入推进文化金融合作的意见》。2013 年，中国文化产业中长期本外币信贷余额达 1574 亿元，较年初新增 419 亿元，同比增长 36.28%，高于同期全部产业中长期贷款平均增速 26.98 个百分点。

（2）文化产业资本运作活跃，大力推动文化产业与相关产业融合发展。从 1978 年改革开放以来，中国经济已经连续 35 年高速增长，积累了巨大的产业投资资本，尤其是 2000 年以来，随着中国经济结构调整的路向日益明确，能源、地产等传统行业的发展受到抑制，这些行业积累的资本开始寻求新的投资方向。文化产业不仅得到国家政策的大力支持，同时快速成长的文化消费市场也越来越有吸引力，各种资本对文化产业的投资热情不断高涨，文化产业资本运作越来越活跃。

中国文化产业并购潮极大地推动了文化产业与相关产业的融合。并购融合的领域主要是传统媒体与新媒体的融合、文化与旅游的融合、文化与科技的融合以及文化与其他行业的融合。2013 年文化传媒板块的并购案例 50 余起，涉及资金近 400 亿元，大约有半数的案例属于平台、渠道与内容的产业链整合并购。

（3）文化与金融密切对接，新的文化金融业态不断涌现。从 2010 年初中宣部等九部委颁布《关于金融支持文化产业振兴和发展繁荣的指导意见》以来，文化与金融的对接就成为中国文化产业发展实践中一个非常重要的领域。在政府相关部门的协调和推动下，文化行业与金融行业的相互了解与认知越来越深入，各自的积极性和主动性不断提升。尤其是金融行业日益将文化产业作为其越来越重要的新业务增长点，文化金融的创新与尝试逐步转化为实实在在的行动。2014 年 3 月，文化部、中国人民银行和财政部推出《关于深入推进文化金融合作的意见》，提出要适时建设文化金融合作试验区的意见，中国各级政府对发展文化金融的热情被点燃。

（二）适应性问题

现有的文化产业投融资体系尚难满足特色文化产业的发展需求，存在一系列的适应性问题。以文化产业投资基金为例，目前全国共有各类文化产业投资基金近百支，主要可以分为文化产业股权投资基金、艺术品投资基金、文化产业专项投资基金等几大类。这些基金通常具有明确的产业指向性，以股权投资为主，难以兼顾和满足到特色文化产业发展的特殊需求。

现有文化产业基金一般不进入企业整体不成熟的产业领域。目前的文化产业投资基金的投资领域通常是文化创意产业投资，如电影、音像、综艺节目、媒体公司、旅游地产、网络游戏等。从产业本身角度来讲，特色文化产业企业整体不成熟，大多数资源还没有成为品牌，进行市场化运作，具备投资潜力的企业数量有限，企业文化创意不足，产品生命力较短，盈利模式不够清晰、难以持续，对现有的文化产业基金缺乏必要吸引力。

现有文化产业基金不符合特色文化产业的开发特点。文化产业的开发周期通常较其他产业更长，需要长期稳定的投入，而发展刚刚起步、基础非常薄弱的特色文化产业更是如此。从投资基金角度讲，基金市场运作的逐利性，大多数偏好投资未来两三年能上市的成熟企业，而特色文化产业市场化进程刚刚起步，规模运作和商业化模式都不成熟，很难短期内爆发性增长，因此很多对资金真正有需求的特色文化资源依旧难以筹集资金。

三、特色文化产业投融资体系的思路架构

发展特色文化产业意义深远，促进特色文化资源与资本的对接是我国发展特色文化产业的必由之路。基于我国特色文化产业投融资的实践语境，本文提出如下五个方面的建设思路：

（一）建立政府性特色文化产业投资基金，引导社会资本广泛深入参与

特色文化产业投资基金是由政府设立并按市场化方式运作、专业化管理的政策性引导基金，主要通过扶持特色文化产业的投资发展，引导社会资金进入产业投资和新兴产业领域。特色文化产业投资基金作为一种引导性的投融资机制，有利于打造特色文化资源的集聚平台，引导优秀社会资本进入特色文化产业的综合建设，打牢产业发展基础，探索可行的经营方式和盈利模式，也为更多的优质社会资本进入、发展壮大特色文化产业提供必要条件。

政府设立引导基金，通过选择符合特色文化产业发展的合作伙伴（子基金管理人、项目），以及通过对子基金投资方向的指导和监管，引导所聚集的社会资本投入有利于特色文化产业发展创新的项目和企业。有计划地培育具有竞争力和创造力的特色文化产业项目，有力提升特色文化产业综合实力，创新特色文化产业发展模式，打造特色文化产业高端企业集群，进而造成示范效

应，为民间自发的特色文化产业以及其他社会资本的投资策略提供指引，全面推进文化产业的发展和创新。

（二） 发挥银行的主力金融优势，助力特色文化产业基础设施建设

银行是我国金融体系的主力，占存量融资的比重达到 60% 以上，在国家政策的推动下，银行对文化产业的支持力度不断加大，支持方式不断创新。总体上来看，银行更适合有实体资产做抵押的大规模基础设施建设，对于以无形资产为主要特色的文化产业的金融支持，银行有其明显的局限性。但银行的资本规模庞大，只要能释放少量给文化产业，其资本扶持作用就会非常显著。

特色文化产业的发展起点还很低，尤其是特色文化资源地基础设施建设还有很大的不足，银行资金可以在这个方面有巨大的作为。由于特色文化产业的资源特征和产业特征，决定了发展特色文化产业在前期需要大量的基础性投入，以完善产业发展所需的交通、基建、通信等基本保障设施，以打牢产业发展基础。

（三） 积极发展文化产权交易，开展特色文化资源的平台型投融资

2009 年以来，全国爆发式地出现了四五十家不同性质的文化产权交易所（简称文交所），但视野狭窄，业务雷同，受治理整顿的影响，举步维艰。特色文化资源的整合与交易会成为文交所最有前途、最有价值的作为，文交所可以为特色文化资源的资产化、品牌化、金融化做很有效的平台支持。

建议依托现有的重点文化产权交易结构，探索建立"丝路文化资源产权交易"平台。一直以来，国内的文交所主要聚焦艺术品交易，偏离了文化产权交易的基本方向。丝绸之路特色文化资源非常丰富，这些资源可以通过注册公共知识产权转化为具有与资本对接的特色文化产权，这些产权放在文交所上市，既可以促进其与资本的对接，也可以为特色文化产业的市场开拓做铺垫。

（四） 推动文化金融创新，尝试开展基于特色文化资源收益的资产证券化

资产证券化在中国方兴未艾，这方面的实践主要是基于实体资产的收益，而且由于收益处置权的问题，国有文化机构的权益收入或应收账款目前还无法进行证券化处置。随着特色文化市场化程度的提升，资产证券化的空间越来越大。

推动文化金融创新，尝试开展基于特色文化资源收益的资产证券化，也是国家在金融体系建设方面重点支持的方向。现在国内国际都有这方面的尝试，但是特别有效的尝试现在不是很多，比较有代表性的是华侨城集团利用欢乐谷主题公园的门票收益发行了一个资产证券化的债权产品，5 年期的债权，发了 18.5 亿元，效果不是很好，因为回报率有点低。欢乐谷债券的模式是值得推广的，把资产再打包，对现金流做一个开发，如果保险业能跟进的话，做资产证券化可能会更容易实施。

（五）积极拓展适合特色文化产业生产和消费的互联网金融

分散的海量创意和小众需求，在传统产业发展机制下是没有商业价值的，因为传统产业模式是工业化的大规模生产和批量化的大规模销售。在互联网环境中，分散的海量创意与小众需求可以实现无成本的无缝对接，通过大数据的应用，金融信用也随之形成。

现在的互联网众筹金融已经成功地发展出实物众筹、荣誉众筹、股权众筹、债权众筹等多种模式，对于特色文化创意项目的金融支持越来越得心应手。从国际上最大的互联网众筹平台 Kickstater 可以看出，上线的 15 种项目类型，绝大多数都属于文化创意领域，从 2009 年上线以来，已经有数万个小微文创项目成功获得资金支持，成功率平均达到 40% 以上。

从现有的互联网金融实践来看，众筹模式不仅可以为小微文创项目融得必要的启动资金，也起到了市场测试和营销的作用。这只是"互联网+"融资发展模式在小微文创领域的初步应用，进一步可以拓展的应用空间还会很广阔，如可以依托互联网架构虚拟创客空间，这样就可以发挥大数据功能，为平台上的小微文创企业做无形资产评估的风险管控，推动网络小微信贷乃至银行小微信贷业务规模化开展。

基于"创意阶层"的小微文化创意行业发展与融资机制探讨[①]

魏鹏举

当"大众创业，万众创新"[②] 被提升到国家战略层面的时候，小微文化创意企业的发展与融资问题就显得更为重要和迫切。文化创意与科技创新一起，是当今国家创新发展的关键内生要素，在科技创新越来越走向大资本、大企业、大平台、大团队的竞争模式时，文化创意是更具有个体性、草根性、在地性的创新创业领域。发展业态和结构灵活的小微文化创意企业，创建基于中国"创意阶层"崛起并符合小微文化创意企业特性的创客平台，充分发挥互联网的优势，建构小微文创企业的融资发展模式，这对于落实"大众创业，万众创新"战略，促进文化创意与相关产业发展，激发文化创意内生活力，具有深远意义和显著价值。

一、"创意阶层"崛起与典型文化创意业态

"以人为本"是文化创意产业的本质性特征，文化创意产业的资源是人的生活方式和创意，主体是人才，目标也是为了人更幸福和充实的生活。与科技领域相比，一般文化创意领域创业的技术和设备门槛显然更低，从可能性的角度来说，凡是具有基本文化能力和创意精神的个体都可以是文化创意产业的主体，人甚至是很多典型文化创意企业的全部资产。不过，从实践的角度来看，文化创意产业的适格主体表述为"创意阶层"更合理。

---

① 魏鹏举. 基于"创意阶层"的小微文化创意行业发展与融资机制探讨 [J]. 北京联合大学学报（人文社会科学版），2015, 13（2）：38-43.

② 李克强在 2014 年 9 月 10 日的 2014 夏季达沃斯论坛开幕式上提出中国要"努力建设成为一个创新大国……在 960 万平方公里土地上掀起'大众创业'、'草根创业'的新浪潮，形成'万众创新，人人创新'的新态势"。2015 年 3 月的全国"两会"上，"大众创业，万众创新"首次出现在政府工作报告中，并被列为经济发展"双引擎"之一。

基于"创意阶层"的小微文化创意行业发展与融资机制探讨

"创意阶层"（Creative Class）作为一个特定概念是由多伦多大学罗特曼管理学院商业与创意教授理查德·佛罗里达（Richard florida）明确提出并具体阐述的。佛罗里达提出，人类的创意日益成为经济增长的根本资源，在工业社会之后，创意经济迅猛发展，与之相伴随的是一个新的职业阶层——创意阶层的异军突起。创意阶层由两种类型的成员构成——"超级创意核心"和"现代社会的思想先锋"，前者包括科学家、工程师、大学教授、诗人、小说家、艺术家、演员、设计师与建筑师，后者是引导当代社会潮流的非小说作家、编辑、文化人士、智囊机构成员以及其他对社会舆论具有影响力的各行各业人士。创意阶层是继劳工阶层和服务阶层之后推动美国经济发展的主要动力，按佛罗里达的估算，创意阶层已经占美国全部就业人口的30%①。

无论佛罗里达关于美国创意阶层的估算是否有统计意义的科学支持，普遍得到认可的一个判断是，进入后工业时代，全球的创意阶层在崛起。中国经过改革开放以来30多年的迅猛发展，经济总量的极大增长为创意阶层的崛起创造了财富基础，文化体制改革及文化创意产业快速普及为创意阶层的崛起提供了直接动力，而整体社会经济的"新常态"发展格局将为创意阶层的中国崛起释放巨大政策红利。中国创意阶层的崛起，不仅是文化创意产业发展的活水源头，也是实现"大众创业，万众创新"的关键力量。

创意阶层的崛起也表现为工作形态的后工业化时代到来。以大型流水线为标志的工业化集中规模就业逐步向生态化、社会化、灵活就业的方向发展。这种转型，主要有三个原因：一是工业生产边际效率的逐步衰减，规模不经济的问题日益显著；二是互联网、物联网等带来的社会分工协作机制日益平顺，产消一体化②；三是人们总是更希望有自由和创造性的生活与工作。工作室日益成为创意阶层的就业常态，尤其在文化创意产业领域更为普遍和流行，文化创意活动往往具有更大的独立性，对于硬件设备的依赖度弱，社会组织链接性不强。

我们耳熟能详的诸如导演工作室、画家工作室、教授工作室、律师工作室、设计师工作室等日益丰富和活跃，成为文化创意产业很有特色的小微主体，文化创意产业越是发达，文创工作室就越会蓬勃发展。从某种程度上可以说，文创工作

---

① ［美］理查德·佛罗里达. 创意阶层的崛起（中文版）［M］. 中信出版社，2010：80-88.

② ［美］杰里米·里夫金. 零边际成本社会（中文版）［M］. 中信出版社，2014.（在这本书中，《第三次工业革命》作者杰里米·里夫金开创性地探讨了极致生产力、协同共享、产消者、生物圈生活方式等全新的概念，详细地描述了数以百万计的人的生产和生活模式的转变。他认为，"产消者"正在以近乎零成本的方式制作并分享自己的信息、娱乐、绿色能源和3D打印产品。）

室就是创意阶层的一种基本工作模式，文化创意产业的创意细胞，其形态介于自然人和一般企业组织之间，具有鲜明的独特性，同时也具有一定的企业功能。

2013 年，中央财经大学文化经济研究院受北京市文化创意产业促进中心的委托开展了一项关于北京市文化创意工作室的发展及其扶持政策的专项研究。这项研究注意到，随着北京市文化创意产业的快速发展，文创工作室的实际规模越来越大，依据对北京市创意阶层的分析，初步估算，北京市到 2012 年底至少有 1 万家创意和设计工作室，成为北京市文化创意产业发展的生力军，也成为北京市文化繁荣活跃的微生态群。

文化创意产业在全球的蓬勃发展就是后工业化社会与创意阶层崛起的集中写照。文化创意产业的产业链特征具有典型的后工业性，参与主体呈现两头庞大的哑铃形态（见图1）。在内容创意以及产品零售的两头，包容性很强，大量

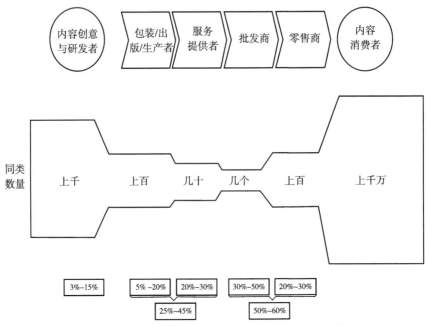

图 1 文化创意产业链各环节中的市场主体规模①

资料来源：Cutler & Company, 1994.

---

① 参考了澳大利亚通信、信息技术和艺术部联合出版的《文化产业集聚研究报告》中的分析和图例（See Creative Industries Clusters Research Stage Two Report, Department of Communications, Information Technology and the Arts, Australia）。

的工作室、中小型企业组织集中在这一块。但是在传播与批发环节,往往是寡头垄断的格局。

以工作室为代表的小微文化创意机构是文化创意产业链的价值源头,即内容创意与研发环节,数量规模庞大,是文化创意产业发展生态的重要组成部分。但是其市场地位却很弱小,如图1所示,这部分的市场收益只占整个产业链的3%~15%。

文创工作室等小微文化创意企业是产业价值链的前端,但却是市场利益链的低端。如果这种错位倒挂问题不能解决,文化创意产业的发展很难实现真正健康可持续,正在崛起的中国创意阶层的创造性活力极有可能被抑制。

二、依托大学发展文化众创空间,实现创意集聚效益

随着国内城市经济的快速发展和教育水平的快速提高,北京、上海、广州、深圳、杭州、苏州等城市已具有大量的创意工作者。根据国际上关于创意阶层的一般界定,中国创意阶层集中分布在华北、华东、华南等经济较发达区域;北京、上海、深圳、广州、成都等城市创意产业从业人员占相对多数,与这几个城市文化创意产业的发展状况一致。

北京作为国家的文化中心,高等教育发达,国际化程度高,文化创意产业的发展水平处于国内前沿,创意阶层规模在全国居前列。按照中央财经大学文化经济研究院的课题调研,以大学院校、产业经济、零散分布等创意人才作为测算基础,2012年北京市创意阶层人数规模大约为400万人,创意阶层占北京市总人口比例约为20%,其中核心创意人才80万人,占北京市总人口比例为4%[①]。

目前,北京市拥有30个文化创意产业功能区(或集聚区),是文化创意工作室主要集中区。同时,大学院校、科研机构、社会团体等周围也是文化创意工作室的理想环境,集聚了大量半产业化的工作室。通过调研,课题组注意到北京市文化创意工作室面临的主要问题与发展瓶颈包括以下几个方面。

(一)工作室规模普遍偏小,缺乏具有影响力的文化创意工作室

虽然文化创意工作室有集聚化的趋势,但总体规模不大。一方面,工作室的组织形式对于创意领军人才的吸引力不够;另一方面,大学院校工作室发展

---

① 中央财经大学文化经济研究院.北京市文化创意工作室支持政策研究 [R].2013-12.

潜力没能够得到释放，从而使得文化创意工作室并未得到充分发展。并且大部分工作室规模偏小，具有行业影响力的工作室数量偏少，导致文化创意工作室整体实力不强，缺乏竞争力。

（二）创意成果产业化转换不足，盈利能力有限

文化创意工作室的规模普遍偏小，竞争力有限，盈利能力不足。以服装服饰设计工作室为例，为中小服装企业提供设计、制版业务和"工服工装"设计等服务的工作室占到80%左右；10%主要从事流行趋势研究、品牌产品设计、纹样设计、形象设计等；主要给名人提供单件高级定制的设计服务，为影视剧装及成功人士服务的"高级定制"工作室占到5%；服装设计师自创品牌，自主设计自主经营的占到5%。然而，行业利润的分配却正好相反。后两项占10%高智力附加值为主的工作室，掌握了行业内大部分的利润；80%以低智力附加值为主的工作室只有微薄的利润[①]。

（三）工作室创意人才流失严重

一方面，大部分工作室存在内部培训制度缺失，在职人才的再深造、再学习途径不畅通，高端人才外流，工作室陷入难以留住人才的困境。特别是许多工作室由于规模较小、盈利能力有限，在生存条件压抑甚至恶劣的环境下，无法从财力或是制度上考虑内部员工培训和再深造的问题。另一方面，大型企业、国有单位以及政府单位仍然对于人才具有极大的吸引力，在与工作室进行人才竞争时具有明显优势。外部人才竞争环境也是导致工作室创意人才流失的重要原因。

（四）缺乏创意导师及创意领军人才

创意领军人才是工作室能力强弱的决定性因素。对于文化创意产业而言，价值创造的核心是软实力，是品牌，而支持品牌最重要的是文化积淀。当前文化创意导师由行业自发形成，而通过市场的手段，其孵化过程往往比较漫长，从而使得创意领军人才在工作室中显得极其稀缺。换言之，在市场乏力的情况下，通过政策引导扶持创意领军人才无疑是重要的选择。

（五）工作室融资困难突出

创意和设计工作室大多规模较小，属于小微企业，难以获得发展中所需要的资金注入。一方面，工作室由于发展规模的限制，普遍缺乏长期稳定的资金

---

① 中央财经大学文化经济研究院.北京市文化创意工作室支持政策研究［R］.2013-12.

来源。基本上自筹的资金和承担设计项目的付款成为了维持运营的主要资金来源。另一方面，由于工作室缺乏抵押和担保渠道，在外源融资中，商业银行能为工作室提供的信用贷款很少，难以满足其发展对银行融资的需求。调研数据表明，90%以上的工作室认为融资难的主要原因是没有足够的抵押物，另外，政府为支持中小企业发展设立的有关担保服务政策难以实现对接。

（六）创意成果的知识产权保护面临挑战

知识产权保护是创意和创新的基础，也是文化创意产业健康发展的根本保证。知识产权保护缺失是当前文化产业的一个普遍性问题，而工作室由于规模小、资金和精力有限，无法应对被侵权后相对较高的诉讼费和长时间的司法程序，使得许多工作室被侵权后，往往不了了之。因此，工作室自身知识产权保护能力差抑制了工作室的创新动力。

从北京的情况来看，以工作室为代表的小微文化创意行业总体呈现小、散、弱的特征，这在全国同样具有普遍性。既然是小微文创，当然"小"了，但这里所说的"小"不仅指规模，主要是指缺乏"1+1+1＞3"的集聚效益，是和"散"关联的"小"。还有就是"小"而不精，小微文创行业与优质创意阶层的融合不够，如尚未形成研产学的有效模式，文化创意的价值链断裂。

就中国的国情而言，创意阶层主要集中在大学、研究机构、文化传媒等事业制的教科文单位，小微文化创意行业当深植与此，才会有长久的活力与生命力。当年北京的第一个自发形成的艺术集聚区——"圆明园画家村"即是明证。佛罗里达也强调，大学是创意阶层的"吸引器"。在某种程度上说，大学院校作为人才的集聚地，是创意人才和资源的天然所在地。大学院校作为创意集聚地相比较于其他创意集聚地具有独特性和优势。

第一，大学院校的创意人才结构多元、层次丰富。从纵向来看，大学院校拥有不同年龄结构的创意人才，从大学生、研究生到博士生，从青年教师到资深教授，使得大学院校的创意更加具有活力。从横向来看，大学院校通常具有多个学科，从而使得跨学科的创新更加便捷。

第二，大学院校是创意人才步入经济社会中的重要桥梁。大学院校是连接社会与学术的一个纽带，尽管创意人才通过大学院校最终要进入社会，但是大学院校永远是文化创意工作室最为偏爱的地方。一方面得益于大学院校的人才优势，另一方面也得益于大学院校独有的文化优势。

第三，大学院校的创意人才更新速度快，密切把握创意的前沿。大学院校必定是创意最为活跃的场所，同时也是创意最为丰沛的地方。如果可以测绘一张城市的创意热度图，那么大学院校一定是温度最高、颜色最为鲜艳的区域。

从目前来看，尽管大学院校集聚了大量的创意人才或者是潜在的创意人才，但是由于多种原因，大学院校文化创意工作室并没有成为一个创意集聚的主要载体。

整体上来说，北京市大学院校文化创意工作室主要集中在艺术类院校周边，综合性大学院校也有不少艺术工作室，而农林、工科大学则基本上不采取工作室的形式。也就是说，在实践中，人们对于文化创意工作室的理解和界定仍然是在一个较小的范围内。

近年来，大学院校的工作室制度改革逐渐受到院校老师、教育改革者等的重视。目前，已经有不少艺术类院校采取了导师工作室制度，给老师和学生都带来了极大的正面效果。但是，工作室制度在其他类型院校中的推广和发展的进步依然缓慢。不过，由于工作室具备很多灵活特点，使得工作室制度成为了一种发展趋势。

大学院校是创意人才的培养主体，也就是说大学院校是人力资本最为富集的地方。但是，一直以来大学院校在大部分情况下扮演着人才培育的角色，而不是人才的使用者。不过，随着社会经济融合程度加深，大学院校产学研相结合的需求与实践已经越来越突出，大学院校越来越注重将自身的科研成果转化为实际生产力，直接参与到社会经济发展中。

大学院校工作室可以说是高校直接参与社会经济活动的典型代表，也是最为简单、最为灵活、最具操作性的一种组织形式。一方面，大学院校工作室具有小微企业性质，在参与社会经济中相比较于高校科研机构而言具有灵活性；另一方面，大学院校工作室具有教育培养功能，更加注重专业实操人才培养。总体上来说，大学院校工作室是理论与实践相结合的典型。因此，可以预见，大学院校文化创意工作室的发展潜力巨大，发展前景较好。

2015年3月11日，国务院办公厅发布了《关于发展众创空间推进大众创新创业的指导意见》，重点强调要鼓励大学生创业、支持创新创业公共服务、加强财政资金引导、完善创业投融资机制等八项意见。小微文化创意行业一定要抓住这一轮的创新政策机遇，重点依托大学，尤其是人文社科类的高等院校科研机构，建设文化创意类的创客空间，使创意阶层的集聚效益和外部价值充分实现，不仅最大程度地激励大学教授、人文优才等创意阶层的创新创业热忧，推动文化创意产业的发展繁荣，也可以起到研、产、学联动的作用，深化研究成果，实时产业转化，增强人才培养质量。

建议教育部门和地方政府协同，鼓励高校利用校内或周边的楼宇，仿效科技园成立文化创意园，鼓励本校教师牵头设立或支持学生成立文创工作室，开展文化创意方面的科研工作或创作活动。给予统一的公共设施、财务管理服务，充分利用国家的相关扶持政策，用好财政引导扶持资金，积极推动小微文化创意类的风险投资或互联网金融发展。这不仅可以极大地促进产学研的联动转化，也可以有效地推动创新创业文化的兴起，也是实现文化创意和设计服务于相关产业融合发展的可行之路。

三、探索"互联网+"的小微文创融资模式

融资是小微企业发展的关键问题，对于小微文创行业来说，这个问题会更突出。与一般工业制造业等传统产业相比，文化创意产业是典型的轻资产领域，而且外部性很强，这也就意味着，文化创意资产不仅难以估值，而且也难以确权。现有的以银行为代表的金融体系是从工业化的近现代市场经济进程中发展成熟起来的，很容易接受实体资产和常规的产品销售现金流作为有效信用，其业务流程和人才储备也是以此为基础形成的。而现代风险资本市场是伴随技术产业发展成熟起来的，科技类的无形资产评估已经比较成熟，科技类的知识产权的确权体系也比较发达和完善，因此，以风险资本为特征的科技金融的模式也日渐成型。但典型文化创意产业既不具备一般工业制造业的实体资产和比较稳定的现金流，也缺乏一般科技产业的标准化知识产权特征及风险收益属性，一般金融或资本市场与文化创意产业的对接都存在一定的障碍。从国内外现有的文化创意产业投融资案例来看，与银行类金融资本对接的基础机制还是文化企业的实体资产信用和实物产品收益，能被风险投资或私募资金看中的企业或项目绝大多数具有科技文化融合的特征。文化无形资产和收益不确定的创意项目基本无法获得资本市场的认可，小微文化创意企业基本上没有什么路径通过信贷或其他资本市场获得融资，这是制约小微文创行业发展的一个关键难题。

以人为本是小微文创行业的基本特征，超级创意阶层往往是小微文创的核心资产和竞争力，但这也恰恰是小微文创融资失灵的关键问题。这个金融难题的背后是一个伦理性的悖论：在现代社会，资本可以雇佣人，但人不能雇佣资

本。明白地说，就是钱可以预约购买到人的体力或脑力劳动，但一个仅有体力或脑力劳动能力的人几乎不可能借到钱。在现代社会语境中，这个伦理性悖论并不是说人的价值不如资本的价值，而是人的价值不具有金融信用价值。"一个富有创造力的人，在没有有效实物资产或能被证明了的市场效益的情况下，不可能从银行甚或风投那里得到创业所需要的资本。以货币为特征的资本具有客观性、标准性和流通性，而人却是具有典型的主观性、个异性和随意性"。①如果说，在现代社会以前，人甚至可以被作为私人资产的话，到了现代社会，如康德的道德律令所言，人是目的而非工具，现代的人更不具备资产的性质了。所以，在现代的法制和伦理环境中，无论人的肉体还是精神，都无法作为担保或抵押去获得资本，因为违约的风险绝对无法避免和克服。因为这样的金融难题，资本市场即使对文化创意产业有很大的热情，也很难对极富活力和未来价值的创意创业形成支持。

进入 21 世纪，互联网革命日益深刻地影响着人类社会经济和文化发展。麦克卢汉的著名论断"媒介即讯息"在互联网时代被进一步印证。人类文明的历程很重要的一个表征就是突破时空局限的人际媒介不断丰富并日益发达。在蛮荒时期，人类只能结绳纪事口耳相传；进入文明时期，石壁、青铜器、木板、竹简、绢帛、纸张等各类媒介不断丰富，印刷术的发明更是极大地促进了人类文明的进程；工业革命后，机械印刷、电报、电话、录音机、照相机、摄像机等多媒体媒介日益发达，人际距离被无限拉近，人的创造力被极大地激发，文化成果可以超时空地传播和共享。现代文化创意产业之所以发生发展蔚为大观，很大程度上可以说是工业化引发的媒介突破带来了文化生产、传播、再生产的商业模式裂变式发酵的成果。在机械印刷时期，文化产品被大规模简单复制和再生产，形成了适应大众文化消费的基本商业模式；进入多媒体时期，广告、电影、电视等将社会带入大众娱乐时代，最大程度地汇聚大众消费热情的注意力经济模式形成，不仅刺激了文化创意产业本身的丰富复制，也极大地助推了消费社会的发育；以信息高速公路为引领的知识经济时代很快到来，文化创意形成的知识产权与相关产业融合渗透，形成了不断延展的文化创意产业链经营模式，迪士尼类型的国际性文化传媒集团将文化价值触角尽其所能地延伸到玩具、服装、旅游、地产等各个产业领域。互联网的发展从虚拟到

---

① 魏鹏举．中国文化产业投融资体系研究［M］．云南人民出版社，2014：351.

现实,从赛百空间到购物乐园,人类社会的精神世界和物理世界被神奇地融合在了一起,形而上与形而下界限变得越来越模糊,人人创造、人人传播、人人分享的文化创意价值聚变革命到来。

互联网不仅带来文化创意产业和金融业发展的崭新景观,同时也为以人为本的小微文创企业的融资失灵难题提供了破解的契机与方向。精神世界与现实世界的互联网融合为克服金融的文化创意产业难题提供了很好的基础,创意活动的互联网大数据为解决文化创意产业的金融难题提供了有效的途径。一般情况下,一个人或若干人的创意"点子"基本不可能在陌生人那里得到足够的资金支持去付诸实施,但在互联网语境中完全可以实现。比如,在互联网的众筹平台上,一个人一个微电影的方案,很有可能在个把月获得上万美元的大众资助,回报或许只是影片后的一个致谢。人的才华与创意可以成为融资的标的,这个在一般市场环境中不可能实现的梦想,在互联网条件下就这么轻松地实现了。个性化的分散创意和海量的小众需求,在传统产业发展机制下是没有商业价值的,因为传统产业模式是工业化的大规模生产和批量化的大规模销售。在互联网环境中,分散的海量创意与海量的小众需求可以实现低成本的无缝对接,通过大数据的应用,金融信用也随之形成。现在的互联网众筹金融已经成功地发展出实物众筹、荣誉众筹、股权众筹、债权众筹等多种模式,对于小微文化创意项目的金融支持越来越得心应手。

目前比较成熟的互联网众筹主要是实物众筹,适合小微文创项目。从国际上最大的互联网众筹平台 Kickstater 可以看出,上线的 15 种项目类型,绝大多数都属于文化创意领域。Kickstater 从 2009 年上线至 2014 年中,已经有数万个小微文创项目成功获得资金支持,成功率平均达到 40% 以上 (见表 1)。

表 1 Kichstarter 网站 2014 年 6 月 21 日上午 10:30 实时筹资项目统计

项目类型	发起总数 (件)	成功项目总数 (件)	未成功项目数 (件)	在筹项目数 (件)	成功率 (%)
影视	26652	14426	21367	859	40.30
音乐	30273	16273	13260	740	55.10
出版	17308	5420	11347	541	32.33
绘画	12257	5735	6141	381	48.29
游戏	10490	3567	6458	465	35.58

续表

项目类型	发起总数 （件）	成功项目总数 （件）	未成功项目数 （件）	在筹项目数 （件）	成功率 （%）
设计	8310	3021	4866	423	38.30
食品	6511	2450	3724	337	39.68
时尚	6478	1800	4342	336	29.31
戏剧	6336	3928	2202	206	64.08
技术	5043	1559	3040	444	33.90
摄影	4635	1619	2876	140	36.02
动漫	4172	2018	2018	136	50.00
舞蹈	1982	1344	565	73	70.40
手艺	1312	498	754	60	39.78
新闻	1044	360	649	35	35.68
总计	152803	64018	83609	5176	43.36

资料来源：根据 Kichstarter 官方网站的相关数据整理。

　　从现有的互联网金融实践来看，众筹模式很适合文化创意行业，不仅可以为小微文创项目融得必要的启动资金，也起到了市场测试和营销的作用。这只是"互联网+"融资发展模式在小微文创领域的初步应用，进一步可以拓展的应用空间还会很广阔，比如，可以依托互联网架构虚拟创客空间，这样就可以发挥大数据功能，为平台上的小微文创企业做无形资产评估的风险管控，推动网络小微信贷乃至银行小微信贷业务规模化开展。

艺术经济

从艺术集聚区观照我国文化体制转型[①]

魏鹏举

一、世界的艺术集聚区：全球化的后工业文化景观

艺术集聚区是指文化艺术的相关从业者以及相关行业机构，在某个特定的区域，自发或组织形成规模性丛集，并被认为或认定为具有专业化的地理识别度的地域空间。在全球化的语境中，国际性的文化交流和艺术市场，使得分散的、自由独立的艺术从业者可以地方化地凝聚在一起，抱团图存，形成影响，营造市场。

艺术集聚区是世界性的景观。当资本主义进入后工业化发展阶段，曾经辉煌的工业中心经历着转型期的低潮，大片的工业区渐趋空寂，而工业衰落的地方，却成为艺术生长的角落。纽约、伦敦、巴黎等一些进入后工业化的国际都市中，往往在曾经的工业遗迹中寄生着一丛丛以绘画、表演、音乐等为特色的艺术集聚区，它们不仅是这些大都市的艺术名片和文化地标，成为后现代社会的标志性景观，也成为新兴的文化创意产业的重要载体。

自由的艺术家们，游荡在资本主义纸醉金迷的繁华阴影中。流浪的艺术家群，往往既是大都市的对立面，也是大都市的产物和象征，是大都市的多样性、开放性和包容性的表征和衍生物。前卫的艺术家因为批评资本主义而被资本追捧，艺术与商业悖论性地共生，艺术的标新立异成为艺术存在的资本，这种文化资本通过"关注度"，被注意力经济兑换为经济资本。自由、开放、包容的国际城市范围吸引了全世界艺术家的会聚，艺术家的会聚进一步强化惬意的文化环境以及浓郁的创意氛围。艺术集聚所带来的创意能量，不仅可以内化

① 魏鹏举．从艺术集聚区看文化体制转型［N］．中国文化报，2010-12-15（3）.

为经济创新的引擎，而且也成为吸引资本流入的核心魅力。

二、我国的艺术集聚区：从艺术到商业的进化标本

艺术集聚区在中国的涌现是全球化的一个重要表征。随着我国的改革开放，国际的艺术观念进入中国，中国的艺术也逐渐被国际艺术界所关注，国际艺术市场的触角伸入中国。

早期在国内自发形成的艺术集聚区注定是国际性的，因为国内艺术市场几乎没有，无论是艺术价值还是市场价值都仰仗国际艺术市场的青睐与支撑。像深圳大芬油画村那样的艺术品复制业几乎全部依赖国际市场。原创艺术型的集聚区也是如此。比如，北京曾经的海淀艺术家村，现在的朝阳区"798"艺术区、通州宋庄艺术区、昌平兴寿上苑画家村等，是由一些身份自由的艺术家自发积聚形成的。这些艺术家往往游离于国内的艺术体制，主要依靠国际艺术市场生存，他们在国内表现得前卫，在国际则代表中国当代艺术。这些艺术集聚区往往也成为国际上侦察中国当代艺术的锁定地标。

在很长一段时间里，中国的当代艺术是与无政府主义甚或反政府联系在一起的，中国当代艺术受到国际的关注似乎也主要是这种关联的功劳。20 世纪 80 年代后期，在北京出现的若干艺术集聚区大多具有浓郁的意识形态化的艺术色彩，因此产生了一些受国际追捧的现代艺术家，但也因此在 20 世纪 90 年代早期被遣散。当最近 10 年一大批艺术集聚区重新被发现的时候，艺术的或思想的价值让位给了经济的或地域营销的价值。

当前大多数艺术集聚区主要是被作为一种区域性的经济发展模式而得到资本的支持和政府的推崇。随着我国文化经济的蓬勃发展，由企业组织、政府推动而形成的艺术集聚区大量涌现。这些集聚区是严格遵照商业模式运营的，而且为了获得政府资金支持或财税优惠，积极主动进入政府的文化创意产业集聚区管理体制中。

三、文化体制转型与中国文化空间的重构

在最近不到 10 年的时间内，艺术集聚区在中国的大量出现，文化的产业化与产业的文化化交织在一起，使中国的文化生态发生了前所未有的裂变反应。经济的力量使体制外的艺术生产方式成为可能，解放了计划经济时代一元的文化身份，释放出多样的艺术活力，开辟了相对独立自主的艺术空间。艺术

从艺术集聚区观照我国文化体制转型

集聚区对于中国的意义，其经济效应其实是一个表层的现象，更为重要的是它所体现的文化生态价值。关照中国的艺术集聚区，从中我们可以洞悉我国文化体制转型的进程，解读当代中国艺术生产者生存方式的重大变革，可以昭示中国文化空间的重构。

文化体制改革和曾经的经济体制改革有相似的地方，那就是把计划体制下的部分国有单位市场化，最直接的变化就是从业者身份的改变，由公家人变为社会人。但文化体制改革与经济体制改革有着鲜明的不同。经济体制改革在"解放"国有企业工人身份的同时，也"解除"了国有企业与工人的资产联系，甚至导致了国有资产权贵化的问题。文化单位本无多少资产可言，文化体制改革其实更多的是"解放"的意义，对于单一体制化的文化艺术身份的解放、对于单一体制化管制的文化艺术内容的解放等，但也因此会触及敏感的意识形态问题，所以文化体制改革变得日益谨慎。

当自上而下的文化体制改革变得越来越游移不定的时候，市场经济的力量却在加紧瓦解文化体制的根基，文化艺术从业者变得越来越独立。市场，或者准确地说是货币，让具有艺术创造活力的艺术家们获得相对的自由独立。诚如西美尔在《货币哲学》中卓越的论述所给我们的启发，市场使艺术家摆脱被固定的等级模式所束缚、所豢养的局面，获得个体性的自由。

不过在整个体制改革还未完成的时候，中国艺术家与国家文化体制还是一种若即若离的关系，而且我们有理由相信，这种关系还会保持相当长的一个时期。文化体制本身不会轻易放开它的文化管制职能，甚至在某些时期会进一步强化这种管制。同时，艺术家一方面可以逐步依赖市场生存而实现"去体制化"的自在，另一方面还需要体制的庇护与滋养。艺术集聚区成为许多体制内的艺术家获得市场利益的平台，他们一方面保留着国家文化艺术机构中的身份，另一方面通过集聚区的工作室、画廊或经纪公司来经营自己的剩余价值。

在很长一个历史时期中，中国艺术生产是被严格限定在体制内的，艺术院校、艺术馆等国有文化事业单位成为进行艺术创作的法定空间。市场经济的发展，一方面，使得原本很难进入，或不愿意进入文化事业单位的艺术院校毕业生或艺术爱好者有可能自食其力，靠卖艺为生；另一方面，如前所述，大量已经身处文化事业单位的艺术工作者们也"心存旁骛"。原本单一的、法定的艺术生产空间被打破了，在艺术院校等文化事业单位之外，扎根于社会的艺术集聚区成为新的多元化的艺术空间。

　　艺术市场的发展为艺术家脱离"单位"独立生存提供了条件；但为了寻求交流与合作共享，艺术家们往往会自觉不自觉地根据志趣、风格或市场而重新集聚；在市场力量和行政规制无所不在的社会里，自发、自然的集聚总是会或快或慢地进入商业的或政府的运营与管理机制中。

　　作为一个文化地理现象，艺术集聚区也已经植入并改造着城市空间，在文化体制改革与市场经济的双重作用下，随着艺术集聚区的流动，还在不断重绘城市的文化地图。

　　曾几何时的工业化使城市兴旺发达，但随着生产资料成本、劳动力成本、环境成本等要素的不断恶化，工业外迁或衰退，城市留下大量的工业废墟。艺术集聚区令城市的工业废墟重新恢复生机，成为后现代的城市文化地标。艺术产业带来区域的商业繁荣，商业繁荣把艺术生产者排挤出他们创造的繁荣，艺术家们重新寻找合适的空间，开拓新的艺术集聚区，新的艺术集聚区可能还会重新上演"以艺术始，以商业终"的文化地理板块漂移。凯夫斯的《创意产业经济学：艺术的商业之道》也认为，"现代艺术品市场的空间发布必然具有一种自我毁灭的特性。这种自我毁灭的过程在纽约已反复重复多次了"。

　　越来越多的艺术家开始寻求新的栖身地，许多闲置的工厂被改造成了艺术集聚区，如北京的"798"艺术区，更为广阔、安宁的乡野山村对于艺术家产生了更大的吸引力。北京周边的一些乡村成为越来越有活力的艺术集聚区，这其中最突出的代表是通州区的宋庄艺术区。

　　艺术集聚区，犹如一点浓墨，滴落之处，在长期缺少文化色彩的地域濡染出一片艺术景致，使一个平常的地方有了文化的景深，从而影响着一个城市、一个区域的人们对发展的认识、对文化的理解、对艺术的热爱。这无论如何都应被看成中国的幸事。

亟待建立公益性的中国文化艺术银行

魏鹏举

国家高度重视文化艺术的创作，近些年来财政出资设立的各类文化艺术类公益基金，对于传承保护文化艺术资源、鼓励创作、繁荣文化艺术起到了非常重要的作用。但问题是，这些基金或专项资金花出去了，绩效如何？其长效机制如何建立？以国家艺术基金为例，"十二五"期间国务院批准了20亿元的盘子，这些钱对于中国原创艺术的发展意义重大，可除了我们习惯的花钱外，我们如何"做"才能让这些宝贵文化艺术资金发挥更长效的作用？

世界上许多国家已经建立了国家艺术银行，有的已经有非常悠久的历史，比如澳大利亚和加拿大。中国的台湾地区也在2013年筹备、2014年4月正式成立了艺术银行。中国在国家层面上应当尽快设立中国文化艺术银行。中国文化艺术银行可以参照加拿大、澳大利亚、我国台湾等国家或地区比较成熟的"艺术银行"（Art Bank）模式，结合中国文化发展的实践，将一般艺术银行的艺术品资源融通功能扩展到文化艺术资源的整合、融通、赋值、增值功能，属性可以定义为国家层面非营利性文化机构。

其目标有三个：集合收储财政支持的公共文化资源或艺术产品，如数字出版、数字非遗、国家艺术基金资助的艺术成果等，建设中华文化资源集藏库；面向国内国际展示、推广、交流中国文化艺术精品资源，发起国际文化艺术银行联盟，以文化艺术资源的交流融合为纽带推动文明的对话与创新；推动中国文化艺术资源的整合融通，促进中国文化要素市场、艺术品租赁、文化艺术金融等业态深化，形成中国大文化产业发展格局。

其意义有五点：其一，整合文化艺术资源，深度挖掘中国文化艺术的流通价值及其附加值；其二，扶持中华优秀文化传承创新，加强中华文化艺术的交流传播；其三，盘活国家文化投入，提高公共财政对文化资助的绩效；其四，落实文化金融合作战略，活跃中国文化艺术要素市场；其五，促进国有文化企业的股权交易及兼并重组。

定位与功能。定位：具有金融与要素市场功能的国家文化艺术资源平台。功能：支持并整合现有的数字图书、数字文化遗产等公共文化资源，建设中国数字文化资源云数据库，建立数字内容资源的产权化交易，吸引社会资本参与国家数字文化资源的第二次开发与商业化运营。探索建立文化"新三板"，鼓励未上市国有文化企业等在中国文化艺术银行进行场外股权交易，推动国有文化企业的股份制改造，引入战略投资人，促进中国文化企业跨行业、跨地区、跨所有制的兼并重组。依托国家艺术基金，与国家美术馆等馆藏机构合作，建立资助优秀艺术品的收藏与展览平台，吸引海内外的艺术品捐赠，收储代管分散的优秀艺术藏品，开发艺术品租赁业务、艺术品鉴定与价值评估业务，与其他国家或地区的艺术银行开展合作交流，推动中国优秀文化艺术融入世界。

发挥市场机制，保护和开发文化艺术产权①

魏鹏举

我们身处的互联网时代，这既是文化艺术的最坏时代，也是文化艺术的最好时代。在互联网时代，文化艺术的传统表现形式都遭遇前所未有的挑战甚至颠覆，曾几何时风光无限的报纸、期刊、图书等媒介纷纷黯然隐退；文化艺术的知识产权受到了前所未有的恣意挑战甚至侵占，数字音乐大行其道而著作人的收益却日益式微。同样是在互联网时代，数字化让文化艺术的各种表达形式高度融合，在互联网上，文化艺术及其相关知识信息的分享无处不在，文化艺术空前繁荣；数字化阅读极大地方便和丰富了人们的阅读方式；每个人的文化艺术创造力被充分激发，文化艺术的成果总量核裂变式增长，海量内容形成的大数据价值无可估量。

互联网的天性是共享并共创。在互联网的世界里，如何最好地保护和开发文化艺术产权价值，这是我们实现文化创新发展的一个关键问题。在互联网时代之所以文化艺术产权的保护比较困难，如果不考虑知识产权保护的制度环境，比较有代表性的观点是认为文化艺术产权属无形资产，很容易被低成本地复制或传播。比如，在物理唱片为主导的时期，与正版相比，盗版复制的边际成本总是存在的，而且品质衰减，但在数字音乐时代，盗版复制的品质不仅不差，而且边际成本也几乎为零。无形产权的保护与利用，无疑技术因素是很关键的变量，但我们需要注意的是：社会经济的激励与约束机制才是更具长效意义的变量。

在中国传统社会，文化艺术产权往往是被忽略的，许多名著的真实作者现在都还是个谜。在人类社会发展的绝大多数时期，全社会免费共享文化艺术成

---

① 魏鹏举. 产权保护，最大的激励来自市场［N］. 中国文化报，2014-03-25（16）.

果是主流，这种自由共享，不仅推动了人类知识的传承积累，也促进了文化艺术的创造发展，同时，这也是著作者实现社会价值的有效方式。那么，是什么原因使得文化艺术产权如此受保护呢？

制度经济学中有一个关于产权起源的经典分析。18 世纪之前，加拿大北部印第安部落猎取海狸获其皮肉自己使用，需求有限，资源丰盈，狩猎是自由的。随着海狸毛皮贸易的逐步繁荣，海狸毛皮价格不断提升，为了控制和充分利用日益有限的资源，实现海狸资源价值的最优化利用，在 18 世纪早期，这些印第安部落间划分了狩猎区，保护海狸资源不被随意猎取，同时增加了资源的生产性投入，如增加对海狸的人工驯养。通过这样的排他性私有产权安排，海狸资源的社会总收益得以大幅度提升。这个案例的分析者德姆塞茨得出的论点是，"新的产权的形成是相互作用的人们对新的收益——成本的可能渴望进行调整的回应"。

在传统的社会经济条件下，文艺写作是一种文化自足，共享不但不妨害著作者的利益，而且有利于文化艺术的累积与传承。只有当著作权形成了所有者越来越重要的利益来源的时候，文化艺术的排他性产权制度才会逐步形成。现在，我国知识产权保护与利用的状况，往往与相关市场机制的发育程度密切相关。

在现代市场经济语境中，知识产权的保护状况与收益—成本的博弈密切相关。收益—成本的博弈至少包含三层含义：创作者保护知识产权的成本与收益关系，侵权者的成本与收益关系，运营者（企业、中介服务机构等）的成本与收益关系。在互联网时代，尽快而有效地推动文化艺术产权的保护与利用，除了要积极改善相关法规制度乃至风俗道德等基础环境外，更紧要的是创新文化科技的商业模式，发挥市场在配置文化艺术产权价值方面的关键性作用，最大程度地做大版权拥有者的收益，从而克服版权保护的成本并激励版权保护的积极性。

以互联网视频内容版权为例，在 2006 年，当时最热的电视剧《武林外传》81 集的网络播映版权总共卖了 10 万元，平均每集也就 1000 多元。而到了 2010 年，新版《红楼梦》的网络播映版权卖到了 1000 万元，平均每集价格为 20 万元。2012 年在互联网视频行业最火爆的时期，一部电视剧《宫锁珠帘》卖出了 7400 万元的天价，每集均价 185 万元。在短短的五六年中，中国的互联网视频版权价格单集增长了 1800 余倍，在基本的制度条件没有什么实质性变化的情况下，市场发挥了关键作用。互联网技术的进步推动了中国视频网站的迅猛发展，以广告收益为主的第三方付费盈利模式日益成熟，优酷、搜狐等一批有大资本支持的视频内容运营商逐步浮出水面，市场竞争使得相互的监督越来越严格，盗版的成本越来越高，正版价值越来越凸显，直接的表现就是版权资源日益成为核心竞争力，盗版企业无地自容，版权价格一路飙升，正版视频内容利益相关方对于版权的保护和开发的积极性空前高涨，近些年网络视频公司开始越来越多地涉足自制剧的开发。

尽管中国的视频数字版权的价值保护与开发走上了良性发展之路，但数字音乐、数字阅读等文化艺术版权领域还不容乐观。高度分散并同质化的数字音乐、数字阅读资源，造成了版权保护与交易成本居高不下，缺乏有效的商业模式又使得版权收益不稳定。当务之急，我国需要建构鼓励社会资本整合文化艺术版权资源的制度模式，推动文化产业的规模化兼并，让规范的大型文化企业成为主导文化艺术市场发展的主体，逐步形成具有低成本高收益的版权价值良性增长模式。文化艺术产权价值的保护性开发，基础是制度问题，关键是经济学问题。

解构特权食利生态，完善文艺资助体系

魏鹏举

科技创新与文化创意，这是建设现代创新型国家的两个关键内驱力。习近平总书记在"10·15"文艺座谈会上提到我国在文艺创作方面存在有"高原"缺"高峰"的现象。正如在科技创新方面的"钱学森之问"，文艺创作方面的"习近平判断"也体现了对于我国建设和实现创新型国家战略的殷切期待与忧思。

"钱学森之问"与"习近平判断"所涉及的创新问题是很深广的，全社会的整体创新活力无疑是建设创新型国家的一个内核。尤其在文艺创作方面，与科技创新需要依靠集体攻关不同，优秀作品的出现往往是一个良好文艺发展生态的大概率成果。当最大多数的个体创作者有文艺创作热情的时候，当这样的热情有同样的可能和机会得以实现和呈现的时候，社会的巨大变革就如同活跃的地壳运动一样，推动厚积的文艺人才与成果在碰撞中耸然而起。

那么，全世界人口最多的国家，一个有着全世界最为庞大和齐全的国有文艺院团机构的国家，在最近半个多世纪的时间内，为什么如此稀缺在世界上乃至国内有影响力和共识的巅峰成果？是国家重视不够吗？是我们的人民缺乏创造力吗？是我们的社会变革不够深刻吗？

在文化体制改革的进程中，由于政府和市场的关系还没有完全理顺，我们需要警惕文艺特权与食利阶层的出现和固化，这是一种会扼杀文艺创造活力和造成文艺贫困的危险现象。我们的许多文艺工作者的钱包越来越鼓了，名声也越来越大，但却很少有精品力作出来。在现有的文艺体系中，众多在文化事业单位的文艺工作者，一方面享受着政府的津贴和级别声望；另一方面从市场中获得优厚报酬，名利与地位都占着，日益变成拥有巨大控制力和影响力的文艺活动家和明星，创作的事却日益荒废。大批有着文艺热情和梦想的青年人或底层社会人群却缺乏机会、资源和渠道实现其文艺创造力。虽然有互联网平台也为普通文艺创作者提供了发表的出口，但电子化的创作本身就是泡沫化的，互联网文艺也只适合快餐式消费，真正有内涵、有梦想的文字并不能在这上面生根发芽。

现在，我们往往习惯性地把文艺创造力不足和低俗化的问题归咎于市场和商业。问题是，如果说商业化是祸患，政府资助就有效吗？如果说获得诺贝尔奖的莫言算作中国当代在文艺成就上得到国际认可的代表的话，他的创作成就多大程度上和我们的政府资助有关呢？况且那么多的作家协会成员为什么乏善可陈呢？鲁迅当年的杰出成就似乎和政府资助更没有关系。

文艺的发展繁荣不仅关乎文化繁荣发展的问题，也关乎国家创新活力的培育，况且文艺创作具有典型的市场失灵现象，因此政府资助文艺创作与活动有着充分的合理性。但关键的问题是，在文艺资助方面如何协调和处理好政府、社会和市场的关系，通过文化体制改革的深化，解构文艺领域的特权食利阶层生态，建立和完善普惠的文艺资助体系。

打破现有文艺资助体系的既得利益格局，这无疑是极为困难的。那些能够"通吃"政府、社会和市场文艺利益的"三栖明星"往往也是最有话语权和影响力的群体。当下，亟待深化文化体制改革，明确各类文艺主体的责权利关系，恪守其责，各安其分，让高雅艺术真正高大上起来，让军队文艺真正雄壮威武起来。财政资金也要对那些具有显著公共价值和溢出效益的文艺创作支持到位，让那些有才华有理想的艺术家们至少可以不依靠商业而体面地生活。

需要政府完全资助的只应当是那些在国家和民族层面具有充分公共品属性的文艺领域，绝大多数的文艺创作与活动需要社会乃至市场的广泛参与和支持。社会和市场的资助，不仅可以有效补充政府资金的不足，也意味着文艺民主，意味着最大多数的社会力量或市场力量的参与。虽然我们明白，优秀的文艺创作不是靠钱堆出来的，但缺乏有效的资助和激励，许多优秀作品是无法创作出来的。钱不是最重要的，但许多时候钱是衡量最重要东西的尺度。要发挥资金在支持文艺创作方面的作用，同时又要避免资本对文艺创作的腐蚀或挟持，防止劣币驱逐良币，最好的办法就是建立分散化的多元公共文艺资助体系。

在现有的文化体制条件下，社会或市场的资助机制有待政府的积极引导。在更规范、更透明和更普惠的基础上，要更多地发挥政府支出的示范带动作用，更好地发挥财税的杠杆作用，更好地推动社会的、市场的公共艺术资助机制的丰富。从国际经验来看，税收减免比直接资助对全社会的文艺发展的支持效果更好。按照美国的相关研究，艺术捐赠减税的价格弹性为 0.9~1.4，比起直接的财政支出，不仅经济效果好，而且也避免了直接资助的成本、道德风险及美学风险。

文艺离开人民就成为无源之水、无本之木。这就一方面需要创作者深入社会，建立文艺工作者社会责任评价机制，鼓励文艺创作者深入社会；另一方面也需要通过税收机制、荣誉机制等鼓励企业、公益机构、个人资助文艺活动，鼓励公民参与公共文艺活动。志愿服务，这是在国际上被证明为行之有效的一种间接文艺资助机制，也是我国丰富和完善文艺资助体系中非常重要的环节。

我国国有文艺演出院团非营利化改革探索①

——兼论国有文艺演出院团改革的第三种路径

周正兵

2009 年 7 月，中共中央宣传部、文化部出台《关于深化国有文艺演出院团体制改革的若干意见》，就深化国有文艺演出院团体制改革提出了纲领性意见，特别是在分类改革的基础上将转企改制作为深化国有文艺演出院团体制改革的中心环节，提出要 "按照创新体制、转换机制、面向市场、壮大实力的基本要求，着力扶持转企改制院团做大做强，显著增强国有资本在演艺领域的主导作用"。在这一政策的推动下，国有文艺演出院团改革全面提速，到 2010 年底，全国有 461 家国有院团已完成或正在进行转企改制，培育了一大批新型市场主体，演出市场活力和竞争力进一步增强。应该说，这是我国文化体制改革和演出市场培育特定阶段的特殊历史使命，它对克服传统事业体制下的政府失灵，建立完善的市场体系具有重要推动作用。但是，值得注意的是，市场并非万能，特别是在表演艺术市场方面存在诸多的市场失灵现象，这些是转企改制所无法完成的。因此，要警惕我们的改革在两种极端之间行走，在努力克服政府失灵的同时，要充分重视市场失灵及其对改革成果可能带来的侵蚀作用，避免改革在两个极端之间往复，耽误了改革的时机，削弱了改革的效果。本文尝试在现有事业和企业两重途径之外提出第三种途径——非营利表演艺术机构，并结合我国国有文艺演出院团体制改革的目标和任务，探索其现实的实施路径，以就教于方家学者。

---

① 周正兵. 我国国有文艺演出院团非营利化改革探索——兼论国有文艺演出院团改革的第三种路径 [J]. 国际文化管理, 2014 (00).

一、非营利表演艺术机构的基本概念

（一）美国关于非营利表演艺术机构的界定

美国无疑是非营利表演艺术机构最为发达的国家，这里以美国为例分析非营利表演艺术机构概念的基本内涵。根据 2007 年美国经济普查的数据，美国非营利表演艺术机构总量为 4015 家，占总量的 44%，其中戏剧表演机构 2071 家、舞蹈表演机构 424 家、音乐表演机构 1450 家、其他表演机构（如马戏团）70 家，分别占到各门类机构总量的 57%、75%、32% 和 15%，具体见图 1。

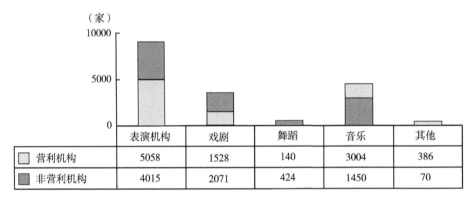

（家）

	表演机构	戏剧	舞蹈	音乐	其他
营利机构	5058	1528	140	3004	386
非营利机构	4015	2071	424	1450	70

图 1　美国非营利表演艺术机构所占比重

资料来源：2007 Economic Census.

关于非营利表演艺术机构，美国既没有关于这类机构的专门法律，甚至也没有关于非营利法人制度的专门法律，涉及非营利机构法人地位的具体规则大多集中于《国内税收条令》（IRC），因此学界普遍认为美国非营利机构界定源于该项条令，该条令的规定适用于一切非营利机构，当然也包括本文所讨论的非营利表演艺术机构。

该条令 501（c）（3）免税条款规定：为宗教、慈善、科学、公众安全实验、文学、教育、促进国家或国际间业余体育竞赛（其活动不涉及提供体育器材或设施）以及预防虐待儿童或动物而建立和运营的法人社团、基金会，其净收入不是为了保证使私人股东或个人受益，其实质性活动不是为了进行大规模宣传或影响立法，不以公共职位候选人（或反对者）名义参加或干预任何政治选举（包括出版或发表任何声明）。

根据该条款规定，非营利表演艺术机构就是以公益为目标、不分配利润、不从事政治活动的专门从事表演艺术的组织或机构。按照这个界定，非营利表演艺术机构具有如下三个方面的基本特征：第一，公共性，即其所提供的产品和服务并不服务特定的对象，而是服务于公共目标，以提高社会福利为己任；第二，不分配利润，即这些机构可以盈利，但却不能以盈利为目标，更不能为所有者分配利润；第三，主体性，即这些机构都是独立的公益法人主体，具备市场主体的地位。

（二）我国关于非营利表演艺术机构的界定

按照我国现有的政策文件，特别是《文化类民办非企业单位登记审查管理暂行办法》的相关规定，非营利表演艺术机构可以定义为，企业、事业单位、社会团体和其他社会力量以及公民个人利用非国有资产举办的、从事非营利性表演艺术活动的社会组织。按照这个界定，非营利表演艺术机构必须从事公益性活动从而保证其公共性目标，且不得获取投资回报从而保证其非营利属性。但是，由于立法上的先天缺陷，特别是其对于财产独立性和人格化的界定不清，致使无法厘清这些机构作为公益财团法人的主体地位。如《文化类民办非企业单位登记审查管理暂行办法》规定，非营利机构的资产属性必须为"非国有资产"，这几乎终结了国有文艺表演院团改制为非营利机构的可能性，这也是我国目前极少非营利表演艺术机构的重要原因。

而在科技领域，《关于非营利科研机构管理的若干意见（试行）》等一系列文件将民办非企业单位作为事业单位改革的重要方向，明确指出"主要从事应用基础研究或向社会提供公共服务，无法得到相应经济回报，国家财政给予经常性经费补助，确需国家支持的国务院部门（单位）所属社会公益类科研机构，经科技部、中编办、财政部、税务总局批准，可按本意见精神，按照非营利性机构运行和管理"。相比较而言，表演艺术领域尚缺乏这样的政策文件来具体界定非营利表演艺术机构的基本内涵和主要范围，导致非营利机构的设立与运营无章可循，这显然已经成为制约非营利表演艺术机构发展的重要制度瓶颈。

二、非营利化改革必要性的基本论证

（一）理论论证

从制度设计的角度而言，非营利表演艺术机构的使命是克服表演艺术领域的市场和政府的双重失灵，因此这些机构不以营利作为自身的目标，而是设定公共性的目标。这种公共性目标，主要是指市场无法或者不愿提供，政府提供又缺乏效率的那部分具有较强外部性的产品（见图2），如"高质量的艺术产品和高雅的品位"，或者"以低票价的方式吸引更多的观众和符合大众的需求"①。

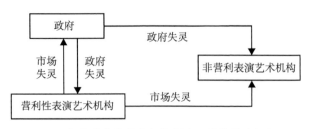

图2　非营利表演艺术机构制度设计的基本框架

这里我们不难看出，前者以提升艺术的品位与层次为要旨，如古典艺术的传承，这部分产品由于市场容量小，很难由市场提供；后者以提高艺术的普及程度与艺术教育为宗旨，如提供艺术的大众教育，这部分产品是低价甚至是免费提供的，市场自然也没有意愿提供。以京剧为例，笔者根据《中国文化文物年鉴》（2010）所提供数据，对109家京剧剧团（其中事业84家、企业25家）收支情况做了统计分析，结果发现其经费自给率只有18.25%。也就是说，作为国粹的京剧艺术，其外部性强、市场容量小、经费自给率低，如果按照市场机制来配置就必然出现市场失灵现象。而就整体而言，我国表演艺术行业的整体经费自给率仅为30%（欧洲、美国表演艺术行业的经费自给率分别约为40%和60%），这在一定程度上意味着如果表演艺术行业完全按照市场方式来配置资源，将会出现大量表演艺术机构倒闭。总之，表演艺术行业如果按照市场机制来配置资源必然出现市场失灵，但是由政府来提供此类产品亦非万能，又会出现政府失灵。我国表演艺术机构所提供的是基于政府计划的单一化、标准化的文化产品，因此部分公众的特殊需求得不到满足，且经常会出现供需错位的现象，加之政府预算投入的额度有限，此类产品的供给常常不足，无法满足民众的需求。因此，对于这些市场无法或者不愿提供、政府提供又缺

---

① Henry Hansmann. Nonprofit Enterprise in the Performing Arts ［J］. The Bell Journal of Economics, 1981 （2）.

乏效率的产品而言，非营利机构被视为克服双重失灵的"第三条道路"。

（二）实证分析

首先，我国现有事业制表演艺术机构规模庞大。我们知道，在文化体制改革之前，我国表演艺术机构基本上是事业体制一统天下，随着文化体制改革的深入，特别是《关于鼓励发展民营文艺表演团体的意见》等一系列增量改革措施的推出，民营表演艺术机构增幅明显，并构成了我国表演艺术的重要力量。但是，就其整体而言，存量部分改革的步伐较为缓慢，事业单位的规模依然庞大（见图3）。

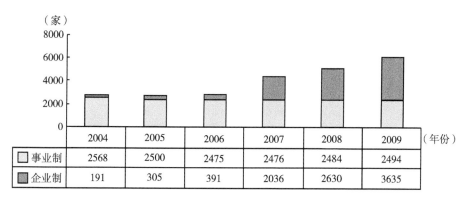

（家）	2004	2005	2006	2007	2008	2009	（年份）
事业制	2568	2500	2475	2476	2484	2494	
企业制	191	305	391	2036	2630	3635	

图3 表演艺术机构构成示意

资料来源：《中国文化文物统计年鉴》（2010）。

从统计数据来看，1978～2009年的30余年，事业制表演艺术机构的数量仅减少21%，仍然保持较高的水平。与此同时，这些事业制表演艺术机构占据了公共财政在表演艺术领域投入的绝大部分，这在一定程度上降低了财政投入的效果。统计数据显示，自改革开放以来的30余年间，财政拨款增长30余倍，但是经费自给率却下降了10个百分点（见图4），当然，这和表演艺术自身的特点，如由于"成本病"所造成的成本上升过快、生产效率提升有限等要素有关①，但是事业体制自身的效率低下恐怕也是重要的原因之一。

---

① Baumol, William J. Performing Arts: The Economic Dilemma: A Study of Problems Common to Theater, Opera, Music, and Dance [M]. New York: Twentieth Century Fund, 1966.

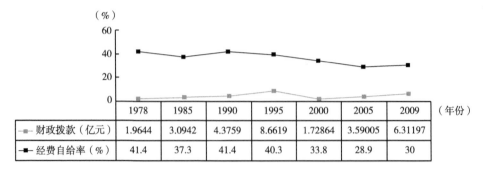

	1978	1985	1990	1995	2000	2005	2009	（年份）
― 财政拨款（亿元）	1.9644	3.0942	4.3759	8.6619	1.72864	3.59005	6.31197	
―■― 经费自给率（%）	41.4	37.3	41.4	40.3	33.8	28.9	30	

图4　表演艺术机构财政拨款与经费自给率变化对比示意

资料来源：《中国文化文物统计年鉴》（2010）。

其次，由于传统计划经济的体制原因，事业制表演艺术机构提供多重属性的产品，其中既有公共产品，也有俱乐部产品，又有私人产品，这在一定程度上造成其组织功能混乱。其实，从规范经济学的角度来看，表演艺术的很多产品，如私人产品或者俱乐部产品都可以由市场提供，即便是公共产品也未必由政府直接提供。从我国现有的事业制表演艺术机构的分布来看，几乎涵盖了所有艺术门类（见图5），其中既包含了外部性较强需要国家扶持的戏曲，也包含了市场化程度较高可以由市场来运作的话剧，这不仅造成了政府的"越位"与"缺位"并存现象，也导致现有的表演艺术机构功能混乱———一部分事业单位根本就不提供公共产品，而专注于市场化的盈利行为，却常常获得政府锦上添花的扶持；另一部分专注于公共产品提供的事业单位却因经费不足，而不得不勉为其难去盈利，终因市场失灵而举步维艰。

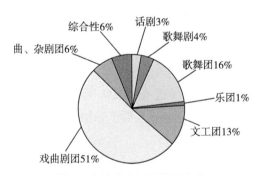

图5　表演艺术机构类型分布

资料来源：《中国文化文物统计年鉴》（2010）。

最后，我国表演艺术机构，无论是传统的事业体制，还是现行市场化改革中所推行的"事业单位、企业管理"模式，这些单位都缺乏科学的治理结构和优化的激励机制，存在政事不分、产权界定模糊、约束机制薄弱等诸多问题，导致这些机构缺乏自主性，管理体制僵化，运营效率低下，服务效果欠佳①。

可以说，在现有事业体制的束缚下，这些表演艺术机构发展障碍重重，政府提供缺乏效率，而表演艺术本身又具有较强的外部性，市场又无法或者不愿提供，因此，非营利机构不失为"第三条道路"。这条路径对于我国国有文艺院团而言显得尤为重要且值得尝试，这是因为：一方面我国表演艺术行业自身生存能力不高，特别是一些传统艺术的经费自给率极低，一旦市场化必然面临市场失灵的窘境，而非营利化改革通过投入补助、税收减免等多重手段能够在一定程度上避免这种市场失灵；另一方面非营利化改革能够推动现有国有艺术表演院团的社会化进程，使其从传统政事不分的附属状态解脱出来，成为独立的非营利法人，面向社会、独立地提供艺术产品与服务。

三、国有文艺演出院团非营利化改革的路径探索

（一）基于规范分类基础上的科学管理

自从 2003 年文化体制改革试点工作开展以来，文化事业单位的分类改革就开始逐步推开，其基本思路是将原来单一的文化事业单位分为"公益性文化事业单位"、"实行事业体制企业化运行单位"，以及"确定为企业的单位"三种类型，明确了不同的改革要求，实施分类管理。但是，国有文艺演出院团改革由于其整体的经费自给率只有 30%，对财政依存度较高，加之机构所涉及的行业以及区域差异较大，分类难度较大，导致改革明显滞后。目前国有文艺院团的改革方案，如两部委出台的《关于深化国有文艺演出院团体制改革的若干意见》还是遵循由易入难的思路，将"转企改制作为深化国有文艺演出院团体制改革的中心环节"，尚未拿出完整的分类改革方案，而各地改革的经验目前也无法提供现成的制度框架。我们认为，由于表演艺术自身的差异性，加之我国现有文艺管理体制的复杂性，恐怕很难拿出一个万全的分类改革

---

① 张晓明，齐勇锋．中国文化事业单位改革研究［A］．
李景源，陈威等．中国公共文化发展服务报告（2007）［R］．社会科学文献出版社，2008．

方案。

其实，从欧美发达国家的经验来看，表演艺术机构的分类多采用两部类法，即根据其提供产品的外部性将其分为营利性和非营利性。而且，十分有意思的是，这种分类不是自上而下的行政命令式分类，而是各艺术表演机构的自主选择，即各艺术表演机构根据所从事艺术门类的特征、自身的使命以及管理模式确立类别，其中定位为非营利性机构的不仅能够享受到国家税收减免等间接支持，而且能获得政府、社会的直接的资金支持，但是，它们必须保障其目标的公共性以及运营的非营利性，并接受相关法律、法规的监督①。

基于此，我们认为，我国现行的国有文艺演出院团的分类改革，要尽快出台规范评估体系，为分类改革提供参照系，并出台分类管理的政策与措施，为国有艺术表演院团的分类改革提供良好的外部环境，而至于如何分类则在政府指导前提下由国有艺术表演院团自主选择。由于篇幅的限制，本处所描述的只是分类的基本理念，至于分类的方法等问题将另文予以分析。

（二）基于法人主体基础上的社会化改革

自从改革开放以来，我国国有表演艺术院团所实施的改革都是以市场化和社会化为导向，只是由于文化体制改革的渐进性特征导致社会化改革具有明显的转轨性质，即在尚未确立法人主体地位的前提下的社会化改革，其经典表述就是"事业单位，企业管理"，这种改革最终由于"政事不分、政企不分"而导致了社会化改革不彻底、机构性质混淆不清、服务职能严重错位等问题，严重影响了改革的效果。

我们认为，现有改革将"转企改制作为深化国有文艺演出院团体制改革的中心环节"有失偏颇，特别是考虑到我国表演艺术行业需要建立多元市场主体的目标而言，过分倚重企业主体不仅不符合行业的现状，也在一定程度上偏离了文化体制改革的目标。我们建议，在强调企业法人主体建设的同时，也要加强非营利性法人主体的培育与发展，特别是加强现有还承担公共性职能的事业单位的非营利化改造，将其打造成为地位独立、经营自主、运转有效的非营利法人主体，从而为国有文艺演出院团的市场化与社会化改革提供基础性保障。

---

① Annette Zimmer, Stefan Toepler. The Subsidized Muse: Government and the Arts in Western Europe and the United States [J]. Journal of Cultural Economics, 1999 (23).

（三）基于政府主导下的投入机制

从全球范围来看，政府对表演艺术的直接或者间接投入仍然占据重要的地位，如英国政府对经常性资助表演艺术机构（Regularly Funded Theatre Organisations）的财政资助比例就高达50%，甚至更多。两部委出台的《关于深化国有文艺演出院团体制改革的若干意见》也特别指出，"积极争取有关部门支持，确保院团转企改制后原有正常事业费继续拨付，并通过文化产业发展资金等予以支持"。可以预见，由于我国表演艺术行业发展的转型阶段，政府投入在相当长一段时间内仍然占据主导地位。

因此，我们认为，新一轮的改革目标不是要甩包袱，减少财政投入力度，而是要完善投入机制，提高财政投入的绩效，特别是要实现产值投入由"养单位"、"养人"向"养事业"、"养项目"的根本转变。为此，要充分借鉴西方艺术基金的成功经验，特别是英国艺术基金会对经常性资助表演艺术机构的资助经验，创设文化艺术发展基金，通过项目补贴、项目资助等方式加大优秀项目的支持力度，同时要规范项目资助的契约管理，加强项目的跟踪监督，构建投入的约束和激励机制，提升投入的经济和社会绩效。

（四）基于理事会基础上的管理机制

《关于深化国有文艺演出院团体制改革的若干意见》指出，要"按照面向市场、转换机制、增强活力、改善服务的要求，着力提高事业院团市场适应能力和发展活力"。此举旨在理顺传统表演艺术机构的管理体制，实现政事分开，并通过社会化改革和机制创新赋予表演艺术机构生机和活力。

我们认为，按照这个思路，新一轮的改革要改变事业单位套用行政级别的做法，建立符合非营利性表演艺术机构的管理机制，特别是建立以董事会制度为核心的法人治理结构以及理事会决策、行政执行人负责的管理运行机制。理事会负责决定重大人事任免及审定业务发展规划、年度工作计划和财务收支计划等重大事务，行政执行人则负责业务和日常管理工作，从而构建决策、执行、监督分权制衡的监管制度健全、治理结构规范的管理体制。

不能再让农村的文化消费"裸奔"^①

魏鹏举

尼尔·波兹曼在《娱乐至死》一书中提出，有两种方法可以让文化精神枯萎：一种是让文化成为一个监狱，另一种就是把文化变成一场娱乐至死的舞台。尼尔的盛世危言在我们的农村毫无遮拦地"裸奔"着，最近被广泛关注的农村葬礼"脱衣舞"事件，以"至死的娱乐"新民俗方式，深深地刺痛着我们的文化神经。

"脱衣舞"这种奢侈的娱乐表演，即使是在文化消费尺度开放的一些发达资本主义国家，也只有成年人允许在有限的特许娱乐场所、花大价钱才可以看得到。而在文化部通报的案例中，这种特别而奢侈的娱乐活动却是在农家大院的草台上公然上演，况且台下张望的面孔有许多还稚气未脱。这是我们在推进文化繁荣发展的进程中，必须正视的一种畸形文化生态现象。如果追寻一下此类"脱衣舞"表演的文化消费旅程，早些年在一些城市的歌舞厅里或城镇集市上屡屡上演，随着城市文化消费治理力度的加强，"脱衣舞"逐渐深入基层。

广大农村，不仅是最大多数中国人的家园，也是中国文化"乡愁"的根植所在。并非个案的葬礼"脱衣舞"现象，不仅让我们反省基层文化消费及其规制问题，也自然会令我们对中国文化价值生态的健康发展产生忧虑。我们必须认真对待这一并非常态的基层文化消费病理现象，究其因，查其实，多措并举，合理施治。

葬礼"脱衣舞"现象反映了农村文化价值失范与文化生态失衡的双重文化症候。在传统的乡土文化社会中，很难想象会有这样"赤裸裸"的文化娱乐出现。在我的农村生活记忆中，葬礼是慎终追远的严肃礼仪，人们在这样的

---

① 魏鹏举. 农村畸形文化消费之痛［N］. 人民日报，2015-05-05（14）.

场合是不可以笑闹的，即使是"老喜丧"，也不会允许不严肃的娱乐。这在传统乡俗文化语境中，既是发自内心的自律，也是集体性的他律。在这个巨变的时代，大量的农村人口开始流动，许多乡村在利益的侵蚀下日渐萎缩乃或消亡。文化价值示范和文化生态失衡同时发生，失去灵魂的文化消费在利欲的荒原"裸奔"。优秀传统文化价值传承与生态重建已经成为时代的重大主题，葬礼"脱衣舞"的事件提醒我们，核心价值建设尤其需要根植乡土，而不是口号标语的浮华。

罔顾礼义廉耻的畸形文化消费肆意"裸奔"，在很大程度上也折射出基层文化治理的缺席。基层文化治理至少包含两个层次：一个是乡民自组织治理，另一个是政府公权力治理。目前，在我国的农村文化发展实践中，这两个文化治理层次都或多或少存在问题。长老治理或宗祠体系在中国农村早已经凋零，而政府的文化体制改革及治理的重心也在城市，农村成为文化治理的荒野废地。当前，国家文化部已经明确发声要严厉打击类似事件，严格治理文化消费乱象，这无疑是必要而及时的，但显然仅靠文化行政部门的作为不够。文化发展具有很强的地方差异性，农村文化建设的长久之计，不仅需要政府性的强制，更需要社会化的自治，推动基于乡土社会的文化自组织体系的建设，这是我国建立现代文化治理体制的重要内涵。

文化消费的畸形也说明文化供给的缺陷。如果因为出现这样的事件就认为农村公共文化服务体系建设不足，这种判断有失公允，也缺乏研究。近些年来，国家高度重视公共文化服务体系的建设，强调重心下沉，农村公共文化服务体系的建设力度很大，从投入的相对值来算，农村的公共文化人均投入甚至超过了城市，基本公共文化设施也已经形成了全覆盖。根本的问题不在于公共文化设施建了多少，也不在于投入了多少，而在于有效使用了多少，在于实际文化参与程度如何。况且，公共文化服务体系建设目的主要是满足基层民众基本文化需求，文化需求的地域差异或个性差异显然不是公共文化建设的职责所在。针对农村文化消费的现实问题，公共文化服务体系建设需要改进的重点是要进一步加强针对性和参与性，同时要尊重农村文化消费的实际，避免过多、过滥、武断的公共文化供给，因为这种做法，不但会形成公共投入浪费，可能还会导致公共文化厌倦，甚或产生对正常文化消费的挤出效应。

从文化精英的立场，我们往往想当然地认为农民还处于满足"文化温饱"的阶段，忽视了农村农民同样有着个性化、差异化、多样化的文化需求。文化企业也觉得农村文化市场消费力不足，高度分散，高水平、高质量的现代文化市场无暇顾及农村农民。农村文化需求得不到正视和重视，文化消费缺乏健康引导，文化市场野蛮生长。从"脱衣舞"事件的相关报道可以看出，演出收入不菲，农村的文化消费市场还是很可观的。我曾经在厦门调研一家民办的南音戏曲艺校，它们很重要的收入就是给周边乡邻演出。政府应当大力扶持农村文化市场体系的建设，既可以有效满足差异化、个性化农村文化需求，也可以发掘农村文化资源和文艺人才，让农村的文化消费也变得优雅而有品质。

影视传媒

中国电影产业或将面临的发展陷阱及其原因①

何群

　　2012 年底，影片《泰囧》一举拿下 12 亿元票房收入的盛景还历历在目，2013 年春节期间开始上映的《西游·降魔篇》再突破了 12 亿元票房。本季贺岁档国产电影不断创下的单片最高票房、单日最高票房、单日最高观影人次、最快破 10 亿元票房等一系列历史纪录，与如潮的观影人流、一路飙升的上市电影公司股价一起，共同打造出了一个中国电影史上迄今最成功的档期。对此，很多媒体惊呼一片，"2012：中国电影终于扛过来了"②，"2013 年的贺岁档无论数量还是质量都远超以往，堪称'前无古人'；中国电影在经过最近 5 年来的高速发展之后，已经取得了非凡的突破"③。金融、证券等金融投资机构也纷纷表示，"电影业进入高速增长期，投资机会凸显"④，"电影产业星光灿烂"⑤。与之相佐证的，还有国家广电总局公布的令人振奋的数据，2012 年中国电影的票房收入高达 170 亿元，同比增长 30.18%；2002 年以来，中国电影票房以年均 39%的增速，在世界范围内保持领先。

　　中国电影产业的高速增长及其所带来的市场繁荣景象，似乎都在预示着它未来的发展坦途和光明前景，然而，发展经济学的研究表明，任何经济体或产业在快速发展到一定程度后，都会面临各种"快速发展中的新问题"，从而导致增长动力不足，面临发展"瓶颈"，最终出现发展停滞或徘徊的状态。通常

---

　　① 何群. 中国电影产业或将面临的发展陷阱及其原因 [J]. 电影艺术，2013 (4)：52-59.

　　② 苗春. 2012：中国电影终于扛过来了 [N]. 人民日报（海外版），2013-03-04.

　　③ 陈鹏. 中国电影贺岁档出现前所未有"井喷" [EB/OL]. 新华网，http：//news.xinhuanet.com/2013-01/05/c_ 114258745. htm，2013-01-05.

　　④ 姚波. 电影业进入高速增长期投资机会凸显 [N]. 证券时报，2013-02-25（B09）.

　　⑤ 许耀文. 传媒行业电影产业星光灿烂 [J]. 证券导刊，2013 (8)：46-47.

我们把这种状态称为"发展陷阱"。显然，当下的中国电影产业正处于高速发展的进程中，即使出现了类似 2012 年上半年由于进口片配额大增国产片票房收入下滑的现象，影响也是短暂的，并未改变其宏观发展态势。但是这并不表明，几乎高歌猛进了十年的中国电影产业不会出现"快速发展中的新问题"。事实上，通过对相关统计数据的分析，我们可以清晰地看到，中国电影产业的发展速度已经趋缓，相关联的一些问题不断凸显。如若我们依然熟视无睹，中国电影产业就有可能会陷入"发展陷阱"。

一、中国电影产业或将面临的发展陷阱

本文所谓的"发展陷阱"，借用世界银行 2006 年的《东亚经济发展报告》中关于"中等收入陷阱"的基本内涵，即"进一步的经济增长被原有的增长机制锁定，人均国民收入难以突破 10000 美元的上限，一国很容易进入经济增长阶段的停滞徘徊期"[①]，以此来指称国内电影产业在快速发展过程中集聚的问题和困难越来越多、自身体制与机制的更新进入临界、产业增长回落或停滞的现象。中国电影产业当然还远没有到发展停滞的程度，但增长回落的迹象已然明显。这通过以下的数据[②]分析可明显看出。

(一) 国产电影的发展速度在放缓

这从国产电影的票房增速和贡献率的下降可以明显看出。如图 1 所示，国产票房的增速在 2005~2008 年还保持在比较高的水平，但之后就开始持续下降。其中，2011 年的国产电影票房增速同比下降了 41 个百分点，2012 年又较 2011 年下降了 4 个百分点。这说明国产电影的票房增长速度近两年大步放缓，已低于 2007 年的增速。与之相应，如图 2 所示，自 2008 年以来，新增票房中国产票房所占比例即贡献率，呈现出逐年走低的趋势，2011 年和 2012 年的下降幅度更为明显。这说明推动我国电影票房高速增长的力量，更多的是进口影片，而非发展速度越来越慢的国产电影。

(二) 电影产业的经营效率在下降

如图 3 所示，我国电影票房虽然保持了连续多年的高速增长，但从 2011 年开始总票房增速开始大幅度低于银幕总数的增速，电影单块银幕的产值连续

---

① 马岩. 我国面对中等收入陷阱的挑战及对策［J］. 经济学动态，2009，7（7）：42-46.

② 本文图表中的数据除特别注明外，均来源于尹鸿等撰述的历年《中国电影产业备忘》。

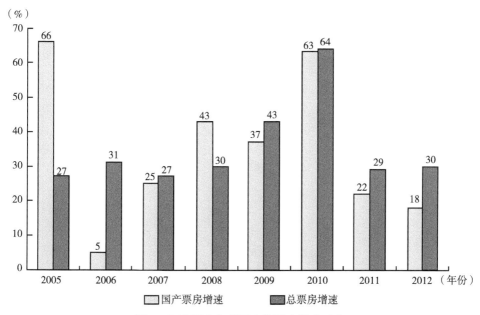

图 1　国产票房和总票房的同比增速对比

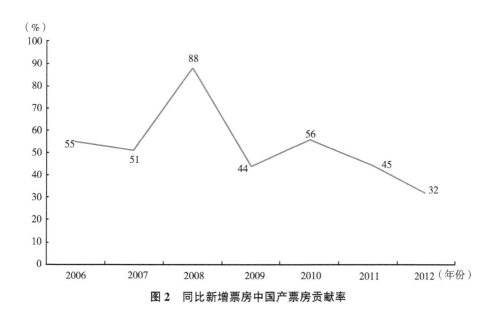

图 2　同比新增票房中国产票房贡献率

下降。这说明我国电影的高票房开始更多依赖于银幕或影院的增加，而非国产影片的票房产出。这种趋势，与我国一直居高不下的超过80%的影片亏损率一起，成为我国电影产业整体经营效率低下的表征。

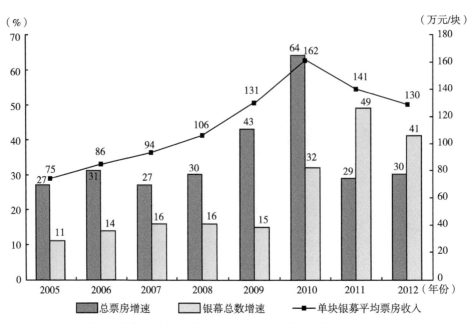

图3　票房增速与银幕总数增速对比及单块银幕年产值变化

（三）国产影片的创新实力在下滑

这主要表现在三方面：一是国产影片的有效供给率一直很低，具体体现在影片的生产数量不断攀升，但影片的公映率一直很低，如图4所示，即使是在银幕数量大幅增长的情况下，最高也仅达到三成。而在公映的影片数量中，真正能够票房盈利的影片不超过20%。这表明大量的国产影片要么质量低劣、虽生犹死，要么其创新或个性表达得不到市场的认可，难以产生任何经济和社会效益。二是近年来卖座影片的样式越来越单调和匮乏，只有古装动作片、爱情片、喜剧片等极少几个影片类型具有票房号召力。这意味着拍摄任何其他样式的影片都不得不承受巨大的商业风险，即使是积累了12部高票房电影人气的冯小刚在拍摄《一九四二》时也不例外。这无疑降低了中国商业电影的多样性以及创新的活力。三是国产影片的创作水准低下，欠缺深邃的思想启悟和动人的艺术魅力。对此，电影发行人赵军在感慨《少年派的奇幻漂流》的"哲学深度"时一针见血地指出，"今日中国电影没有形而上的思考，也没有形而下的想象，正在呈现出灵魂枯竭的状态"①。恐怕这也正是《画皮 2》、《泰囧》等很多影片"叫座不叫好"的主要原因。

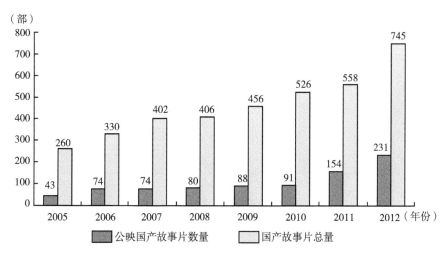

图 4　国产故事片生产数量与公映影片数量的对比

（四）国产电影的国际竞争力在减弱

从图 5 可以看出，自 2010 年中国电影海外发行总收入达到历史最高点 35.17 元之后，连续两年收入大幅下跌，2012 年仅为 10.63 亿元，相当于 2004 年的中国电影海外收入水平；与此同时，美国分账片占中国总票房比例始终保持在高位。美国电影在中国市场的"进"与中国电影在海外市场的"退"，说明国产电影的国际竞争力在逐步、快速下降。

由上述分析可见，中国电影产业正在进入十年来的首个下行通道，多项重要指标跌幅甚至在 10 个百分点以上，形势之严峻远超我们的想象。然而，这一危机与漂亮的宏观增长数据和少数几部破票房纪录的影片的光环比起来，似乎显得那么无足轻重。政府在公布每年的电影产业发展数据时，只报增长不说亏损；媒体在报道中只关注大明星、高票房，鲜有产业的深度调查与分析；投资者追"高"杀"跌"，趋之若鹜；还有不惜牺牲总票房悄然启动的国产影片

① 凤凰网娱乐. 电影发行人赵军：国产片呈现出灵魂枯竭的状态［EB/OL］. http：//ent. ifeng. com/movie/special/lifeofpi/content-6/detail_ 2012_ 12/08/19973160_ 0. shtml，2012-12-08.

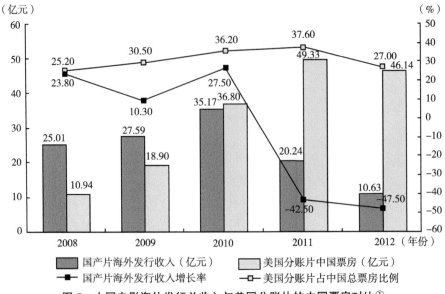

图 5　中国电影海外发行总收入与美国分账片的中国票房对比①

保护措施；等等。这些做法不仅掩盖了真实的困境，更危险的是它助长了困境的进一步延伸，使得倒逼变革的压力不足，最终很有可能导致"发展陷阱"的出现，即在影片大面积亏损的状况已经产生、影院的低收益运营已然呈现的状况下，还有更多的资本进入、更多的项目开工和更多的企业介入，整个电影产业不断地在高开工率—平均低收益率—更高开工率—更低收益率的低水平上循环往复，陷入发展停滞或徘徊的状态。

二、中国电影产业或将面临发展陷阱的原因

为了尽可能地避免中国电影产业或将遭遇的发展陷阱，有必要追究其形成的各种原因。只有把原因梳理清楚了，相关各方才能有根据地对症下药。

（一）政府的文化 GDP 偏向

自从国家提出要实现"十二五"期间文化产业增加值占 GDP 的 5%，我国文化产业与 GDP 之间就产生了紧密的关系。GDP 是国际比较通行的用来衡量一个国家经济状况和发展水平的重要指标，通常指的是一个国家或地区一定时期内境内所有生产活动的最终成果。把文化产业与 GDP 联系起来，就意味

---

① 艺恩咨询，http：//www. entgroup. com. cn/research/detail_views. aspx？id=15751&typeid=16.

着要把文化产业纳入 GDP 的统计体系，或者用 GDP 的各项经济指标来促进和衡量文化产业的增长，有研究者将此现象称为"文化 GDP"①。

虽然早在 1999 年世界银行就指出，文化是经济发展的重要部分，文化产业是世界经济运作方式与条件的重要因素，但是直接把"增加值占 GDP 的5%"作为一段时期内文化产业的发展目标，并上升为国家发展战略，则属于我国的创举。我们看到，自《中共中央关于深化文化体制改革、推动社会主义文化大发展大繁荣若干重大问题的决定》、《关于金融支持文化产业振兴和发展繁荣的指导意见》、《关于促进电影产业繁荣发展的指导意见》等文件发布以来，在电影领域，为了达到国家提出的"电影经济总量年均增长速度达到 20%以上"的发展目标，各地政府纷纷加大电影产业建设力度，出台了一系列硬性规划指标。例如，江苏省全面推进电影工作，要求到"十二五"末全省电影年产量达到 30 部；2012 年底在全国率先实现县级数字影院全覆盖；到"十二五"末，力保全省电影经济总量年均增长 30%以上，全省票房收入比"十一五"末翻两番。福建省要求全省到 2015 年电影生产数量达到每年 10部以上；2014 年底基本实现省定综合改革建设试点小城镇均有数字化影厅；2015 年底前，实现每个区市一块以上 3D 银幕，基本实现全省城镇居民平均每5 万人拥有一块银幕，全省影院票房收入达到 6 亿元以上。青海省则要加快实施影视外景基地建设，组建青海电影发展集团等六大工程等。

不可否认，这些电影和整个文化产业领域里经济指标的制定和实施，给电影产业带来了前所未有的发展机遇和大量的经济资源，有力地推动了文化产业的发展。首先，各项产业扶植、财税优惠政策的制定，使电影产业获得了空前的政策支持力度；其次，拓展投融资渠道，为电影产业吸引和注入了大量的资金；最后，数字影院、影视基地等各种电影设施的大规模建设，快速拓展了电影的市场空间。正因如此，国内单部影片的票房才有了屡屡突破 10 亿元的可能，中国的电影产业才有了亮丽的宏观增长数据。

然而，电影产业毕竟不是一般的经济部门，电影的产品——影片也非一般物质产品。它不仅具有经济价值，更重要的是其具备文化价值，即一种包含了审美价值、精神价值、社会价值、历史价值、象征价值、真实价值等在内的

---

① 余曼，宋斌. 浅谈文化 GDP [J]. 求是，2008（S1）：281-283.

"多样化的、变动中的观念"①。对于这种"观念",显然是无法用 GDP 等经济指标来衡量的。追求文化价值是电影作为文化产品的本质体现,电影产品和电影产业的文化价值不断得到提升,才是电影产业真正兴盛的表征,而这一点,同样是无法通过增加产值、扩张规模就能够实现的。因此,在电影产业的发展过程中,通过经济手段追求电影产品的经济价值和电影产业的 GDP 十分必要;通过兼容并包、无为而为激发文化创造活力,营造文化养成氛围,提升电影产品文化价值,扩大电影产业的文化影响力更为重要。欠缺其中任何一方,电影产业都会走上歧路甚至是死路。

事实上,近年来我国各级政府在促进电影产业发展过程中,已经出现了比较明显的文化 GDP 偏向。如不少省市的"十二五"规划过于强调文化产业占 GDP 比重,电影产业发展规划则大多以电影经济总量的增速为核心,强调电影增长的经济指标,重视相关联的固定资产投资,而对提升文化产品的文化价值、提高文化产业的质量和效益则少有重视和举措。同时,为了完成文化 GDP 指标,不顾市场规律,在电影方面盲目上马大型主题公园、产业园区、大片等大工程、大项目,或者把跟文化产业关联很小的房地产、城市改造等建设项目纳入进来滥竽充数,唯独鲜见有关文化创造力、文化消费市场的培育措施。这种偏向,一方面使得近年来我国电影产业的制片数量、影院规模和影视基地增长很快,但与此同时影片的质量不高、市场接受度低、产能过剩、影院上座率低、同质化竞争愈演愈烈,影视基地等大工程、大项目大都沦为形象工程,亏损现象十分普遍,数量与质量、规模与效益的失衡已日益突出。另一方面由于电影产业的 GDP 指标都由政府来主导和操控,其成绩还要纳入政府绩效考核范围,这种偏向会使得一段时期内政府对于电影产业发展的主导作用将一直很强大,无形中压抑了市场那只"无形的手"的作用的发挥,从而推延我国电影产业市场运行机制和文化养成氛围的建立。在无法有效平衡数量与质量、规模与效益以及政府与市场的关系之前,我国电影产业很难说不会坠入发展陷阱。

(二)大量资本的助推

近年来在电影市场化改革和国家相关产业政策的强力扶持下,电影产业已经成为各类资本活跃的重要领域。尤其是近两三年来,国内电影投融资已经从

---

① 戴维·思罗斯比. 经济学与文化 [M]. 中国人民大学出版社,2011:30.

2007 年、2008 年时的"星星之火",逐渐燎原而成一种"热钱涌动"的火红气象。政府方面,不仅用于扶持电影等文化产业的相关财政投入显著增加,而且不少地方政府为了宣传当地形象,或一些部门因应时局需要,还把大笔资金投入影片拍摄等市场行为中。例如,在影片《唐山大地震》1.2 亿元投资中,唐山市政府的主导性资金就占了 50%;湖南通道县政府则拿出年财政收入的1/40,拍摄了电影《通道转兵》等,由此可见其总体投资规模不可小觑。金融机构方面,国内各大银行几乎都加大了对影视产业的参与力度,据本文不完全统计,2004~2012 年,银行向影视产业发放的公开披露的信贷资金已经超过13 亿元。其中北京银行的表现最为突出,截至 2011 年 10 月末,北京银行已累计审批文化创意类贷款金额 280 亿元,其中影视行业审批通过金额近 30 亿元,占比超过 1/3①。上市融资方面,仅华谊兄弟、博纳影业、光线传媒 3 家内地影视公司 IPO 募资就超过了 30 亿元。与此同时,许多 PE、VC 乃至民间资本也纷纷大幅涌入。清科研究中心数据显示,仅 2011 年中国影视制作与发行行业披露投资金额的 8 起投资事件中,投资总额就高达 1.36 亿美元②。至于近来蜂拥而起的文化产业基金,相关机构数据显示,截至 2011 年底,数量已有 100 余支,披露的募集资金总量超过 1300 亿元,而电影产业始终是这些基金投资的重要领域。

如此巨量的、源源不断地进驻的资本,对于电影产业的推动作用是非常明显的。它们极大地缓解了电影产业的资金饥渴,使得国内电影公司的融资途径和方式达到了空前的丰富与灵活。更重要的是,一些高质量的投资方的进入,给成长中的电影企业带来了更加专业化、国际化的管理方法,促使电影公司向现代企业形态转型。如华谊兄弟传媒集团公司通过与外部金融机构的合作,建立起了严格、规范的财务管理制度,公司上市后,来自证券市场的监管信息披露制度和董事会、监事会的监管、问责制度等,则使公司的管理更加公开、透明、有效,同时还有效地建立起了股权、期权等人才激励制度,吸引了大批高层次人才,资本的影响力由此可见一斑。而在众多的投资中,尤以专业化影视或文化产业投资基金的出现对于电影产业的促进作用最大。从美国电影产业的经验来看,影视或文化产业投资基金进入电影企业或项目,投资方往往不仅对

---

① 范璟. 北京银行博纳亿元贷款小标本 [EB/OL]. http://finance.eastmoney.com/news/1354, 20111213181903788.html, 2011-12-13.

② 李婧. 2012 年影视投融资谁在接盘 [N]. 中国文化报, 2012-03-31 (003).

所投资公司或项目的财务进行监督、管理，还会严格审查电影项目的可行性，并始终追踪项目与目标消费市场的对应性，甚至有时还能够根据所需帮助公司建立高效的组织结构，找到清晰的盈利模式，甚至输送高级管理人才。这种方式，显然会在很大程度上减少电影盲目生产和投资的风险。同时有利于电影公司建立现代企业制度，增强核心竞争力，有利于电影产业的规范化、可持续性发展。因此，影视或文化产业投资基金应该是最适合电影产业的专业性投资方式。

我国真正专注于电影产业投资的影视或文化产业投资基金的起步比较晚，国内首支以影视产业为主要投资方向的投资基金———壹影视文化股权投资基金 2009 年才成立。虽然 2010 年以来专注影视产业的投资基金发展很快，境内外基金总数已有 20 余支，声称募集资金的规模超过了 200 亿元，但由于刚刚起步以及国内投融资机制不健全等各种原因，大多数基金的投资"雷声大，雨点小"，披露的有影响力的投资项目寥寥可数，其应有的作用远没有发挥出来，因而对整个中国电影产业的影响还极为有限。

除了影视产业投资基金、行业自有资金等专业性比较强的资本外，目前活跃在电影产业投融资领域的大多是非专业化的业外资金。这些资金由于既不懂电影艺术规律，也不了解电影市场规律，加上缺乏相应的电影版权价值评估、电影完工担保等电影投融资配套服务机制的辅助，缺少专业电影金融团队和人员的操盘，投资往往带有极大的盲目性。其中，政府的投资重视"主旋律"，强调宣传，催生了不少非市场化的电影产品；银行贷款缺乏权威、统一的电影版权价值评估标准，经常硬性套用其他行业的规矩来要求电影；还有行业外资金中占比最多、最典型的来自房地产和矿产资源行业的资金[①]，常常是冲着电影产业的高增长所带来的投资机会而来，以资本的高额增值为目的。为了盈利，很多投资项目竞相聘请大导演、大明星，极大推高了行业运作成本。它们盲目跟风，使得电影的同质化竞争愈演愈烈。此外，还有一些根本不考虑市场需求、不计成本投入的"玩票"资金、"洗钱"资金等。大量的非专业甚至是非正常资本的进入，使得今天的电影产业热得烫手，泡沫日益泛起；一旦投资失败大量的游资一窝蜂撤走，将来留下的也许就是泡沫破灭后的电影发展陷

---

① 刘扬. 资本狂潮下的电影乱象，受伤的热钱———电影投资带着爱来怀着恨走 [J]. 数字商业时代，2011：60-66.

阱。由此可见，对于电影产业来说，资本是一把"双刃剑"。成就电影产业的是它，运用不当毁灭电影产业的可能也是它。怎么样引导蜂拥而至的资本回归理性，如何创造条件降低投资风险，使它们进得来、留得下，同时不断走向专业化，以最大限度地有利于电影产业发展，或许正是电影界目前要考虑的紧迫问题。

（三）产业链升级的不足

近年来，无论是中国电影集团、上海电影集团等"国家队"，还是华谊兄弟、博纳国际等上市民营企业，抑或有一定实力的院线公司、影视基地甚至影视投资公司，几乎都在谋求或者强化自己的全产业链布局，进行全产业链经营。所谓全产业链，即电影产业链，是电影产业运行中不同环节和不同产业形态间相互作用的价值关系的反映。传统的电影产业链通常是指包括电影制作、发行、放映在内的产业流程。但随着电影产业的发展和"大电影产业"① 概念的建立，电影产业链不断向前后端和周边延伸与细分，于是前端加入电影投融资过程，后端加入衍生产品生产和经营环节，并在同时不断拓展其发行、放映渠道，形成了现代大电影产业链构成系统②。

从目前看来，国内各个电影公司在架构自己的全产业链时，主要依循的还是传统电影产业链"制作+发行+放映（院线+影院）"的垂直一体化路径。于是我们看到，华谊兄弟等制片公司开始向发行、放映领域进行前向控制，星美传媒等院线公司向制片、发行环节做逆向兼容，博纳国际等发行公司则向制片和影院实施两极拓展。其中最得到各公司重视的是影片制作和影院建设环节。因此，中国电影产业的制作、发行和院线规模得到了空前的壮大，直接导致我国电影制片数量和银幕总数迈入了世界前三甲，收获了全国城市票房收入每年高达30%的惊人增长速度。

不可否认，在国内当下的电影产业环境中，全产业链经营对于某一家有实力的电影公司来说，可能是最经济、快捷、有效的一种发展方式，而且对于中国电影产业和市场整体规模的扩大也有积极的作用。但这并不是说，电影公司的最佳选择就是中国电影产业的最优发展路径，相反，由于电影公司争先恐后的全产业链经营所导致的同质化竞争，已经开始影响我国电影产业整体的生产

---

① 巴里·利特曼. 大电影产业 [M]. 清华大学出版社，2005.

② 何群. 当下中国电影公司全产业链经营模式的问题和对策 [J]. 山东师范大学学报（人文社会科学版），2012，57（1）：124-133.

和经营效率的提高。我们看到，一方面，全产业链经营使得很多电影公司只顾跑马圈地、囫囵吞枣，不管主营业务的精深掘进，加上专业人才短缺，导致粗陋之作泛滥，生产、经营水平难以提升。我国现在每年生产出的大量的无效电影产品，众多的硬件差别不大、放映内容无特色的影院，以及由此显示出来的庞大的无效投资规模或极低的投资回报率，就是我国电影产业整体生产效率低下、产品质量不高的明证。另一方面，电影公司纷纷进行全产业链扩张，当产业扩张速度大于市场拓展速度的时候，其发展的力量就会由于过度竞争而互相牵制、抵消，最终难以形成一股合力来推动电影产业快速前行，从而影响电影产业的整体经营效率和发展速度。国内这两年的影院高热度投资，一定程度上已经显现出影院或院线相互挤压、都越来越难以形成规模的态势。如果电影产业整体的生产和经营效率持续低下，不加以改善，无疑会影响人们（包括投资者和观众等）对于中国电影产业的信心，甚至带来电影市场的萎缩。

国内电影公司也在积极向大电影产业链推进。这主要表现在国内的电影公司正在不遗余力地伸展拳脚，在产业链的上游打通资本市场，中游拓展发行渠道，下游开发衍生产品。华谊兄弟公司和博纳国际影业的整体上市，已经使其成为国内电影公司延伸上游的榜样，并激发了更多电影公司的跟进。与此同时，除了不断扩大院线和影院等传统发行、放映渠道的规模，不少电影公司都在网络视频点播、电视播放、数字电影发行、海外发行等其他渠道方面进行探索，明显丰富了电影发行的渠道，网络视频点播甚至已成为电影公司越来越重要的收入来源。衍生产品虽然一直是国内电影产业的薄弱环节，但发展它已经在业界内外形成了共识。然而，国内公司这种向大电影产业链的推进，基本上还只是一种尝试，还远未触及现代大电影产业链的本质。

从美国的经验来看，现代大电影产业链是将电影产业中的生产、发行与放映业分离之后的产物，是其电影公司在经营业务上不断做减法，将其非主营业务部门外部化，从而与相关联企业形成一个开放、协作而又具有紧密内在联系的横向价值链的经营模式[①]。也就是说，企业内的投融资环节，必须演化成企业之间的、包括诸多中间环节和第三方机构在内的、紧密配合的市场化投融资机制，才能成就大电影产业链前端的资本链；而一部影片的制作、发行和放映

---

① 何群. 当下中国电影公司全产业链经营模式的问题和对策 [J]. 山东师范大学学报（人文社会科学版），2012，57（1）：124-133.

过程，同样也必须从一个企业内部的封闭流程，转变成诸多核心业务各异的专业化公司的分工与协作，才能最大程度地发挥各要素的优势，做出高水平的电影产品；而电影公司之间则应该尽力避免你争我夺、血拼到底的"大鱼吃小鱼，小鱼吃虾米"的对抗性竞争，而以一种错峰竞争的"自觉并存"（Conscious Parallelism）意识，去寻找电影市场的更多"蓝海"，这样，才能齐心协力共同把整个电影产业和电影市场做大做强。但显然，国内的电影公司目前还主要在做加法，还在不约而同地营造一个个独立自足的闭环运营结构——自己制片、自己发行、在自己的影院里放映，拼命去竞争，向大电影产业链的拓展不过是一种对现有模式的补充。在企业普遍倾向于营造各自的电影王国的状态下，中国的电影产业链也就仍然停留在传统电影产业链的低层次循环运转中。想要摆脱这种状态，中国电影产业就必须对产业链进行升级。

（四）外延型增长方式的衰落

与我国经济的粗放型增长方式相应，我国电影近年来也主要表现为外延型增长方式，即主要依靠制片、院线、影院等生产要素的数量扩张来实现产业增长。据统计，电影产业化改革后，我国的制片业迅速扩张，"目前我国注册的电影制片企业有 2000 多家"[①]，2012 年故事片产量比 2003 年翻了两番，年复合增长率达到 20.4%。同时，院线制改革使得影院建设迅速发展，影院数量从 2002 年到 2012 年 10 年间增加了 3 倍，银幕数量从 2003 年到 2012 年增长了近 6 倍，IMAX 银幕近 5 年复合增长率超 70%[②]。这些生产要素的快速扩张，直接导致票房收入的大幅增长，使得电影市场的空间不断扩大。

然而，随着电影产业各生产要素的数量快速攀升，相应的质量需求得不到及时满足，各要素之间的关系得不到平衡，就会导致结构性失衡，丛生出许多问题，加大电影产业步入"发展陷阱"的可能性。

首先，生产要素的过快增长导致竞争加剧，制作与经营成本迅速提升。在影片制作方面，2007 年以前，一部投资 800 万元的影片，可以请到我国港台等地的大腕明星，还能保证后期制作费用。到 2012 年，一两千万元都不一定够付演员片酬，几位主要演员的片酬占据了一部电影总成本的 50% 以上，有的甚至高达 70%~80%。在影院经营方面，2012 年，"根据租金增长情况测

---

① 中国 IMAX 银幕增速最快近 5 年复合增长率超 70%［EB/OL］. 凤凰网科技，http：//tech.ifeng.com/internet/detail_2012_07/24/16263671_0.shtml，2012-07-24.

② 范丽珍. 电影票房分账比例纷争，期待理顺制发放之关系［J］. 当代电影，2012（04）.

算，平均一个座位的投资成本已从几年前的 8000 元涨到了 2 万元左右，一个电影院按 1400 个座位计算，投资成本近 3000 万元，要 5~8 年才能收回成本"，同时，有的"影院租金与影院票房收入直接挂钩，分账比例为 13%~15%，此外还要从电影院商品销售与电影院广告收入中提取相应比例的提成"①。如此高昂的租金，显然极大地增加了影院的运营成本，加大了其生存压力。并且由于制作成本和影院经营成本等的共同提升，利润空间不断压缩，还导致了制片、发行和院线、影院等要素之间的激烈竞争，甚至相互倾轧。发生在 2012 年贺岁档前夕的国产电影分账之争就是一个典型的例子。

其次，内涵或品质与要素增长不匹配导致竞争力下降，经营效率低下。这突出表现在：其一，国产影片创作水准的提高，远远赶不上其数量的增长，"叫好又叫座"的影片奇缺。而其后果是不仅众多影片"灵魂枯竭"，艺术质量下滑，而且国产片盈利能力急剧下降。其二，观影人次的提高，远远赶不上放映场次的增长，影院的经营效率降低。据统计，2012 年全国电影市场放映将近 2000 万场，激增 65% 以上，但全年观影总人次为 4.6 亿人次，涨幅只有 25%。2011 年场均人次为 32 人，2012 年场均人次已降至 23 人，影院的平均上座率明显下降②。并且国内观影人次的增速自 2010 年之后也呈现出逐年下降的趋势。这些数据表明，随着银幕越来越多，影院的经营越来越困难，电影产业的实质性增长势头越来越慢（见表 1）。

表 1　2007~2012 年中国城市观影人次情况③

年份	2007	2008	2009	2010	2011	2012
数量（亿人次）	1.30	1.70	2.10	2.84	3.68	4.60
增速（%）	36.84	30.76	23.52	35.23	29.57	25.00

最后，资本的产出远远赶不上资本的投入，投资效率低下。这一方面表现在每年高达 80% 以上的影片投资，由于无法上映或者亏损基本没有效益。另一方面即使盈利的影片，除了极少数如《泰囧》、《失恋 33 天》等小成本影片

---

① 王慧丽，文依. 电影院给地产商打工？[N]. 人民日报海外版，2012-12-17（007）.

② 五明. "数"说 2012 电影产业：170 亿背后的真相 [EB/OL]，http：//yule.sohu.com/20130110/n363081571.shtml，2013-01-10.

③ 刘汉文，支菲娜. 2011 年度中国电影产业发展分析报告 [J]. 当代电影，2012（3）：004.

的利润率比较高之外，大部分的投入产出比都很低。尤其是《金陵十三钗》、《一九四二》等国产大片，投入巨额资金却常常没有利润甚至亏损。投资效率低下极易引发后续资金的短缺，进而影响电影的投融资市场乃至电影产业的发展。

由上述分析可以看出，中国电影产业单纯依靠生产要素的扩张来获得高收益、高增长的时期已经步入尾声，避免或跨越发展陷阱，进入下一步的高速、可持续增长，恐怕要通过提升生产要素的内涵和质量，即采取集约型增长方式来完成，如提高影片质量、创新体制机制、培养专业化人才、提高生产经营效率等。事实上，电影业界内外的一些有识之士已经意识到了这一点，开始呼吁建立档期协调机制、电影分线发行以及提升影片质量等，并且不断有人在尝试新的影片类型、发行渠道和影院的差异化经营，甚至建立完工担保公司等，只是这一切才刚刚开始。

三、中国电影产业跨越"发展陷阱"的可能性

从本质上来说，"发展陷阱"反映的是一个产业或经济体结构不协调、不能顺利实现发展方式转变而集中发生各种问题的状态。中国电影产业经过十年的高速发展，不可避免地产生了各种"快速发展中的新问题"。面对这些问题，中国电影产业只要在 GDP 的追求过程中不断打造文化软实力，在资本的大潮中不断完善投融资机制，不断推动企业的全产业链向行业的大电影产业链升级，加大力度促进外延型增长方式向集约型增长方式转变，就能找到解决的答案，避免或成功跨越"发展陷阱"。事实上，如前文所述，中国电影产业在原有支撑发展的有利因素逐渐耗尽之前，已经出现了一些新生的力量，如投融资领域的专业化资本、建立大电影产业链的尝试、集约型发展方式的萌芽等。至于政府的主导作用和文化 GDP 追求，会随着电影产业的发展步入常态和文化体制改革的进一步深化，而逐步让位于市场机制。对于这些新生的力量，只要政府、业界、学界共同支持它，呵护它，就一定能够使之壮大成为一个崭新的中国电影产业的新局面。

互联网企业的电影布局对电影产业的
影响分析^①

何群

2013～2014 年，随着互联网企业纷纷进入电影产业，中国电影市场呈现出不同于以往的变化。从整个电影产业的价值链、技术链到文化链，都面临着显著的改变。本文根据近两年互联网企业电影布局的状况，对互联网企业介入对整个电影产业的影响进行分析。

一、互联网企业的电影布局

（一）互联网企业布局电影产业的总体概况

根据新闻出版广电总局电影局的数据，2014 年我国电影总票房 296.39 亿元，同比增长 36.15%，是继 2011 年以来增幅最高的一年。电影产业的这种大跨度发展与 2014 年互联网企业大规模布局电影产业是分不开的。

根据清科研究中心的数据，2014 年互联网领域的投资金额达到 77 亿美元，2002 年时这个数字仅有 5 亿美元；2014 年互联网投资案例达到 1500 家左右，2002 年时的数字不到其 10%。2015 年，中国互联网普及率达到 47%^②。互联网的快速发展和繁荣由此可见一斑。互联网的快速发展与繁荣与它不断进行投资并购，将触角伸向各个领域有着直接的关系。从图 1 和图 2 可见，互联网产业在 2014 年的投资与并购，远远高于其他行业的平均水平；与此同时，并购数量的增长速度从 2010 年开始逐年加快，在 2013～2014 年呈现出井喷的态势。而互联网企业对于电影产业的布局正是这个井喷期的一个乐章。

---

① 何群，王之风. 互联网企业的电影布局对电影产业的影响分析 [J]. 当代电影，2015，（07）.
② 数据来源：清科研究中心. 2014 年中国互联网投资与并购报告分析 [EB/OL]. 中商情报网，http：//www. askci. com/chanye/2015/03/20/16103sa6q. shtml，2015-03-20.

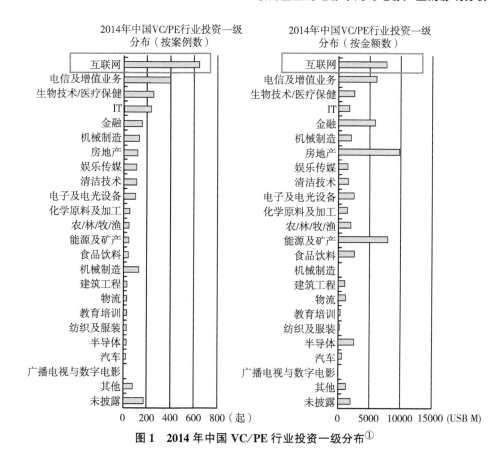

2014年中国VC/PE行业投资一级
分布（按案例数）

2014年中国VC/PE行业投资一级
分布（按金额数）

图1　2014年中国VC/PE行业投资一级分布①

从2013~2014年，百度、阿里巴巴和腾讯公司（以下简称BAT）和乐视的电影投资与并购，成为了互联网企业进军电影产业最为突出的案例。其中，通过一系列投资与并购，阿里影业、华策爱奇艺影视公司以及腾讯电影事业部"腾讯电影+"建立，三大互联网企业对电影产业的介入已经渗透到投融资、发行、放映的各个领域；而乐视网则以其平台化电影公司——乐视影业，成为内地民营电影公司票房收入的前三甲之一。

① 清科研究中心.2014年互联网投资与并购报告分析［EB/OL］.中商情报网，http：//www. ask-ci. com/chanye/2015/03/20/16103sa6q. shtml，2015-03-20.

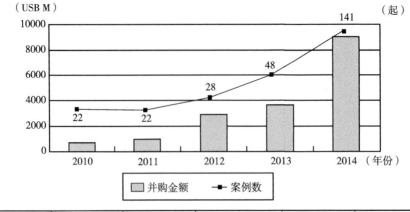

年份	占比 （%）	案例数 （起）	并购金额 （USB M）	占比 （%）	平均并购金额 （USS B）
2010	12. 47	22	652	3. 80	29. 64
2011	12. 02	22	929	5. 42	42. 23
2012	13. 93	28	2882	16. 81	102. 93
2013	22. 95	48	3703	21. 60	77. 15
2014	38. 52	141	8974	52. 36	63. 75
合计	100	261	17140	100	65. 67

图 2　2010～2014 年互联网行业并购增长情况

（二）主要互联网企业布局电影产业的情况

1. BAT

如表 1 所示，2014 年以来，阿里巴巴涉及影视产业的投资并购事件多达十余起。在此基础上，阿里巴巴对相关资源进行整合、提升，一个宏大的、全面的电影格局逐步呈现出来。首先，建设阿里巴巴的全电影产业版图。在影视制作上，将并购后的文化中国转型为阿里影业公司。目前，阿里巴巴正在围绕影业进行"主业相关化"整合，以使阿里影业真正集合"互联网+电影"的特质，构筑起一个完全不同于传统影业公司的互联网电影企业。在融资环节上推出娱乐宝。2014 年娱乐宝累计投资 12 部大电影，总投资额达 3. 3 亿多元，投资项目整体票房近 30 亿元，接近中国当年票房的 10%[①]。娱乐宝已成为全球最

---

① 温婷. 联结"互联网+"　阿里再造影视生态链 ［N］. 上海证券报，2015-04-09（F08）.

大的 C2B 电影投资融资平台。在售票行业中，阿里巴巴拥有国内五大电影 O2O 平台中的两个——淘宝电影、猫眼电影。其中，仅猫眼电影 2014 年上半年的票房就超过了 17 亿元。除与院线合作外，猫眼电影更拓展了与电影制作方和发行方合作。而阿里巴巴自营的淘宝电影，仅在 2014 年"双十一"期间就完成了数百万张电影票的预售工作。在衍生周边产品上，有华数传媒、优酷土豆等。其中，优酷土豆是中国网络视频行业的领军企业，月度用户规模已突破 4 亿户。而华数传媒拥有全国最大的数字化节目内容媒体资源库，是全国最大的互动电视内容提供商。2015 年 5 月，阿里巴巴又宣布，正联手旗下淘宝电影和天猫，搭建一个能够快速、便捷购买的正版电影衍生品平台。其次，在全球范围内布局电影。作为一家在美国上市的公司，阿里巴巴发展电影不仅将目光放在中国内地，还与好莱坞知名娱乐公司狮门影业达成战略协议，试图逐步将触角伸向美国、新加坡和中国台湾、中国香港等国家和地区，试图打造中国式的"华纳兄弟"①。最后，入股传统电影公司。阿里巴巴对华谊兄弟、光线传媒等传统电影公司的入股，展示出它试图建立国内大公司之间的联盟，进行全局性资源整合和协作的雄心。由此可见，阿里巴巴对国内电影产业的掌控能力越来越强。

表 1　阿里巴巴 2014 年以来涉及影视产业的投资并购案例②

投资时间	并购案例	投资额	行业	地区
2014.3	文化中国	投资 62.44 亿港元，占股 60%	文化传媒	中国香港
2014.3	探戈	2 亿美元	移动视频通信	中国内地
2014.4	优酷土豆	投资 12.2 亿美元，占股 16.2%	视频	中国内地
2014.4	新浪微博	超过 5.86 亿美元，占股 32%	社交	中国内地
2014.4	高德地图	13.9 亿元，全资收购	地图	中国内地
2014.4	华数传媒	投资 65.36 亿元，占股 20%	文化传媒	中国内地
2014.6	UC	超 19 亿美元，全资收购	移动互联网	中国内地
2014.8	Kabam	1.2 亿美元，战略合作	移动游戏	美国
2014.11	华谊兄弟	15.3 亿元，战略入股 8.08%	文化传媒	中国内地
2015.3	光线传媒	投资 24 亿元，占公司发行后总股本约 8.8%	文化传媒	中国内地
2015.6	粤科软件	8.3 亿元，全资收购	售票软件	中国内地

---

　　① 赵陈婷. 阿里巴巴牵手狮门影业打造中国式华纳兄弟 [N]. 第一财经日报，2014-07-16（A16）.
　　② 盘点：阿里投资逻辑与产业布局（2005~2014）[EB/OL]. 凤凰网财经，http：//finance. if-eng. com/a/20141024/13214352_ 0. shtml，2014-10-24.

　　腾讯投资电影产业的力度也不小。早在 2010 年，腾讯就已入股华谊兄弟。2014 年与阿里巴巴一起再度入股华谊兄弟，持有华谊 8.08% 的股份。2013 年 12 月才开始上线测试的微信电影票，到 2014 年底已覆盖北京、上海、广州、深圳、重庆、成都、武汉、杭州等全国 300 个城市，支持在线选座的影院已超 2000 家。2014 年 6 月，腾讯推出"为虎添翼"电影计划，宣称将投资《痞子英雄：黎明重生》、《天将雄师》等 6 部大片。同年 9 月，腾讯互娱成立了影视业务平台"腾讯电影+"，成为继腾讯游戏、腾讯动漫、腾讯文学之后的第四大业务板块；公布了"腾讯电影+"首批明星 IP 电影计划，其中 7 个知名 IP 将被陆续改编成电影，包括《斗战神》、《藏宝图》等。2015 年 4 月，微信电影票宣布将与迪士尼电商品牌站合作，推出正版周边产品，同时联合各大授权商推出"微票儿"品牌专属衍生品。另外，加上腾讯拥有的视频网站、大众点评网以及 QQ、微信等社交平台和微支付等，腾讯提供电影服务及衍生产品的能力十分强大。

　　百度也在积极进军电影产业，先是其旗下的爱奇艺公司与华策影视合资成立华策爱奇艺影视公司，并正式成立爱奇艺影业公司；继而推出了影视众筹平台"百发有戏"，涉足娱乐金融领域。同时，爱奇艺视频、PPS、百度糯米在线选座和团购票务业务，百度手机钱包的支付工具，以及基于百度搜索、百度地图等的电影广告业务，早已进行得如火如荼，加上 2015 年 6 月刚刚入股的星美控股的影院，百度也已经形成了其自身的电影产业链。百度入股星美控股，是其首次投资我国内地及香港的文化传媒上市公司，借机扩张其电影版图的战略意图明显。

　　2. 乐视网

　　成立于 2004 年的乐视网，是在 A 股上市的国内唯一视频公司。业务涵盖了互联网视频、影视制作与发行、智能终端、大屏应用市场、电子商务、生态农业等领域。乐视影业成立于 2011 年，最初将自己定位为互联网时代的电影公司，2014 年又称将转型为以分享电影文化价值为己任的互联网公司。总之，公司将互联网和电影两大因素融合在一起，创建了"平台+内容+终端+应用"的独特的电影经营模式。

　　乐视影业的平台性质主要体现在乐视网上。乐视网拥有超过 70% 的国内正版影视剧的放映权，同时收购了大量的国外正版影视剧版权。在内容方面，乐视影业除了自己制作、发行影片，还全资收购了花儿影视公司。2012 年开始制作影片，2013 年其票房收入已经跃居国内民营电影公司第三位。2014 年乐视影业环比实现了 130% 的票房增长。2015 年乐视影业将着重打造 IP 商业模式，扩大版权剧、自制内容覆盖范围。

乐视影业的突出业绩，与其出色的线上线下联动发行和放映电影有直接的关系。它在互联网2.0背景下建立的"一定三导"（定位数据+导航数据+导流数据+导购数据）和"五屏联动"（PC、Phone、Pad、乐视 TV·超级电视智能大屏、乐视影业电影巨幕大屏的五屏有机整合）O2O 的电影市场系统，为观众提供从线上到线下全方位的观影及增值服务。

同时，乐视影业积极探索国际化战略新模式，相继成立乐视影业北美分公司、韩国分公司，并在我国香港成立亚太区总部，通过共同运营、研发、合拍、提供中国市场服务等方式成为中外电影产业合作的领军企业。

二、互联网企业的电影布局对电影产业链的提升作用

由上述分析可见，以 BAT 和乐视网为代表的互联网企业的电影布局，给电影产业带来的最大变化，是推动了电影产业链的拓展与创新。关于这种拓展与创新，艺恩咨询曾在其发布的《2014～2015 年中国电影产业研究报告》中做了如下总结性图示。从图 3 可见，互联网企业利用 IP、众筹和制作影片等方

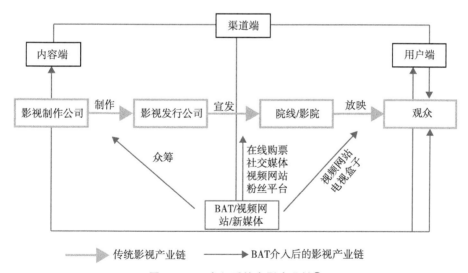

图 3   BAT 介入后的电影产业链①

---

① 艺恩咨询．2014～2015 年中国电影产业研究报告（简版） ［EB/OL］．艺恩网，http：//www.entgroup.cn，2015−01−01.

式介入了电影的内容端，通过其在线购票、社交媒体、视频网站和粉丝平台丰富了电影的宣发渠道和手段，并运用视频网站和电视盒子等增添了电影的放映途径。但这种总结，仅描述出了互联网企业进入后电影产业链环节的丰富和延伸，即量上的增长，并没有从在内涵上揭示互联网企业给电影产业链带来的真正影响。而这种影响，最终应当体现为电影产业价值链的提升以及相伴随的技术链和文化链的变化。

（一）互联网企业提升了电影产业的价值链

在经济学中，产业链描述的只是一个产业中产品的设计、生产、流通、销售直至消费的过程以及相应的企业群的结构。而价值链反映的则是在这个过程中一系列相互联系的、能够满足顾客需求的创造价值的活动构成。在哈佛商学院著名战略学家迈克尔·波特看来，在由企业基本活动和支持性活动构成的企业的价值链中，并不是每个环节都创造价值，实际上只有某些特定的价值活动才真正创造价值。这些真正创造价值的经营活动，就是价值链上的"战略环节"。企业要保持竞争优势，就必须具备或创造在这些特定的战略环节上的优势。

由 BAT 介入后的电影产业链图示可以看出，互联网企业的介入的确为电影产业链带来了 IP 和众筹、社交媒体营销和网络发行放映、在线售票和衍生产品发展等一些独特的价值创造活动。

1. IP 和众筹①

创意和融资是电影制作阶段两个重要的环节，互联网企业对这两个环节的重塑作用是非常显著的，并主要体现在 IP 和众筹上。

（1）IP。2014 年，在影视界，购买网络小说版权逐渐演化出了 IP（Intellectual Property）的概念，并引发了大大小小的电影公司囤积 IP 的热潮。IP 作为一种包括著作权、专利权、商标权三个组成部分的知识产权，拥有它，意味着不仅拥有了一个已经有相当知名度的故事或形象，并且能够围绕这个故事或形象开展可持续性的商业价值挖掘活动，将其开发成不同媒介形式的产品，源源不断地获得收入。在 2015 年"五一"档期，《何以笙箫默》、《万物生长》、《左耳》等一波 IP 电影同期上映争夺票房。还有已经上映过的《致我们终将

① 这里的"众筹"不是指严格的互联网金融意义上的众筹，只是借用众筹的基本含义——群众筹资。事实上，由于政策和法规的限制，"娱乐宝"和"百发有戏"都不是严格的众筹产品。

逝去的青春》、《老男孩之猛龙过江》和即将上映的《盗墓笔记》等，都是以网络资源作为创意源头，并以其知识产权串联起整个产品不同环节而运作的。而在这场 IP 热中，盛大文学、腾讯文学等作为最重要的 IP 贡献者，一方面其产品的附加值成倍增长，企业获得了前所未有的超额利润；另一方面也让 IP 购买者极大降低了市场风险，增加了其可持续获利的可能。

（2）众筹。随着"娱乐宝"、"百发有戏"等娱乐金融产品的推出，阿里巴巴和百度两大互联网企业不仅让更多的普通人实现了投资电影的梦想，更重要的是其给电影的融资提供了一种全新的方式——众筹。这种方式，当然最重要的目的是筹钱，但它相伴随地带来了一系列变革，这些变革才是真正影响电影价值创造的力量。这些变革，首先表现在选片模式上。"娱乐宝"已经通过其互联网的大数据分析形成了一套完整的选片模型，影片的题材、内容艺术性、主创及演员团队、影响力、受众规模及其地区、档期等都会被纳入分析范围，最后生成一个专业的打分指数。因而它比较倾向于《小时代》这样以粉丝消费为主的电影和《老男孩》这样发源自互联网的项目。同样，"百发有戏"也充分利用百度的大数据平台，通过搜索影片题材、导演和演员的热度等数据分析，综合预计其电影项目的潜在票房。虽然这样的大数据分析不是每一次都能准确对应市场，但却从投资伊始就体现了深入的市场意识。其次表现在全民娱乐的理念上。无论是"娱乐宝"还是"百发有戏"，都设定了很低的投资限额，以确保更多的普通人以娱乐的精神而非投资的心态关注和参与电影。这种关注和参与，把电影投资乃至制作这种高度专业化的事情一下子拉到了大众的身边，不仅激发了大众的投资热情，也带动了电影的宣传和销售，无形中增强了电影的市场影响力。

无论是 IP 还是众筹，其对于电影产业的影响都存在一个共同点：极大地降低了电影产业的进入壁垒。传统观点认为，电影产业由于其自身的高额成本和技术，以及制作上的高度专业化，很容易形成寡头垄断的局面，从而导致新企业或市场主体的进入门槛很高，普通民众的介入更是不可能的事情。但是，随着互联网企业提供的各种服务越来越丰富，任何机构都可以通过互联网购买自己中意的创意资源，并通过众筹为自己的电影项目获得资本，进行电影制作。同样，任何互联网个人用户都可以在网络上发布自己的创意，凭借点击量形成 IP；或按照自己的兴趣与意愿选择投资的标的，通过众筹成为电影的投资者。由此可见，互联网企业的介入使得电影的生产更趋民主化，也使得更多的企业和个人有机会参与电影的制作，已经很难形成传统电影市场的高集中度。

2. 社交媒体营销与网络发行放映

（1）社交媒体营销。社交媒体是目前社会生活中极具影响力的互联网产品之一，国外如 Facebook、Twitter 等，国内如微博、人人、豆瓣、微信等，其用户量都十分庞大。如风头正健的微信，根据腾讯公布的业绩报告，截至 2015 年第一季度末，微信每月活跃用户数量已达到 5.49 亿户，用户覆盖 200 多个国家、超过 20 种语言，各品牌的微信公众账号总数已经超过 800 万个。而一直深受文艺青年喜爱的豆瓣网，早在 2013 年就宣布其月覆盖用户数量达到了 2 亿户。在用户量如此巨大的社交网络中，用户之间的联系和沟通不同于传统的亲人、同学、同事等"强连接关系"，更多时候呈现出一种"弱连接关系"。而这种关系，在弱连接理论的提出者美国社会学家马克·格拉诺维特看来，虽然不如"强连接"那样紧密和坚固，但能使新的信息从外部世界传输过来，并有着极快的、低成本和高效能的传播效率。社交网络为消费者在线交流和分享消费体验提供了高效的平台，很容易形成网络口碑，而口碑是促进消费者购买意愿形成的重要因素。因此，社交网络的这些特点恰好为电影的社交媒体营销提供了可能。

事实上，好莱坞早已看到了社交媒体对于电影营销的作用，华纳兄弟在 2010 年就已经为《盗梦空间》做了大量的病毒式营销。2012 年狮门影业为营销其影片《饥饿游戏》，把公司全部的资金和人力都用在了 Facebook、Twitter、YouTube、雅虎以及移动游戏等平台上，最终连破多项票房纪录。而在国内，2011 年《失恋 33 天》的横空出世，就得益于其以《失恋物语》为主题的视频在社交媒体上的病毒式传播。2013 年赵薇的处女秀《致我们终将逝去的青春》的社交营销则将微博的作用发挥到极致，共使用了 2409 条微博，20 多个微博大 V 转发，粉丝总数接近 3.7 亿人。2015 年，《匆匆那年》除了在优酷上发布王菲的金曲外，还在社交媒体上做了 27 个讨论话题，整体阅读量是 35 亿次，讨论量将近 200 万次，使之在兵家必争的贺岁档异军突起。从这些成功的电影社交媒体营销案例中可以看出，社交媒体营销最重要的特点，是通过设置话题、引导用户参与话题、树立口碑而激发用户主动对电影进行传播。这种传播显然范围更广、成本更低、可信度更高，因而营销效果更明显。这也正是社交媒体营销几乎成为当下电影营销最重要形式的原因。

（2）网络发行放映。在发行环节，互联网企业的进入对于电影的重塑作用也十分明显。这种重塑主要表现在网络院线的形成上。事实上，早在 2011 年，乐视网、腾讯网、PPTV、迅雷、暴风影音、激动网等 7 家互联网公司，就联合发起成立了 "电影网络院线发行联盟"，助推互联网成为电影的第二大发行渠道。几年来，随着盗版与网络支付问题的解决，乐视网、爱奇艺等网络院线发展迅速，有的还形成了网络院线特有的电影发行收益模式，使得登陆网络院线已成为电影发行、放映的重要渠道。网络院线存在的最大价值，不是让电影大片有了另外一条生财之道，而是使那些无缘线下影院的中小成本影片不仅能够问世，而且具有了盈利的可能，这无疑是开辟了电影市场的一片蓝海，对整个电影市场的扩容乃至电影生态的建设具有极大的正面作用。

3. 在线售票和衍生产品发展

（1）在线售票。在线售票是一种 O2O 模式，即 Online To Offline（在线—离线或线上—线下）模式。这种模式是指将线下的商务机会与互联网结合，让互联网成为线下交易的前台的一种商业模式。在线售票就是这种通过线上应用或网站连接观众和线下影院的方式。互联网企业介入电影票销售是从团购网站开始的，但是自 2013 年开始，在线购票业务发展迅速，目前，线上买票+选座+线下兑票的购票方式已经被广大电影观众所接受。相关数据显示，2013 年在线选座的售票量还只占总体的 8%，2014 年接近 30%，近 3 亿人次通过在线售票平台观影消费。而 2015 年 3 月在线售票的交易额已经超过线下销售①，大有取代传统购票窗口之势。并且，由于其促进电影销售的作用越来越重要，一些大的购票网站已经开始参与电影票房的分账。

在线售票的便捷性使之对于电影市场的扩容作用十分明显，尤其是由 BAT 发起的 1 元、9.9 元和 19.9 元看电影的促销活动，将很多过去由于票价贵而远离电影的人吸引进了电影院，使得电影市场分外火热起来。但在线售票的作用绝不仅仅止于此，事实上，它创造了更多传统电影票销售环节无法实现的价值。首先，在线售票网站通过分析预售票积累的大量用户数据，既可以帮助制片方和发行方在不同地区、时段进行目标观众的精准定位，从而使电影的制作和营销更具有针对性和灵活性；还能为观众提供个性化的观赏影片推荐，促进电影消费。其次，在线售票网站还创造了一种互联网化的发行模式，即猫

---

① 刘珊. 在线购票改变影视行业生态，购票网站开始参与票房分账 [N]. 羊城晚报，2015-05-15.

眼电影与《心花路放》所开创的以独家预售为代表的联合发行模式。这种模式为《心花路放》在上映前预售了 1 亿元的票房，再加上其他在线售票网站的票房，《心花路放》通过在线网络售出了大部分电影票，使其在竞争激烈的国庆档赢在了起跑线上。其后，这种模式被不断完善，大众点评网成为了《失孤》的联合发行方及独家官方售票平台，格瓦拉甚至是《万物生长》的联合出品发行方。这些案例充分显现了在线售票网站在电影发行环节越来越显著的市场价值。

（2）衍生产品的发展。互联网企业的进入还为电影产业的后产品发展带来了许多可能性。首先，在线游戏成为了许多电影进行后产品开发的必要环节。据《北京商报》统计，2014 年国内共有 311 部电影在院线上映，其中 59 部电影有同名游戏，包括 32 部国产电影及 27 部海外电影。如电影《一步之遥》、《十万个冷笑话》和《龙骑侠》等，都开发了电影同名游戏①。虽然国内目前绝大多数根据电影开发的游戏质量和效益都不是很好，但电影通过游戏等衍生产品的开发和运营，以争取版权持续盈利的思路已成趋势。其次，电商的介入使衍生产品的市场不断扩大。众所周知，淘宝网很早就有许多商家在售卖电影衍生品，在一定程度上培养了用户购买衍生品的习惯。但电影衍生产品的开发和销售在国内一直处于起步阶段，是一片尚待开拓的蓝海。最近腾讯的微信电影票在其微票儿商城推出了"微票儿"品牌专属衍生品销售，打破了这一僵局。"微票儿"通过汇集官方授权、线上独家授权、片方授权的衍生产品，以及与明星共同开发衍生品等方式，形成最大、最丰富的网上电影衍生品集散地。微信用户通过"微信—我—钱包—电影票—我的—衍生品"即可浏览和购买商城的众多产品。电子商务便捷的购买方式和丰富的产品，无疑会将正版电影衍生产品销售推上一个新的台阶。此外，互联网 IP 的运作、娱乐众筹所设置的投资者回报等活动，都具有带动衍生品市场的作用。如娱乐宝就在众筹《小时代》、《老男孩》项目时生产了一系列衍生品，取得了很好的收益。

（二）互联网企业重塑了电影产业的技术链

以交互性与传播性为基础的互联网技术的应用，给电影产业带来了一种全新的技术革新。这种革新体现在电影从制作、传播、放映到观影的全过程，从

---

① 卢扬，郑蕊. 电影游戏超八成沦为市场炮灰 [N]. 北京商报，2015-01-09.

而表现为一种新的电影技术链。

首先，互联网企业的技术使电影的制作方式发生了变革。这主要表现在两个方面：一是，利用互联网企业的大数据分析进行电影制作。风靡一时的美剧《纸牌屋》，就是这方面的成功案例。在国内，《小时代》、《北京爱情故事》等电影在制作和发行时，就有一家名为艾漫科技的公司在提供大数据支持。根据大数据分析制作的电影，会因为更加对应用户的兴趣和行为偏好而提高经济效益，因此包括视频网站、在线售票网站在内的诸多互联网企业都在做自己的大数据系统，为其购买、制作、发行和传播电影做指导。二是，利用互联网企业的技术革新电影制作方式。阿里影业总裁张强公开表示，阿里影业在制片方面，会向好莱坞学习，利用阿里云坚实的技术基础，使用云计算的渲染方式。这种渲染方式是一种全新的电影制作模式，能明显地提高电影制作效率，降低成本，并能完善电影企业内部协作的生态体系，推动中国电影的改革创新和中国电影现代化工业体系的形成①。

其次，互联网企业的技术使得电影由单向传播变为双向互动传播。在传统的电影院里，电影的传播是点对面的单向传播模式。而视频网站的电影传播，则使电影与受众处于点对点的双向互动式的交流中。在互联网的技术条件下，这种双向互动传播，主要体现为观众可以自由点播、点评自己喜欢的电影，在观影过程中，可以暂停、跳跃、回放，也可以吐槽，并把这种吐槽实时传播到网络上或电影画面上，与其他观众互动。人们对于这种互动交流的热爱，还直接导致了一种新的互联网技术应用的诞生——弹幕电影。2014年，这种产生于网络的"弹幕"电影甚至延伸到了现实的电影院中。光线影业发行的电影《秦时明月之龙腾万里》和乐视影业营销的电影《小时代3》，就先后在杭州、上海试水电影弹幕。由此可见这种传播模式对于传统观影方式的改变。

再次，互联网企业的技术使得电影的放映具备了多种可能性。一是，视频网站共同为观众构筑了一个信息量巨大的影片库，几乎可以满足一切电影爱好者的口味。VOD点播系统使观众只要能够上网就可以随时随地有选择地观看电影。二是，乐视等互联网企业的技术创新实现了电影的"跨屏"播放。一部电影同时可以实现 PC、平板、手机、超级电视、游戏机、影院大屏幕等终端间的"跨屏"放映，使人们不仅在电影院里欣赏电影，在家里的客厅、卧

① 董兴生.阿里试水大数据拍电影：让电影成为一门"技术"[N].华西都市报，2015-04-29.

室里观赏电影，还可以在旅途的碎片化时间里用移动终端进行离线观看，传统电影放映的时间和空间限制被完全打破了。

最后，互联网企业的技术极大地提升了观众的观影体验。为了吸引更多的观众到自己的网站上看电影，视频网站纷纷采用了高清、超清甚至蓝光技术。这些技术，使得网络电影放映呈现出几近完美的视觉效果：影像没有亮度和色彩的衰退，没有胶片受损时放映出来的划道与脏点，也没有断片的现象。而数字声音系统的还原，更是让观众置身于一种真实而又震撼的立体声环境中，从而产生良好的观影体验。

（三）互联网革新了电影产业的文化链

电影作为一种文化产品，在其生产、传播和消费的过程中必然存在着一种价值观念的渗透和传递。这种价值观念不是一种有形的实体存在，也非价值创造活动那么直观，而是一种抽象的、无形的影响价值创造的思维方式和经营理念。它依附于价值链而存在，本身又是不可或缺的价值增值点。它在价值链的每一个环节上都能得到有效体现和传递，但又会对价值链本身产生反作用。所以我们把这种思维方式和经营理念称为文化链。

在互联网进入电影之前，电影的文化链曾经经历了"艺术至上"和"市场至上"的时代。在"艺术至上"的电影时代，电影制作的核心是作为艺术家的导演，他在其中灌注自己的艺术追求和精神理念，通过电影放映的单向度传播，传递给被动接受的观众。在"市场至上"的电影时代，工业化生产方式使得电影必须占有大规模的市场，所以制片人成为中心，他最主要的职责就是制作出高度商业化的电影产品，以实现利润的最大化，但观众依然是被动的消费者。只有在互联网的思维方式和精神被带入电影产业，使得观众既是电影的消费者，同时又成为信息或内容的生产者与传播者的时候，电影才真正进入了一个消费者主权即"用户至上"的时代。国内互联网企业的电影布局，对电影产业的文化链起到的正是这种革新作用。

"用户至上"是互联网时代的显著特性，也是互联网企业进入电影产业之后带来的基本理念。它与"市场至上"观念的最大区别在于，用户不再是被广告说服和诱惑来购买产品的"客户"，而是生产、传播和消费的主人。"用户至上"的理念运用到电影产业中，就给电影产业带来了一系列价值观念的变化。

1. 用户决定内容

用户决定内容，而不是生产者掌控内容，已经成为互联网企业带入我国电影领域的一个影响最大的观念。在这种观念下，生产者和消费者的权利发生了转变，拍什么题材、类型的电影，由哪位导演来拍摄、哪位明星来主演，剧情怎样发展、怎样结局，以及电影在什么档期上映、怎样宣传等，都由消费者决定，而非作为生产者的电影公司。于是，在这种观念下，用户的需求和兴趣被大数据精准透彻地分析出来，用以指导电影的生产；已经在网络上被用户捧红的 IP 会成为电影公司争相抢夺的创意资源；郭敬明等一些首执导筒的走红作家立即成为了亿元大片的导演；《小时代》、《爸爸去哪儿》、《老男孩之猛龙过江》等一些非传统意义的电影在市场上大行其道；甚至产生了过度注重互动和共享以至于影响视听效果的弹幕电影形式。其实，这些电影或形式根本不是为传统电影观众制作的，而往往是明星与他的粉丝互动的产物。满足粉丝的需求和体验是这些电影存在的唯一目的，或者说，粉丝才是这些电影内容的决定者。

2. 产品思维取代作品思维

互联网行业惯常的产品思维也被互联网企业带入了电影产业，并大有取代传统电影作品思维的趋势。关于产品思维和作品思维的区别，易凯资本有限公司创始人王冉，曾做过一段专门的比较："作品思维的出发点是作者，产品思维的出发点是目标市场的用户需求。作品思维需要作者的灵光闪现，产品思维需要精确的设计和计算。作品思维只在意单一作品所释放的市场价值，产品思维更在意产品后续更新和快速迭代的空间。作品思维实现价值的方式主要靠作品本身，产品思维实现价值的方式是跨媒体和价值链。作品思维的核心关注在于作品本身的影响力，产品思维的核心关注在于作品是否可以形成一个拥有续集潜力的内容品牌。作品思维主要依靠有才华的作者个体单打独斗，产品思维更多依靠有纪律、讲配合的团队协同作战。①" 显然，正是在这种产品思维方式下，IP 运作变得分外火热，并出现了由 4 部微电影和 1 部电影长片构成的《老男孩》电影集群、《小时代》系列电影及其丰富的衍生产品等众多用产品思维运作的电影。因此有人说："与其说'郭敬明们'是导演，不如说是出色

---

① 王冉. 互联网思维应如何颠覆传统影视公司？ ［EB/OL］. 《IT 时代周刊》新媒体中心，http：//www. ittime. com. cn/index. php？ m＝content&c＝index&a＝show&catid＝28&id＝8081，2015-01-01.

的产品经理。"①

三、互联网企业电影布局之于电影产业的风险与对策

互联网企业的介入，在给电影产业带来种种积极影响的同时，也带来了一些风险。我们必须对这些风险加以有效防范，才能真正让互联网企业助推中国电影产业升级换代，健康快速发展。

（一）互联网企业介入电影产业的风险

1. 版权保护风险

互联网企业带给电影产业的首要风险是电影的版权保护问题。互联网的天性要求信息共享，并且这种共享很多时候是免费的；而电影作为一种文化产品，版权保护决定着它的价值实现程度。这种矛盾的存在曾经使得起步阶段的视频网站成为盗版的重灾区。互联网盗版对于整体电影产业的危害不容小觑。它不仅对于电影票房市场、DVD 和租赁市场有所影响，还对电影的后产品开发项目具有消极作用②。因为盗版电影视频的画面和音质都比较差，会严重削弱观看者对电影质量的感受和信心，进而降低他们购买其衍生产品的意愿。

电影的互联网盗版问题，在国家法律的约束和政策的大力推动下，经过视频网站的努力，近年来有了大幅度好转。不少互联网企业花费了巨额资金购买正版电影的版权，并通过付费收看、植入广告等方式解决了盈利问题。但无法否认的是，电影的互联网盗版现象仍然在一定程度上存在着，观众付费收看的习惯远未养成。因此，电影的版权保护风险依然存在。

2. 过度娱乐化风险

如前所述，互联网企业的进入，拉低了电影产业的准入门槛，增强了普通民众与电影的互动程度，并使满足用户需求成为电影生产、传播的重要尺度。这些变化在促进电影产业快速发展、市场不断扩大的同时，也使得电影制作本身的专业性被逐渐消解，电影的艺术质量下滑明显。我们不难看到，在现在的电影市场上，越是票房高的电影，人们的评价越低，票房已经与电影质量无关；青春题材电影扎堆上市，中小成本喜剧电影鱼贯而出，真正质量上乘、既叫好又叫座的作品难得见到；国产影片海外票房收入持续走低，在国内电影企

---

① 莫斯其格. 电影和音乐都在玩 O2O [N]. 广州日报，2014-08-07.

② 尤杰. 论网络盗版对电影产业收入流的影响 [J]. 当代电影，2010（12）：119-124.

业不断走出国门进行海外并购的时候，国产电影的国际影响力却日渐萎缩。这些不能不令人担忧。当然，造成电影过度娱乐化和艺术质量下滑的原因很多，如民众的文化素质降低、电影消费方式的转变等，不能把责任全部推到互联网企业进入电影产业上。

（二）防范互联网介入电影产业风险的对策

1. 加强版权网络监管，规范版权定价

降低电影的互联网版权保护风险的首要对策，是进一步按照《著作权法》进行严格执法。为此国家应通过执法队伍的建设，或第三方机构的参与，加强对互联网知识产权违法行为的监管，加大执法的力度。同时，也应该在立法方面不断研究互联网环境下知识产权违法的最新状况，定期对《著作权法》进行补充或修订，从而为执法奠定法律基础。

降低电影的互联网版权保护风险的另一个对策，是对电影的网络视频版权进行合理定价。制定合理的价格，一方面是为了让更多的消费者愿意在网络上付费看电影，另一方面也是为了实现电影价值的最大化。在制定电影的网络视频版权价格时，首先应当依据相关成本投入和市场预期，对电影的网络视频版权进行专业评估；其次应该对电影的版权市场进行区分。若一部电影在网络上处于版权的初级市场（一般指网络初轮放映或该电影只在网络上发行），就应该主要以拓展市场为目的，采取低定价甚至无定价的方式来保证其外部性的最大化；若一部电影已经退出版权初级市场（电影完成票房发行、进入网络发行阶段），进入互联网版权的互补市场，这个时候则需要较高的定价来保证其对于版权的垄断。

2. 支持艺术电影发展，建设良好电影生态

互联网企业布局电影产业是一件新生事物。它对电影产业链的提升作用刚刚开始显现，其用户至上的意识带给电影的积极影响也才崭露头角。对此，我们不应该匆忙去干涉它，限制它的发展，而应该给它时间和空间，使其把"互联网+电影"的优势充分施展出来。但对它可能带来的电影的过度娱乐化和艺术质量下滑的风险，我们也不能无视，而应该通过支持艺术电影发展、建设良好电影生态来进行引导、防范和矫正。因为一个良好的电影生态一定有多元化的构成，其中既有娱乐性的、大众化的电影产品，也有探索性的、精英化的电影作品。精英化的电影作品以思想的深度和艺术的质量见长，负责提升人们的文化素养和精神水平。大力支持艺术电影的发展，就是为了让市场上出现

更多高质量的电影作品，以打破目前娱乐化电影产品独霸天下的格局，营造电影多元化的平衡局面。艺术电影的发展，除了需要国家政策的支持外，资本雄厚的互联网企业也应在其中承担相应的责任。

在互联网几乎渗透到了人类所有领域的今天，"互联网+电影"产业的趋势已不可逆转，并且会越来越深度介入。这种介入，给我国电影产业带来了巨大的发展契机，也带来了一定的风险。只要我国的电影产业能够预估风险，有效加以防范，就能够尽享互联网新思维、新观念和新技术的滋养，借其力量快速转型升级，走向新的发展阶段。

好莱坞电影产业投资基金形成机制研究^①

——基于资产证券化的视角

周正兵

众所周知，电影是一种大投入、重装备、高风险、大产出的产业，如今好莱坞大制作的投资动辄上亿美元，2009 年上映的《阿凡达》更是创下 5 亿美元的投资神话。不过值得注意的是，这些投资的 60% 由两大私募基金 Dune Entertainment 与 Ingenious Media 承担，而作为制作方的 20 世纪福克斯所承担的投资比重相对较小。也正是由于这些电影产业投资基金，《阿凡达》最终才能以大制作获得大票房，创下 13.4 亿美元的票房神话。可以说，美国电影的成功依赖于一个健全而活跃的资本市场，特别是自 2004 年以来崛起的电影产业投资基金，在好莱坞电影产业发展中发挥着重要的作用，成为电影资本市场的一支中坚力量。本文将从资产证券化的视角聚焦电影产业投资基金形成的历史，并从资产证券化运作入手分析电影产业投资基金的形成机制，最后结合我国电影产业投资基金发展的现状提出几点建议，以期推动我国电影产业投资基金的健康发展。

一、电影产业投资基金形成的历史

早期电影艺术家大卫·沃克·格里菲斯（D. W. Griffith）对电影与资本的关系有着十分精到的表述："我要提醒你注意，现在没有一种商业活动能依靠自身的积累为自己提供资本……现在所有成功的商业都是那些借贷者，因为只有他们才知道如何借别人的资金去赚取利润。同时，投资者也会发现和成功

---

① 周正兵. 好莱坞电影产业投资基金形成机制研究——基于资产证券化的视角 [J]. 北京电影学院学报，2012，4（4）：27-30.

的商业合作，会让他们的资本升值。①" 而他本人的作品——《一个国家的诞生》，就是电影产业和金融资本联手创造的好莱坞商业神话。不过，早期电影产业的融资多来自内源资金或者银行资本，外部直接融资比例很小，这种局面一直维持到 20 世纪 70 年代。

随着电影投资成本的上升，电影产业的融资需求以及经营风险也逐步放大，内源资金或者银行资本无论是在资金提供量还是风险抵抗能力上都难以适应这一趋势，于是寻求新型更具风险倾向性的外部资本成为这个时期电影资本市场的主流。而恰恰在此时，美国出台了更有利于电影投资的税收政策，其中规定投入到电影摄制的资金可以在短期内提前折旧，同时可以作为报税时的预扣金额，这一税收优惠政策吸引了大量个人投资者，特别是欧洲的个人投资者，形成了外部资本投资电影的第一次浪潮②。但是，个人投资者在资金筹集、资本运作、风险预防能力等诸多方面存在先天不足，加之 1986 年美国税制改革取消了税收优惠政策，个人投资者很快被机构投资者所替代，并创新地使用投资组合理论，大大降低了投资人的风险，吸引大量保险基金和退休基金等机构投资者进入电影投资领域，掀起了外部资本投资电影的第二次浪潮。就其根源而言，第二次浪潮实际上是在电影产业寻求资金以及资金寻求投资机会的双重动力推动下形成的，而机构投资者所掌握的资金相比较于传统间接资本的风险偏向性更强，也更适宜于电影这类高风险、高收益类行业的投资，在其后的差不多 20 年时间内，机构投资者成为好莱坞电影最为重要的外部资本来源，也成就了诸多的明星产品和商业神话。

也许正是由于这些商业神话的明星效应，那些精于计算、勇于创新的华尔街人士开始关注好莱坞的电影，并以其更为专业化的方式取代机构投资者介入电影产业投资，很快掀起了外部资本投资电影的第三次浪潮。第三次浪潮的第一场大戏由派拉蒙和美林证券联手导演，由于两者都是各自领域中的领导者，两家推出的第一个合作投资基金——麦尔罗斯合作基金（Melrose Partners）很快成为电影合作投资基金中的标杆产品，分析这款产品也许是我们讨论电影投资基金最好的一个切入点。

---

① D. W. Griffith. Letter from Frank R. Wilson to D. W. Griffith [M]. New York: Collection, Museum of Modern Art, 1920.

② Norbert Morawetz, Jane Hardy, Colin Haslam & Keith Randle. Finance, Policy and Industrial Dynamics—The Rise of Coproductions in the Film Industry [J]. Industry and Innovation, 2007, 14 (4): 421-443.

美林证券作为派拉蒙的投资顾问，长期关注于包括派拉蒙公司在内的电影产业的投资与收益问题，并采用一些专业的证券分析工具分析电影业的投资收益及其资产证券化的可能性。美林的分析发现，即便是在电影最不景气的年份，派拉蒙公司多年发行电影的内部收益率都保持在 15% 的水平，而同期对冲基金的内部收益率也只是为 12%~18%，这就意味着以这样的内部收益率水平可以实施资产证券化，并有机会说服投资人进行投资①。基于此，美林证券在 2004 年 7 月与派拉蒙公司签署了首款合作投资基金——麦尔罗斯合作基金，该款合作投资基金计划为派拉蒙 2004 年和 2005 年投资拍摄的 26 部电影提供 18% 的资金额度，而相应地投资人将从这 26 部电影的投资收益中获得 18% 的收益。这个合作投资基金计划获得大量投资人的青睐，加之美林证券的成功运作，麦尔罗斯合作基金很快就募集资金 2.31 亿美元，占到派拉蒙拟合作投资拍摄电影总投资的 20%，超出了预期的投资比例。从此以后，华尔街与好莱坞联手推出了多款合作投资基金，如 GunHill Road 分别向索尼和环球提供 7.5 亿美元和 5.15 亿美元，Magic Films 向迪士尼投资 5.05 亿美元，而 Legendary Pictures 向华纳兄弟投资 5 亿美元，福克斯则获得来自 Dune Capital 的 3.25 亿美元资金。这些合作投资基金为好莱坞电影产业提供了重要的资本支持，特别是像《阿凡达》那样的大制作更是有赖这些投资基金才获得成功②。

二、电影投资基金的形成机制

所谓产业投资基金是指一种主要对未上市出版企业进行股权投资和提供经营管理服务的利益共享、风险共担的集合投资制度。它实质是通过向多数投资者发行基金份额设立基金公司，由专业机构管理基金资产并按照投资收益分成的从事实业投资的金融创新工具。周海、张金城等根据产业投资基金运作和管理模式的基本特点将其分为两大类别：其一是仿效创业投资基金设立的产业投资基金，主要对未上市的高成长企业进行投资并获得投资收益；其二是以稳定的现金流为支撑，通过实现资产证券化构建产业投资基金③。按照这个分类，上

---

① Slate Financing Arrangements [EB/OL]. http：//www.cfoyesq.com/SLATE% 20FINANCE% 20OVERVIEW%203.0.pdf.

② Angus Finney. The International Film Business：A Market Guide Beyond Hollywood [M]. NEW YORK：Routledge, 2010：65.

③ 周海，张金城. 哈大齐工业走廊建设中的金融支持模式选择 [J]. 中国金融，2008（16）：73-74.

文所讨论的好莱坞电影投资基金属于第二类，即以电影产业的未来收益作为资产，通过证券化方式构建的电影产业投资基金。下面我们将结合资产证券化的本质属性，从资产证券化与融资证券化两个层面分析电影投资基金的形成机制。

（1）就其本质而言，好莱坞电影投资基金是依赖于电影产业资产证券化所构建的，其实质是电影公司将未来的票房收入等流动性资产剥离出来，并以该资产作为信用基础的融资行为。因此，电影资产证券化的可能性及其水平是其形成的前提和关键所在，而电影投资基金的形成机制一定程度上就是电影资产证券化的机制。以下我们将结合电影资产证券化过程的关键步骤（见图1），对电影投资基金的形成机制予以说明。

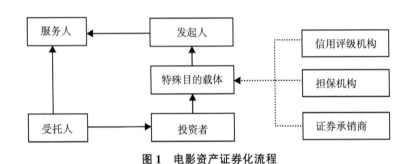

图1 电影资产证券化流程

资料来源：笔者绘制。

第一步，确立资产证券化目标，组建资产池。电影公司作为发起人分析自身的融资需求，确立资产证券化的目标，然后将自己在未来几年投拍电影产生的票房收入等未来现金流作为核心资产，并根据证券化目标组建一个一定规模的资产池。由于电影产业投资基金实质是以这个资产池中的资产作为信用基础的，而电影的未来收益是不确定的，因此电影公司曾经投拍电影的历史收益水平就成为信用评价最为直接的依据，如前文提及派拉蒙公司发行电影的内部收益率为15%就成为麦尔罗斯合作基金设立的信用基础。资产池组建其实是一个通过资产重组来奠定信用的过程，由于电影产业收益具有不确定，因此如下两点在信用确立过程中就变得十分重要：其一是电影公司有着一定时间跨度的电影发行历史记录，且这些历史记录能够证明电影公司所发行的电影具有较好的收益水平；其二是资产池中有足够数量的资产，即相当的投拍电影数量，以便资产池能够确保投资风险的分散。

第二步，组建特设信托机构，实施风险隔离。特设信托机构是一个以资产证券化为唯一目的的、独立的信托实体，一旦特设信托机构成立，资产池中的资产将与发起人实施分离，被出售给特设信托机构。值得注意的是，资产出售行为必须为真实出售，即出售后的资产在发起人破产时不作为法定财产参与清算，资产池不列入清算范围，这就保障了资产池不再受发起人信用水平的影响，从而实现了投资者与发起人信用风险的隔离，以使投资人的风险最小化。

第三步，完善交易结构，实现信用增级。交易结构是指在资产证券化过程中，围绕资产风险与收益等要素进行分离与重组，进而转换成能够在金融市场上出售和流通证券的一系列结构安排①。在这个步骤中，特设信托机构将通过信用提高技术，如信托资产分层、设立利差账户等，增强资产信用，改善发行条件，吸引更多的投资者，以保障资产证券化能够顺利实施。

（2）好莱坞电影投资基金的设立在实施资产证券化的同时，也意味着融资手段的证券化，即作为发行人的电影公司是通过发行证券的方式，如债券、股票等多种形式向投资者募集资金。例如，前文述及的麦尔罗斯合作基金就切分为优先级贷款、AAA级债券等不同品种，以吸引不同资金能力与风险偏好的投资者，具体如图2所示，以下我们将结合图2按照风险水平分别予以说明②。

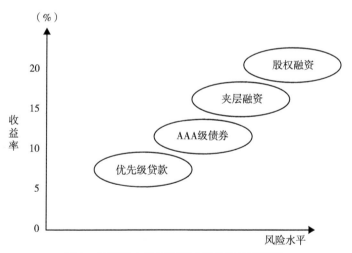

图2 好莱坞电影投资基金结构性融资示意

资料来源：笔者绘制。

① 李海洪.资产证券化主要环节的中外比较分析 [J].财会研究，2010（6）：74-75.
② 文芳.资本练成华谊 [J].新财富.2008，（1）：62-71.

优先级债务贷款（Senior Debt）。优先债券是相对于普通债券而言的，其在企业破产后的偿还次序在普通债券之前，因此优先债券的风险相对较小，但收益率也相对较低。对于电影投资基金而言，优先级贷款实质以预售发行权合约为担保，以发行商预付的"保底发行金"作为还款来源，因此此类贷款的风险较小，其收益也只是比定期存款利率略高。

AAA 级债券（AAA Rated Bonds）。AAA 级公司债券是等级最高的公司债券，一般认为其信誉度仅次于国债，因此这类债券的风险较低，其收益水平也一般，略比优先级债务贷款的收益水平高 1%～2%。电影投资基金所发行的公司债券，多为以电影发行的票房或者 DVD 销售的未来现金流作为信用基础，向投资者发行的证券化产品。

夹层融资（Mezzanine Financing）。夹层融资是介于风险较低的优先级债务贷款和风险较高的股本融资之间的一种融资方式，它一般采取次级贷款的形式，但也可以采用可转换票据或优先股的形式。由于次级贷的风险较高，一般投资方通常需要电影公司通过完片担保，保证一部电影会严格按照投资者与制片人协商确定的预算和计划来完成，以避免不必要的损失。由于夹层融资的风险较高，其利率水平一般为 10%～15%，要明显高于其他类型债券的收益水平。

股权融资（Equity Financing）。股权融资是指通过出让部分股权获得资金的融资方式，因此，股权融资的投资人有别于债权人或其他游资，会对影片全程进行监督，帮助制片、发行、推广，合理调配部门资金，避免资金滥用，保障项目顺利开展。由于股权融资的风险高，其收益水平也相应较高，可以达到15%～20%。而且在股权融资的协议中，电影公司一般都会签订股份回购意向，即在特定的时期内回购融资方股份，这样既确保影片版权的完整性，又为外部投资者提供了很好的退出渠道。

三、结论

首先，好莱坞电影投资基金之所以能够依赖证券化方式设立，是因为好莱坞电影产业本身的资产具备证券化的基础条件。就其本质而言，资产证券化是将能够在未来产生稳定现金流的资产打包，将其收益权转化为标准化、可分割的证券出售给投资者，因此，只要是能够在未来产生稳定现金流的资产都可以证券化。而好莱坞电影公司，特别是其中的几大电影集团所发行的电影作为资产具备了证券化的基本条件：其一，这些公司发行的电影能够在未来产生可预期且较为稳定的现金流，而且其现金流可以通过预授权合约等方式得到保障；其二，这些公司作为发行人具有良好的信用基础和盈利能力，而且这些都可以由其经营的完备的历史记录来证明；其三，这些公司所发行的电影作为证券化资产具有较好的变现能力，特别是随着好莱坞电影产业全球化、跨媒介的发展，电影作为知识产权资产的变现能力逐步增强。

其次，好莱坞电影产业投资基金的证券化运作，有赖于完善的制度安排与中介服务，这些是其顺利运行的外部条件。其一，美国在资产证券化方面有着十分完善的制度安排，如《加强二级抵押贷款市场法案》（1984 年）、《税收改革法案》（1986 年）等法案不仅在立法上确立资产支持证券的合法地位，而且为其交易提供了合理的税收结构安排，为资产证券化奠定了良好的制度基础。其二，好莱坞电影企业有着十分连续的、可回溯的信用记录，并且有着十分完善的信用评价机制，这些为电影资产证券化提供了良好的信用环境。其三，好莱坞电影产业投资基金的证券化运作有着十分完善的中介支持体系，特别是在电影资产证券化的信用评级与信用增级过程中，有十分发达的评价机构与担保机构为其保驾护航，提供十分周到的中介服务。

最后，需要指出的是，我国目前也拥有多支电影投资基金，但多属具有风险投资性质的投资基金，尚未出现资产证券化支持的电影投资基金。其原因在于，一方面，我国电影企业自身的电影资产尚不具备证券化的基础条件，既无法构建合适的电影资产池，也无法保障未来稳定的现金流；另一方面，我国缺乏资产证券化支持的电影投资基金的外部条件，既缺乏支持资产证券化的完善制度保障与中介支持系统，也无法在电影资产的信用评估、金融担保等方面提供完善的服务。

综上所述，我们认为，资产证券化支持电影投资基金是一种全新的融资模式，无论是从我国电影产业自身的发展，还是我国资产证券化的整体环境而言，我国目前尚不具备设立此类电影投资基金的基础条件。但是，随着我国电影产业的发展，特别是大型电影集团的不断壮大，我们可以本着先易后难的原则，通过在某些上市电影公司试点取得经验后，再逐步谨慎地推行资产证券化支持的电影投资基金，为中国电影产业的发展提供创新型融资工具，推动中国电影产业更快、更好发展。

告别电影——老影剧院的来路与出路

魏鹏举

尽管那些老影剧院现在没落了，但它们在"文化短缺"时代对民众的精神生活却有着不可磨灭的历史意义。这里所谓的"老影剧院"是指在我国传统文化管理体制下承担电影播放或戏剧演出任务的事业性单位及其场所。

在20世纪90年代前，我国由于受到计划经济模式以及传统文化管理体制的影响，文化产品生产与供给出现严重短缺现象，国产电影的生产数量很有限。新中国电影的发行放映模式在20世纪90年代前一直是"制片厂—中影公司—各省级电影发行公司—市、县电影发行公司—电影院"的"统购统销"、"层级发行"的计划模式。在生产短缺的情况下，物质产品的计划配给只会让短缺变得更稀缺。而文化产品的计划配给模式在"文化短缺"时期恰恰起到了文化增值的溢出效应，因为精神产品会在共享中不断增值。一块饼或许连一个人的肚子也填不饱，而一部电影却可以让所有欣赏了它的人都得到精神满足。电影发行放映的计划模式最大程度地使有限数量的影片实现了大众共享。与当时的收入水平相适应，全国统一标准制定的低票价可以让普通民众轻松迈入电影院，单厅的大剧场格局可以容纳更多的人观赏电影或其他演出。

对于生活在20世纪80年代的中国人来说，老影剧院承载了当时人们许多美好的文化记忆，也是那些岁月最重要的公共文化空间之一。但是，随着市场经济的发展，文化需求日益多元化，文化供给也越来越丰富，国产电影的计划模式逐渐无法适应时代的发展。2002年开始，"院线制"得以推行，打破行政分割，以资本为纽带的市场化电影发行放映机制日渐成为主流。部分国有老影剧院或加入院线，或加以改造继续放映，更多的基层老影剧院在经历了转企改制的变革后越来越无所适从，或消亡，或停业，或转租。

无论我们多么不情愿，这些有着辉煌纪录的老影剧院已然无法也不该再进入中国电影业发展的滚滚洪流。在曾经的"文化短缺"时代，那些老影剧院有着观者如潮的繁荣往事。可惜，这样的繁荣往事只是"文化饥渴"的印证。

在文化日益繁荣发展的今天，老影剧院确实不合时宜了。电影业是我国文化产业发展中最具有代表性的行业之一，它已经走上了市场配置资源的产业化发展道路，老影剧院虽然经过了改制，但其运营方式、人员结构以及产权体系还很难真正适应市场机制。老影剧院大多是单厅大剧场格局，这样的空间结构显然与现代影院的多厅灵活经营趋势不符，改造的难度也很大。老影剧院大多还存在建筑老化、技术设备陈旧等一系列问题，与快速发展的现代电影业渐行渐远。因其如此，老影剧院在进入院线体系的时候困难重重，与社会资本对接的时候也顾虑重重。

从当前我国电影业发展的角度来看，老影剧院也不该再进入电影领域。电影院线已经走上了市场化发展道路，尤其最近几年，随着国家文化繁荣发展战略的确立，大量社会资本进入影院建设，在带来电影业繁荣的同时，也出现了投资过热的问题。总体来看，影厅增长幅度已经大大超过了票房增长。按照官方统计，2012年全国银幕数（一块银幕代表一个影厅）达到13118块，同比增长42%，全年总票房为170.73亿元，同比增长30.18%。具体来看，单个影厅的平均收益近3年连续下跌。2010年单影厅平均票房收益为164万元，2011年为142万元，2012年则只有130万元。在这样一个显然已经存在发展过热、市场集中度不足的领域，如果老影剧院还要勉强进入的话，不但无益于改善其处境，也不利于整个电影发行放映市场的健康发展。

鉴于基层老影剧院的特定历史积淀与特殊身份角色，告别电影，立足戏剧，向具有地方性的公益剧场或展厅发展或许是明智合理的选择。老影剧院还是国有文化资产单位，还维系着很多人的生计，也寄托着一个城镇或社区的文化记忆。我们不能不负责任地任由老影剧院空置租售，也不应该草率地鼓励其再挤入投资过热的电影产业。

老影剧院，尤其是基层老影剧院，虽然现实的处境有些艰难，但其对所在地域却是有着非比寻常的意义，往往已经成为这些地方的文化地标。老影剧院应当果断告别电影，考虑向地方性公益戏剧演出或非遗展示方向发展。从文化产业发展的总体规律来看，电影业追求规模经济，而戏剧业需要经典积淀；电影业是一个在线产业，而戏剧业是一个在地行业。美国有3万多块银幕，主要由帝王娱乐集团、AMC院线等少数大院线控制，市场集中度很高。美国的戏剧剧场也很多，虽然有百老汇这样的商业演出集聚区，但大多较为分散，其地域性、特色性比较突出，往往也是社区的公共文化空间，因此其公益性较强。我国的电影业已经是一个高度市场化的领域，政府应当适度退出。戏剧业的产业化不足，地方性戏剧演出尤其需要公共扶持，鼓励老影剧院承担起地方性公益演出或非遗展示的功能，发挥其地方公共文化空间的作用，激活其剧场功能，不仅让老影剧院得以延续发展，也有益于推动因地制宜的公共文化建设。

中国电视业的"春晚"式症候①

魏鹏举

为什么诸多电视台都要挤在一个时间点靡费巨资办同一类型的节目，如"跨年演唱会"，如"春晚"？在观众兴趣日益多元化、注意力日益分散的情况下，这样的同质化竞争是不是真的在浪费宝贵传媒资源而又无所裨益？习惯性地在"春晚"等雷同节目上纠缠折腾的中国电视业，如何走出收视争夺的泥潭而迈向海阔天空的多样化发展格局？

对于第一个问题，传播学的竞争性复制（Competitive Duplication）理论是比较有解释力的。为了争取最大多数的受众，大家争相模仿那些已被证明能吸引收视的电视节目，如选秀节目、相亲节目、综艺晚会等。中央电视台30多年来举办的春节联欢晚会，适应中国人团圆守岁的文化传统，已然成为收视成功的典范，正因为如此，最近三四年里，各大卫视也纷纷不惜血本大办"春晚"。这种竞争性复制策略，从一般产业竞争的角度来看，适用于起步发展期的企业，既节省了研发成本，又可以避免市场风险，借助成熟路径顺利进入市场，甚至可以通过适当的改进，实现后来居上。在文化产业领域，竞争性复制的效益在短期更为显著。文化消费变幻莫测，内容创意成本大、风险高，几乎没有成本和风险的模仿复制往往会成为文化企业追求利益最大化的最好策略。

这种竞争性复制的"春晚"式症候之所以在我国电视业普遍出现，大概主要有三个原因：其一，商业模式单一。目前，我国电视的商业收益主要来自广告，收视率就成为电视业竞争的焦点，这种比较单一的运营状况，使电视业的竞争自然就聚焦到如何提升收视率、抓住观众眼球这个比较单一的竞争模式上。其二，创新保护不足。知识产权意识不强，创新保护力度不足，对于节目

---

① 魏鹏举. 中国电视业的"春晚"式症候 [EB/OL]."元浦说文"微信公众平台，2015-08-15.

形式的模仿复制的法律追究机制缺失，这就会出现创新没效益而模仿最划算的劣币驱逐良币现象，这也是我国电视业热衷于竞争性复制的重要环境性因素。其三，竞争格局畸形。我国的电视业如同一个大农贸市场，在政策的垄断性规制下，上百个缺乏差异化竞争特色的电视频道争先恐后地向老百姓兜售具有最大趣味公约数的大众文化产品。"春晚"就成为一个典型的娱乐农贸集市。

对于第二个问题，我们需要在文化体制改革与发展的大视野中去审视分析。电视业比较理想的发展模式是多元化的差异竞争形态，与此相比，我国当前这种同质化、类型化的竞争格局显然无法充分发挥稀缺频道资源的价值，也不能适应电视消费市场的更高需求。但我们也要注意到，即使是不好的竞争也比没有竞争要好，至少在局部，竞争性复制也促进了模仿性微创新。都要通过办春晚来争取稀缺的注意力资源，竞争固然主要集中到明星等可以直接带来收视号召力的资源抢夺上，同时各个电视台也都试图通过主题策划、节目编排、形式创新等努力凸显各自的特色来增强竞争力，提升品牌吸引力。在竞争日益迫近的压力之下，即使是中央电视台，也必须通过创新节目筛选机制等举措来提升春晚的节目质量与社会关注度。电视业内部竞争所带来的微创新，同样是我国电视业进步发展的重要成果，也是电视业变革发展的累积性微力量。从实践来看，随着大量选秀节目的出现，总体的制作水平的确也在不断提升；央视春晚虽然受到的批评越来越多，但春晚本身与时俱进的创新丰富也是有目共睹的。

在文化体制改革不断深化进程中，我国电视业逐步引入了市场化竞争机制，这对于丰富电视节目、提升节目质量、配置电视制作资源等都起到了积极推动作用，但同时也的确带来了泛娱乐化和过度商业化的问题，这也正是"春晚"式症候出现的大背景和大环境。破解这种竞争性复制的困局，笔者以为还需要进一步的深层体制性结构治疗。这也就是开头所提出的第三个问题了。

"春晚"式症候是一个典型的中国电视业改革进程中的特色产物。在传统的事业体制下，这种各显神通的商业化竞争是不会产生的。在一般的市场经济国家，寡头竞争市场格局下的电视业也很少会出现如此普遍的竞争性复制现象。以美国为例，其电视业的市场集中度很高，电视业的竞争往往体现为全产业链运营能力的竞争。

我国电视业发展的制度模式与一般市场经济国家不同，因此，在现有事业性电视业管理体制下，结合行业发展趋势，我觉得可以在以下三个方面推进改革，或许有望走出当前的困局：其一，加快推进三网融合，适应信息化的时代趋势，逐步实现电视业的全媒体运营，丰富视频内容的盈利模式；其二，加强培育公有资本的战略投资人，推动中国电视业横向整合，提升电视业市场的集中度，聚合内容生产资源，推动中国电视业的竞争由渠道时代真正迈进内容时代；其三，推动我国文化产业的规模化发展，培育具有全产业运营能力的文化旗舰，促使中国电视业的经营由单一的注意力经济模式向规模经济、范围经济模式拓展。

当用市场理性破解中小城市
看电影难的问题①

魏鹏举

大城市的现代电影院线发展已经比较充分，乡村有"2131"电影放映工程的公共文化服务保障，中小城市则处于不上不下的"夹生层"，加之原有老影剧院没落，随着我国电影人口的增长，中小城市的观影需求与电影设施不足的矛盾逐渐显现。

对于中小城市看电影难的问题，一种很有代表性的观点就是建议将其纳入公共文化的范畴进行解决。这种思路是不可行的。首先，电影产品并非一般公共文化产品。公共品是指那些具有不可分割性、非竞争性和非排他性的基本公益性产品。在文化方面，公共文化遗产、共同信仰、族群语言、人文教育等一般被公认为公共产品。电影产品具有很强的创新性，是一种个性化的文化产品，在消费方面也足以实现竞争性和排他性，是市场完全可以胜任的领域。人为地将电影视作公共品，这不但不符合电影的产品属性，也不利于电影的创新与发展。其次，应用于农村的公共文化服务模式并不能适应城镇居民对于电影的需求。农村的电影放映工程是满足一个村子一个月看一场电影这样的基本文化生活需要，而城镇居民则是希望能及时欣赏到最新最好的大片或各类特色电影，这是公共文化服务无法实现也不该由公共文化服务介入的领域。

实践发展表明，电影产业的繁荣发展是解决中小城市电影问题的基础。经过最近几年中国电影的迅猛发展，尤其是 2010 年 1 月《国务院办公厅关于促进电影产业繁荣发展的指导意见》颁布，重点提出扩大院线经营规模、大力支持城镇数字影院建设的意见，我国基层电影市场有了极大改观，中小城市的电影

---

① 魏鹏举．如何破解"中小城市看电影难"［N］．人民日报，2013-02-22．

院建设在超常推进。全国影院银幕数在 2009 年之前一直保持 15% 左右的增长水平，当时全国有 4723 块银幕，2010 年增速迅速达到 32%，2011 年高达 48%，截至 2012 年底，全国影院银幕数增加至 1.31 万块，相比 2011 年同期增长 42%。这些院线和银幕数的增长主要发生在二三线城市，电影院的投资热情方兴未艾，基层影院发展将迈入"井喷期"。比如，东莞 2012 年全年有 7 家新影院开张，据业内预估，2013 年全市新开张影院数量将超过 2012 年水平。即使像承德这样的北方三线城市，市区的多厅电影院也有五座之多。2013 年万达广场暨万达院线项目共有 27 个正在建设中，除两个一线城市项目以外，剩下的 25 个项目均分布在二三线城市，此外还会有与其他商业地产合作开设影院的项目。

中小城市电影院的建设也已经显示出了很好的投资效果。以定位二三线城市主攻数字化的大地院线为例，近几年排名稳步上升，2010 年进入全国院线前十，2012 年就发展到前六，布局二三线城市的战略，即使大地院线避开了大城市的激烈竞争，同时也能够占据发展先机，提升增长能力，2009~2012 年大地院线票房复合增长率高达 104%。

中国电影发展的成功经验表明，市场化是符合中国电影发展特性和利益的最佳方式。尊重电影市场规律，制定合理的电影公共政策，这是又好又快实现我国基层电影发展繁荣的根本之道。

二三线城市电影发展不足的问题实质，不是供给问题，而是需求问题。如果比较近些年电影票房最高的城市排名，总体上与其经济发展水平正相关。电影院的密度也与人均消费能力正相关，在东部，经济发达、人口稠密的县城电影院已经趋于饱和；而在西部，一个地级市或许还没有像样的电影院。我国电影市场发展的冷热不均，的确是一个会制约电影业全面健康发展的大问题，一方面电影业热的地方可能会出现电影院投资淤积、风险加大问题；另一方面电影业冷的区域资本缺血，不利于电影消费群体的培育。

针对当前经济欠发达地区中小城市电影市场弱小的问题，公共政策应当在如下四个方面积极作为：其一，利用必要的财税杠杆，积极培育当地电影市场，对于基层电影院的建设或改造予以适当的财政补贴和税收优惠；其二，发挥电影基金等政府资金的引导作用，引导社会资本从过剩的大城市向中小城市流动，既是活血，也是化瘀；其三，培育国内电影院线的战略投资主体，让这些市场主体成为破解我国电影市场发展不均衡的市场主角；其四，进一步加大力度支持城镇数字影院建设，实现二三线城市电影市场的后发优势，也推动我国电影产业的健康发展。

21 世纪图书价格战的历史、成因及其对策分析[①]

——兼论"以书价破题促改革"的必要性

周正兵

自 20 世纪 90 年代，我国图书定价制度改革以来图书价格就一直争议不断，先是转轨时期行业内部对政府价格规制的争议，再是市场化时期大众对价格飞涨的争议，而到了 21 世纪这种争议却有些令人出乎意料的转向价格战。本文在此背景下重新梳理图书价格战的历史分期，深入剖析价格战形成的机制及其原因，并在此基础上提出若干对策建议，特别是提醒有关管理部门要正视价格战对出版产业生态巨大的破坏作用，并及时采取相关措施避免事态的进一步恶化。

一、21 世纪图书价格战的历史

（一）第一阶段：实体书店之间的价格竞争

我国实体书店之间的价格竞争源于 20 世纪 90 年代的图书定价改革，1993 年国家物价局和新闻出版署联合颁布《关于改革书刊价格管理的通知》，规定除大中专教材、中小学课本以及党和国家重要文献外，一般图书价格由出版机构根据纸张成本、印刷工价和发行册数自行确定，即我们今天所谓的自由定价。在自由定价时期，实体书店就常常将价格作为竞争手段，特别是 20 世纪 80 年代崛起的民营书店常常将折扣作为与国营新华书店竞争的利器，来扩大图书销量和市场份额。

---

① 周正兵. 新世纪图书价格战的历史、成因及其对策——兼论"以书价破题促改革"的必要性 [J]. 中国出版，2012（5）：44-47.

对于这些民营书店而言，它们的收益主要取决于两个要素：其一是基于销售码洋之上的商品加价率，这决定其盈利水平；其二是资金的周转次数，这决定其现金流。我们假设销售码洋为 100 元的图书加价率为 30%，单位时间（如一年）周转一次，则其创造的收入为 30 元；如果加价率为 15%，单位时间内周转四次，则其创造的收入为 60 元。因此，图书销售商为了提高资金的周转率，保障良好的现金流，宁愿牺牲一部分利润，进行打折促销，这就是销售折扣形成的经济原因①。从本质上来看，销售折扣是销售商实施市场竞争的价格策略，而且由于这个阶段新华书店仍是图书销售的主渠道，且采用固定定价方式销售，所以这个阶段的价格竞争尚处于理性阶段。

（二）第二阶段：网络书店与实体书店之间的价格竞争

最近较为畅销的图书《于丹趣品人生》标价 29.8 元，在传统新华书店，如果你只买这一本书，要原价购买，如果你购买的额度较大，可以享受一定的折扣，但是这个折扣通常不会低于 9 折；在当当网，同样是这本书，一般顾客都可以享受 6.6 折，VIP 顾客则可以享受 6.3 折，而这本书的电子版则只需 5.99 元，而且这一切只需几分钟时间在家上网就可以搞定。这里所描述的就是随着当当、卓越等网络书店及其新商业模式的兴起，图书零售市场价格竞争升级后的场景。

由于网络书店具有网络经济规模化盈利特征，这就决定网络书店必然要以低价换市场，将价格作为市场竞争十分重要的手段。以当当为例，当当网自成立以来就坚守"更多选择、更多低价"的理念，走低价战略，甚至即便在 2003 年现金流为正的时候还始终采取"有意不盈利"的策略，以低价换取更多客户。2004 年更是推出"智能比价系统"，及时跟踪调整定价，并宣称"永远比对方低 10%"。而对于传统实体书店而言，它在出版社那里购入图书的折扣一般不低于 6.5 折，而随着房租和人工成本的上涨，一本书如果以低于 9 折的价格出售，实体书店基本无法盈利。也就是说，在现有市场条件下，传统实体书店的零售商业模式正走向衰败，根本就无法运用价格竞争手段。

因此，一旦实体书店与网络书店之间正面价格竞争爆发，实体书店将注定面临着一场不可避免的灾难，并最终走向关门大吉。2010 年初，号称"全球最大全品种书店"第三极开业仅 3 年后就因为亏损严重而倒闭，紧接着广州

---

① 周正兵. 图书折扣的规范分析 [J]. 中国出版, 2010, 5 (5)：19-22.

的三联书店、"学而优"暨南大学西门店、龙之媒书店这 3 家知名书店停止营业；到了 2011 年这种倒闭潮愈演愈烈，先是年初风入松宣布关门，再到年末最大的民营连锁书业光合作用宣布破产，实体书店业在价格战中全面落败，并掀起一波波倒闭潮。

（三）第三阶段：网商之间的价格战

2007 年，图书价格战的战线发生了根本性转移，从传统的"地面战场"彻底转向"空中战场"，网商之间爆发了大规模价格战，先是以图书销售为主业的网商之间价格战，接着由于综合性网商加入而演变为全行业的价格战。在价格战的"空中战场"上，传统实体书店已经沦落为看客，而只能坐视价格战无节制的蔓延，并时刻准备着关门歇业。

如果说，当当与卓越之间的价格竞争尚属传统意义的市场竞争行为，那么随着京东、苏宁的加入，这场图书价格竞争已经彻底变质——图书不再是主角，而沦为零售业市场竞争的"折扣先锋"（Loss Leader）[1]，价格竞争已经彻底超出了理性的边界，演变为恶性的价格战。这里尤以 2011 年 11 月由苏宁易购发动的价格战最具代表性。

2011 年 10 月，苏宁易购图书频道在精心谋划半年之后隆重上线，一次性上线图书数量达 60 万册，图书规模超过京东商城，与当当网不相上下，并掀起一场史无前例的价格战。10 月 31 日，苏宁易购启动了规模庞大的"0 元购书"促销活动，消费者买多少金额的图书，就会获得同等额度的"现金券"，该券可在其他商品频道购买物品，不受消费限制。一天之后，京东迅速跟进，拉开了图书音像全场满"200 减 50%"的优惠大幕；当当网随后也推出"满 100 返 200"、"满 200 返 400"的双倍返券活动……正如当当网所宣传的那样，这场价格战"从没这么疯过"，而疯狂背后是这些综合性网商利用图书作为"折扣先锋"聚拢人气、做大规模的良苦用心。这次价格战不仅造成大批实体书店消亡，而且造成图书出版业的产业生态极度恶化，并将在不久的将来给出版业带来毁灭性的伤害。

二、价格战的发生机制

按照营销学大师菲利普·科特勒的战略性营销思维（STP）理论，只要行

① Maria-Florina Balcan, Avrim Blum, T-H. Hubert Chan and Mohammad Taghi Hajiaghayi. A Theory of Loss-Leaders: Making Money by Pricing Below Cost [Z]. WINE 2007, LNCS 4858, 2007: 293-299.

业中的大多数企业能够按照"细分市场"（Segmentation）、"订定目标"（Targeting）、"定位"（Positioning）方式战略性定位自身的产品，企业就可以避免低层次的价格竞争，而这个行业也因此可以避免整体性的价格竞争①。就定位而言，书业可以说是所有行业中产品差异化程度最高的，因为从本质上说，每一本书都有自己独特的内容，都有自己的市场目标，因而都有自身独特的定位。因此，一般而言，图书行业不应该发生整体行业性的价格竞争，特别是价格战，但是当下我国图书价格竞争已经演化为全行业的价格战，以下将就其发生机制展开分析。

笔者认为，目前这场整体行业性的价格战实质上是多方博弈的囚徒效应，图书行业的价格战正是在几轮价格战后，多方殊途同归的一个结果，以下我们结合图例予以还原。我们假设图书销售市场上有三类销售主体：其一是实体书店，我们假设就是民营书店风入松，这里用 c 表示；其二是以图书销售为主业的网商，我们假设就是当当网，这里用 b 表示；其三是综合性网商兼营图书销售业务，我们假设就是京东商城，这里用 a 表示（见图 1）。

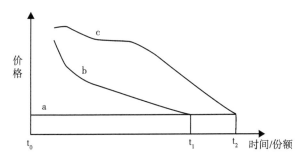

图 1　图书行业整体性价格战演变示意②

我们假设在 t_0 这个时间点上，a、b、c 由于提供的服务具有差异性，如京东商城（a）具有价格优势，当当网（b）具有规模与专业服务优势，而风入松（c）所提供的"人，诗意的栖居"的文化氛围是网络书店无法比拟的，因此这三家企业有着自身不同的市场定位与定价策略，因此没有必要采用价格竞

①　菲利普·科特勒（Philip kotler），凯文·莱恩·凯勒（Kevin lane keller）．营销管理（第13版）[M]．王永贵等译．格致出版社，上海人民出版社，2009.

②　于建原．企业避免行业性整体价格战的竞争战略 [J]．财经科学，2002（6）：50–54.

争手段，各自拥有相应的市场份额而相安无事。

但是，到了 t_1 这个时间点上，随着京东商城（a）上线图书数量逼近当当网（b），其专业服务也有了明显的提升，当当网（b）为消费者提供服务的差异性不再明显，消费者自然会转向京东商城（a），这种趋势在 t_0 至 t_1 这个时间段中变得越来越明显，以至于当当网（b）所拥有的市场规模不再具有经济效率且对其战略目标构成威胁。于是，当当网（b）自然要采用价格竞争方式，直至与京东商城（a）的定价水平重合，这时候书业局部范围的价格战打响。

随着书业价格战的打响，风入松（c）原本依赖服务质量实施高端定价的策略就很难奏效，因为随着这场价格战市场份额迅速向京东商城（a）、当当网（b）两类企业集中，现有的市场份额已经无法让风入松（c）保持基本的利润水平，因此，风入松（c）不得不被动应战，于是价格战在 t_2 这个时间点上全面打响，演变成全行业整体性的价格战。

三、价格战的成因分析

我们认为，图书领域的价格战当然不是企业孤立的行为，而是行业自身的条件决定的，这主要包括产品差别程度、产业生命周期、市场集中度、企业间的相互市场势力等因素，以下我们结合这些因素予以分析①。

（1）就产品差别程度而言，我国图书市场产品同质化现象严重，产品差异化程度不具备较高的顾客价值区别能力。其一，我国出版企业由于受体制的影响，普遍存在"大而全，小而全"的问题，企业定位雷同，几乎没有什么品牌意识，而且业务高度同质化，因此，出版企业长期处于同质化竞争状态；其二，图书出版跟风现象严重，例如《吃出健康来》等养生类图书热卖之后，仅 2009 年全国图书零售市场就有 2.1 万余种健康类图书，400 多家出版社介入健康类图书出版，很多图书都是小作坊生产出来的，内容雷同、品质低劣，因此多依赖价格竞争抢占市场。

（2）就产业生命周期而言，我国传统出版产业与全球纸质出版产业一道正走向衰退期，新兴数字出版正高速增长，大有取代传统出版之势。新闻出版总署出版产业发展司《2009 年新闻出版产业分析报告》显示，随着数字化技

---

① 安同良，杨羽云．易发生价格竞争的产业特征及企业策略［J］．经济研究，2002（6）：46-54.

术的发展，出版产业的总体格局开始发生变化，数字出版总产出已达到 799.4 亿元，总体经济规模超过图书出版，而与此同时，传统出版业的增速开始放缓。由于传统出版业处于衰退期，整体市场份额正在局部缩小，而出版企业又需要一定的规模才能保障其利润水平，因此企业对于价格较为敏感，也多愿意采用价格竞争的方式争夺市场份额。

（3）就市场集中度而言，我国传统出版产业的市场集中度极低，因此很难在价格上实现合谋。我国出版产业受体制制约，多是区域性、行业性的出版企业，其规模较小，行业集中程度极低。根据干春晖等的研究，2003 年中国图书出版产业的市场集中度 CR4（CR 是 Concentration Ratio 的简称，表示集中度。在一个行业中，若干最大企业的产出占该行业总产出的百分比。CR4 = 行业前四名份额集中度指标，以此类推）为 8.01%、CR8 为 12.32%、CR10 为 14.03%；而根据 1998 年美国出版公司对国内市场的占有率计算，其 CR4 为 64.3%，是我国出版业 CR4 水平的 8 倍①。由此可见，我国出版产业的集中度较低，很难实现价格合谋，也很难通过价格联盟的方式避免价格战，这恐怕也是 2010 年颁布的《图书公平交易规则》无疾而终的重要原因之一。

（4）就企业间相互的市场力量而言，处于出版产业链下游的销售商，特别是网络书店处于强势地位，对于由销售商发动的价格战出版企业只能听之任之。我们知道，在传统图书零售市场状态下，除了新华书店之外的民营书店是完全竞争的，因此出版社对价格有相当的控制程度，一般也不会发生价格战。但是，随着网络书店的崛起，特别是当当、卓越、京东等网络销售商的发展壮大，它们的销售网络对于出版社而言是不可替代的，因此它们也往往处于强势地位。在这种情况下，网络书店作为销售商往往利用其强势地位不断压低价格，甚至出于自身的经营策略需要主动发动价格战，导致价格战不断升级。

四、对策分析

综合以上分析，笔者认为，图书出版业之所以成为价格战的高发区主要是产业自身的原因，因此消除价格战的对策亦应从产业自身入手，特别是要提升产业的内容原创能力、产品差异程度、品牌竞争能力等综合能力，才能将图书

---

① 干春晖，赵音璇.中国图书出版业的市场结构、行为和绩效分析 [J].上海财经大学学报（哲社版），2005（6）：23-29.

出版业的竞争从价格竞争转向质量竞争，从而从根源上清除价格战。

（1）要进一步放开产业准入，实现优胜劣汰。目前我国的出版产业正处于市场化的关键阶段，买方市场已经初步形成，但是，由于行政垄断原因，不少毫无原创内容与经营能力的出版企业无法淘汰，它们常常采用买卖书号、跟风出版等手段实现生存，导致出版产业"柠檬现象"严重，并成为价格战爆发的重要诱因。因此，要摒弃行政化手段设置行业准入障碍，通过市场化竞争实现优胜劣汰，从而优化资源配置，实现出版产业结构的调整和升级，并通过产业的高度集中化避免不必要的价格竞争。

（2）要进一步推动企业重组，提升产业集中度。文化体制改革以来，我国出版行业通过组建出版集团以及推动企业上市等手段，产业的集中程度有所提升，但是与西方发达国家出版产业集中程度及出版业自身的规模经济要求比较而言，尚有较大的差距。由于传统出版产业集中程度较低，单家企业的市场份额十分有限，导致整个出版产业链生态失衡，特别是应对价格战时传统产业企业既无定价权也无价格合谋的可能性，只能被动卷入价格战。因此，出版产业要积极推动现有骨干企业的"三跨"突围，推动出版企业强强重组，提升产业集中度，优化产业生态，避免价格战。

（3）要进一步挺拔主业，加强内容原创能力。前文我们分析认为，我国出版业价格战十分重要的一个卖方原因是产品差异化程度低，这主要是因为传统出版企业的内容原创能力不足，精品力作少，而跟风之作层出不穷，这必然会导致价格竞争乃至价格战。因此，出版企业要进一步挺拔主业，明确定位，打造品牌，特别是要加强内容原创能力，打造精品力作、传世之作，从而通过提供差异化产品来避免价格战。

（4）要积极拓展数字业务，提升企业竞争能力。整体而言，传统出版单位在数字出版领域表现乏力，未能成为数字出版产业主体，其原因源于传统出版单位尚未完成自身身份的转型，即从内容提供商转换为内容集成运营商。由于传统出版企业囿于传统纸质出版，而传统出版业务正处于下降通道，所以不可避免地要通过价格战来获取市场份额。因此，我们认为，传统出版要将自己科学定位为内容集成运营商，充分挖掘自身资源禀赋和发展空间，积极拓展数字出版业务，提升企业竞争能力。

五、结论

当然，对于目前这场图书价格战而言，显然已经超越了正常价格竞争的范畴，特别是当当、京东、苏宁之间所发动的价格战已经从图书业转向网络零售业，而图书业不幸成为这场价格战的牺牲品。因此，我们认为，通过出版业自身的努力显然并不能解决价格战所造成的市场失灵问题，而应该如出版业内人士所呼吁的那样，"规范图书定价方式，建立有利于提高图书质量和出版发行两环节合理分担风险的运行机制，进行新一轮的书价改革，当属当前应兴应革之事"。[①] 对此，笔者深表赞同，并曾经多次撰文呼吁，笔者始终认为，这场图书价格战正在给出版业带来前所未有的危机，并已经威胁到了出版业的生态链条，有关部门应当重视这场价格战，并采取切实措施，避免事态的进一步恶化殃及出版业的健康发展[②]。

[①] 宋木文，陈昕. 倡以书价破题促改革 [N]. 中华读书报，2011-03-30 (6).

[②] 周正兵. 英国百年净价图书制度及其启示——写在《图书公平交易规则》通过之时 [J]. 出版发行研究，2010 (4)：68-71.

文化科技

新媒体环境下文化科技融合创新机制研究[①]

孔少华

中共十七届六中全会审议通过的《中共中央关于深化文化体制改革、推动社会主义文化大发展大繁荣若干重大问题的决定》明确提出："科技创新是文化发展的重要引擎。要发挥文化和科技相互促进的作用。"《中共中央国务院关于深化科技体制改革加快国家创新体系建设的意见》则有"发展创新文化"的提法，用以阐述文化对科技创新的重要作用。文化科技密不可分、相辅相成，文化产业的发展离不开文化科技的融合创新。

一、新媒体技术进步促进科技文化融合

在人类发展史上，文化科技一直在交叉融合中发展，共同促进了人类文明的发展进步，"科技进步带来了文化生产方式深刻变化、文化形态深刻变化[②]"，"科技创新是文化的重要组成部分，不断丰富文化的内涵。科技创新是社会文化形态演进发展的催化剂。科技创新是促进新型文化业态形成发展的核心动力。科技创新使文化表现形式更加多姿多彩[③]"。随着当代新媒体技术的发展，文化内容的生产、传播和消费环节正发生着重大变革，在这种环境下，文化与科技的关系更加紧密。

（一）新媒体技术改变文化生产形态

随着信息技术和网络技术的发展，文化内容生产的形态正发生根本性变革。新媒体技术使得文化内容的生产更便利，数字技术、复制技术使得文化生产的边际成本越来越低；新媒体技术使得文化内容的生产更具多样性，与纸媒

---

① 孔少华. 新媒体环境下文化科技融合创新机制研究 [J]. 上海文化，2014 (10).
② 祁述裕，刘琳. 文化与科技融合引领文化产业发展 [J]. 国家行政学院学报，2011 (6)：64-67.
③ 王志刚. 推进文化科技创新，加强文化与科技融合 [J]. 求是，2012 (2)：54-56.

相比，数字环境下的符号系统丰富，可以表现的内容更生动、更多样化；新媒体技术催生很多新的内容生产团体，工具的扩散带来了内容生产群体的扩张，技术的扩散使得原来的潜在生产群体成为实在的生产群体。随着技术的发展，文化内容的生产方式发生了根本性变革，在内容生产中技术和文化的界限越来越模糊，随着技术和文化的进一步融合，很多"新兴业态"正推动文化产业的发展。

（二）新媒体技术进步改变文化传播形态

新媒体技术的发展使得文化传播的形态正发生着巨大的变化，文化传播时间、空间以及组织形式正发生着巨大变革。技术发展使得文化传播更快，数字技术的发生使得内容的复制和传播效率更高，内容的生产和传播更具实时性；技术发展使得文化传播得更远，互联网信息传输技术让信息传播的空间更广泛，不再受到空间和地域的限制；技术发展使得文化内容的传播更具自发性，随着互动技术的发展，人人均成为主动的信息传播点，内容的传播渠道发生了巨大的变化，信息传播将在新的规律下进行。在这种环境下，文化的传播已经离不开数字传播技术，数字传播渠道成为文化传播最重要的渠道之一，随着越来越多的群体加入网络，形成"网络效应"，科技与文化将融合为不可分割的一体。

（三）新媒体技术进步改变文化消费形态

新媒体技术发展，尤其是互动技术的发生使得文化内容消费市场发生着巨大的变化。消费者更具主动性，产生出很多的"积极受众"，消费者的意志正改变着文化消费市场，生产者和消费者的关系正发生着巨大的变化；新媒体技术对文化消费具有重要的推动作用，随着技术的不断进步，消费者更多的碎片时间被利用起来，按照时间统计的消费进一步提升；新媒体技术改变了用户的消费习惯，随着技术接受的不断普及，人们对基于互联网技术的消费更加习惯，基于网络的消费也不断增强，人们的消费形态正发生着巨大改变。

二、文化科技融合创新系统的构成

文化科技融合创新系统可以有不同的分类，按照文化科技关系可以分为文化系统和科技系统，按照主体可以分为企业、政府和消费者，按照生产链条可以分为生产者系统、传播者系统和消费者系统以及控制者系统。

（一）文化系统与科技系统

一般系统论创始人贝塔朗菲认为"文化系统具有整体性，应把文化视为有机系统"。作为文化系统来说，可以由不同的文化特质构成，如意识形态、制度等；而科技系统则是一个生产科学和技术产品的系统。无论科技系统还是文化系统，都是一个开放的系统，与外界环境进行着动态的物质、能量和信息交换，本身科技系统和文化系统之间也进行着各种物质、能量和信息的交换。随着技术的进步和发展，文化系统和科技系统的交换发生了巨大的变化，信息交换成为主流，信息交换的速度更快，文化科技系统在信息技术的推动下不断走向融合。

（二）文化科技融合系统中的生产链条

按照生产链条，文化产业链可以分为文化的生产系统、传播系统和消费系统。文化生产系统本身也是文化系统与科技系统的综合体，对于文化生产来说，生产技术是科技系统的重要组成部分，而内容生产则属于文化系统的范畴；传播系统则是基于信息技术的内容传播系统，同样离不开文化和技术的共同作用；对于消费系统来说，也是受到文化和科技的双重影响，科技决定信息传输而文化则决定价值判断，消费系统也在文化与科技双因素驱动下不断演化。

（三）文化科技融合系统中的创新主体

按照创新主体来分，文化科技系统的创新主体主要包括政府、企业和消费者。在传统环境下，政府是文化科技融合创新的主体，政府通过投入大量的人力、物力推动科技进步，同时政府也会不断地进行文化环境构建，并推动文化产业发展；随着市场经济的不断进步，政府推动式的发展模式逐渐被企业主导的模式取代，企业成为创新的主体，为了获得竞争优势，企业将不断地整合科技资源和文化资源，提供具有竞争力的文化产品和服务；在新媒体环境下，消费者开始主导创新，企业的创新只有不断满足用户的需求才能在市场中获得竞争优势。

三、文化科技融合创新的动力机制

文化科技系统随着系统信息、物质和能量的变化而发生变化，文化科技系统的创新动力主要有两种，一种是融合动力，通过文化和科技的融合推动创新；另一种是创新动力，通过改变系统的信息、物质和能量流动推动系统的发展。文化科技融合创新的能量流动主要受政策推动、科技推动以及需求拉动等因素的影响。

（一） 政策推动

政策推动是文化科技融合创新的重要影响因素，因此，政府通过机制体制创新增加文化科技投入，改变文化科技结构，将有助于一国文化产业的发展以及文化竞争力的提高。政策推动主要包括投入性推动和结构性推动。

投入性推动主要是通过改变外部系统与文化科技融合系统的信息、能量、物质交换推动产业的发展，主要是加大对特定的对象的人、财、物的投入，提高创新动力，推动系统创新发展。加大信息新兴产业的支持是投入性创新的例子，信息新兴产业是文化科技融合的交叉领域，具有巨大的潜力，加大该领域的投入有利于提升文化科技融合的创新动力。

结构性推动主要是改变文化系统和科技系统的能量交换关系，通过结构性调整提升文化科技创新的动力。文化创意园区的建设是结构性创新的例子，文化创意园区有利于为科技创新提供良好的文化环境，同样，也通过园区改变了文化系统和科技系统的信息、能量等交换方式。文化园区通过地域性结构调整改变了文化科技的交换结构关系，在促进文化科技地域融合的同时，增强了文化科技融合创新的动力。

（二） 科技推动

科技是文化系统发展的重要动力，科技的进步改变文化生产、传播和消费的形态。例如，网络技术的发展使得传统媒介生产能力、传播能力更强，消费市场更大；移动互联网进一步改变了内容的生产和消费格局，消费市场不断扩大；大数据技术改变了用户与企业的关系，企业可以根据大数据更准确地分析用户需求，减少生产与消费市场的不确定性因素。

同时，科技进步也带来了新的产业主体的利益分配格局，例如，在传统传播环境下，由于复制和传播成本的原因，消费渠道在利益分配格局中处在劣势地位，但是互联网发展环境下，渠道提供商正在取得支配地位，原有的利益格局将被改变，内容优势逐渐被技术优势所代替。这种环境促进了文化企业的并购以及相应的资本流动，例如，在线视频企业为了获得竞争优势不断地整合上游文化创意资源，电影公司则通过衍生品市场获得更多的利益。

（三） 需求拉动

需求是科技文化融合创新的重要动力，在以用户为中心的市场中，企业的文化生产和科技创新主要受消费者需求的引导，选择什么样的技术、生产什么样的内容、怎样创新，这些是企业所需要考虑的重要问题。对于文化消费市场来说，需求拉动创新主要是对技术、内容以及融合的需求。需求拉动技术创新，技术的进步有助于为用户提供更加方便的工具，满足用户对技术易用性的需求；需求拉动内容创新，内容的创新可以为消费者带来更多的新奇体验，满足用户对新奇的追求；需求促进文化科技的融合，单纯的文化创新或者科技创新很难满足日益多样化并且变换快速的用户需求，为了实现快速的反应能力，融合科技与文化的双重力量，以文化应对需求的多样性，以科技应对需求的快速变化。

四、总结

文化和科技是不可分割的整体，文化科技的融合发展对一国的文化产业的发展有重要作用，对于企业来说也决定着其能否取得竞争优势，获得更多的收益。对于管理者来说，促进文化科技融合，以融合促进创新需要注意以下几个关键问题：

文化系统与科技系统是非线性的关系，这使得系统处在一个非平衡状态。正是这种非平衡状态带来了创新的可能，新技术不断涌现，企业之间的平衡不断被打破，国际平衡不断被打破，非线性的关系带来了管理的难度，同样带来了更多机遇。

文化系统与科技系统的融合发展是一个自组织与他组织的综合过程。政府的政策推动是他组织过程，这种过程更具确定性；技术、市场拉动则是自组织的过程，这种过程更具活力。成功的文化管理需要根据实际情况有效地整合两种方式。

技术是文化科技融合创新的主要力量，科技的进步正以前所未有的速度改变着人类文化的生产、传播和消费方式；文化内容是核心竞争力的重要部分。文化科技融合是在需求主导下的融合过程，是企业获得竞争优势的主要途径。

数字内容产业的发展趋势与动力分析[①]

孔少华

数字内容产业的概念在世界各国有着不同的内涵与外延，数字内容产业可以是"内容产业"的子集、"文化产业"的子集，"版权产业"的子集，"创意产业"的子集。当前数字内容产业的发展趋势主要有：数字技术竞争日趋激烈，移动内容成为新的增长点，金融资本带动产业发展，国家推动力不断增强。数字内容产业的发展动力则包含技术创新、传播扩散、资金流转和政策推动四个方面。未来数字内容产业的竞争重点将集中在国际化、技术创新、版权保护、本土特色挖掘以及高端数字内容企业扶持等方面。

一、数字内容产业的概念

国际上数字内容产业的概念源自 1995 年在西方七国会议首次提出的"内容产业"（Content Industry）概念。1996 年，欧盟《信息社会 2000 计划》中进一步明确了数字内容产业的内涵，即"制作、开发、包装和销售信息产品及其服务的产业"，它涉及移动内容、互联网服务、游戏、动画、影音、数字出版和数字化教育培训等多个领域[②]。

美国的数字内容产业概念发源于版权产业，美国知识产权联盟（International Intellectual Property Alliance）于 20 世纪 90 年代对版权产业做了界定，将版权产业分为核心版权产业、部分版权产业、版权发行销售产业、版权关联产业四大类。在"版权产业"分类体系下，"数字内容产业"也叫"数字版权产业"，是版权产业中内容数字化的部分，包括电影产业中的数字内容、音乐

---

① 熊澄宇，孔少华. 数字内容产业的发展趋势与动力分析 [J]. 全球传媒学刊，2015（2）.
② 闫世刚. 数字内容产业国际发展模式比较及借鉴 [J]. 技术经济与管理研究，2011（1）：104-107.

产业中的数字内容、软件产业中的游戏内容等。

英国的数字内容产业也叫数字创意产业。英国在创意产业方面全球领先，英国创意产业的核心部分就是数字内容产业①。在英国《2001 年创意产业发展报告》中，广告、建筑、艺术和文物交易、工艺品、设计、时装设计、电影、互动休闲软件、音乐、表演艺术、出版、软件、电视广播共 13 个行业被确认为创意产业，创意产业与数字产业的交集是"数字广告"、"数字设计"、"数字音乐"、"数字电影"、"数字互动"（游戏、动漫等）等产业。

在中国数字内容产业是"文化产业"的一部分，也是"信息产业"的一部分，以此为基础，本研究认为，数字内容产业是建立在数字通信和网络等技术基础之上，融合了出版与印刷、广播电视、音像、电影、动漫、游戏、互联网等多种媒体形态，从事制造、生产、储存、传播和利用文化内容的综合产业②。根据研究的需要，本研究关注的数字内容产业领域主要包括数字动漫、数字游戏、数字音乐以及数字视频产业等。

二、数字内容产业发展趋势分析

随着新技术的不断涌现，在政府政策和金融资本推动下，世界数字内容产业蓬勃发展，不断壮大。根据美国市场研究公司 eMarketer 提供的数据，2014 年全球数字广告支出高达 1460 亿美元，而根据市场调研公司 Newzoo 的相关数据，2014 年全球数字游戏市场收益高达 815 亿美元，根据国际唱片业协会（IFPI）的最新数据，2013 年世界数字音乐贸易收入 150 亿美元。各种数据表明，世界数字内容产业规模不断提升并呈现以下趋势：数字技术的竞争日趋激烈，移动内容成为新的产业增长点，数字内容产业的资本流动日趋活跃，各国对数字内容产业的支持力度不断增强。

（一）数字技术竞争日趋激烈

科学是第一生产力，科学技术的变革引发了一次次的产业变革，数字内容产业与数字技术具有天然、不可分割的关系，受到技术变革的影响更大。2014 年世界数字内容技术更加多样化，呈现多元增长、全面驱动的发展态势，大数据、3D 打印技术、全息成像技术、可穿戴技术不断地发展并逐渐走向成熟，

---

① 汪礼俊. 数字内容产业——英国经济新引擎［J］. 通信企业管理，2008（6）：62-63.
② 熊澄宇. 世界文化产业研究［M］. 清华大学出版社，2012.

渗透到数字内容生产、传输和消费等各个环节，正推动数字内容产业新业态的产生。

"大数据"技术是近年来影响数字内容产业发展的重要技术突破，目前大数据技术正从概念变为现实，影响数字内容产业的发展。2013 年被称为"大数据元年"，技术的发展和认识的加深使得大数据的价值被不断挖掘，影响当代人类经济和社会生活的各个方面。大数据改变了数字内容企业的发展环境，大数据技术的扩散要求数字内容企业必须适应大数据趋势，在基础技术方面全面升级，在发展模式上也要进行调整，这些都将使数字内容产业呈现新的发展态势。在大数据时代，内容和数据成为最为核心的资源，数字内容提供商必将以大数据资源为竞争点，不断地加大对大数据技术的投入，世界数字内容产业的竞争格局将发生巨大的变化。根据 IDC 的最新数据，全球大数据内容分析市场到 2015 年将达 1250 亿美元，视频、音频和图像等多媒体的数据内容分析将成为发展的重要驱动力；物联网内容分析增长非常快，复合增长率将达到30%。在未来的几年中，大数据内容市场增速会更快，成为影响数字内容产业的重要动力。

另一项影响世界数字内容产业格局的技术是 3D 打印技术，随着技术的不断成熟，3D 打印技术势将改变人类的生活和生产方式，成为数字内容产业新的经济增长点。根据市场调研机构 Canalys 提供的相关数据，2013 年全球 3D 打印市场规模高达 25 亿美元，2014 年增长迅速，市场规模将达到 38 亿美元，预期到 2018 年 3D 打印市场规模将达到 162 亿美元，2013~2018 年的复合增长率将接近 50%。目前，3D 打印技术已经开始走向应用，被广泛地应用到教育、医疗等行业。2012 年 Stratasys 宣布与以色列的 3D 打印企业 Objet 合并，并在专业级 3D 打印设备市场以接近 50% 的市场份额位列第一。世界各国已经意识到 3D 打印技术将成为数字内容产业的另外一个增长点，各国政府也都加强了在 3D 打印技术方面的投资力度，继美国总统奥巴马在 2011 年宣布向 3D 打印产业投放 5 亿美元后，日本政府也宣布投资 30 亿日元以推动当地 3D 打印发展。

可穿戴技术将成为另外一个引爆数字内容产业的新的技术趋势。可穿戴设备将通过终端的便利化重塑用户行为，最终实现数字内容产业的新增长。据互联网数据中心（IDC）的数据，"可穿戴设备在 2013 年呈现了巨大的进步与发展，2014 年的出货量超过 1900 万部，较 2013 年的销量增加 2 倍，全球可穿戴设备的出货量在 2018 年将达到 1.119 亿部，年复合增长率达到 78.4%"。2014年三大 IT 企业 Intel、Google 和 Facebook 同时宣布在可穿戴设备领域加大投资，Intel 将投资重点放在健康设备领域，以 1 亿美元的价格收购了可穿戴健康跟踪设备制造商 Basis Science。Facebook 和谷歌关注虚拟现实眼镜市场，Facebook以 20 亿美元的价格收购了虚拟现实眼镜制造商 Oculus VR 公司，Google 则将意大利知名眼镜制造商 Luxottica Group 作为重要的合作伙伴。从最初的产品实现阶段，到当前的功能拓展阶段，再到未来的产品整合以及规模应用阶段，可穿戴产品的功能特征正在逐步地发生改变，并且朝着用户更加友好的方向发展，随着功能的提升，移动可穿戴设备将占领数字内容市场，成为数字内容产业发展的重要动力①。

全息成像技术也是一个影响数字内容产业未来格局的重要技术。当前较为成功的例子有日本的虚拟偶像"初音未来"，这项技术带来了巨大的市场。2012 年 3 月，"初音未来"在东京巨蛋城举行了 4 场公演，场场爆满。日本在线卡拉 OK 公司 Xing 从 2007 年开始，提供 1800 多首"初音未来"的歌曲；世嘉公司 2009 年开始每年发售有"初音未来"登场的游戏软件；由谷歌的广告歌曲《Tell Your World EP》制成的 CD，首周销量便达到了 3.3 万张左右。根据日本野村综合研究所的研究，"初音未来"相关的消费额已经超过 100 亿日元②。"初音未来"的巨大成功预示数字内容产业发展一个新的趋势，动漫产业正在从纸媒依赖、电视依赖、电脑依赖等虚拟场地依赖中摆脱出来，未来的动漫剧场将从虚拟交互界面进入现实场所，随着虚拟界面与现实界面的界限越来越不明显，未来数字内容产业充满曙光。全球各国的数字内容企业已经意识到全息成像的巨大商机，正投入大量的资本进行全息成像技术的研究，寄望未来的产业竞争。2014 年，Google 公司的 Magic Leap 项目投入 5.42 亿美元，希望能够在未来虚拟现实技术方面获得先机。作为数字内容产业发达的韩国，也在致力于全息影像技术及产业发展，根据韩国首尔经济新闻报的相关数据，韩国未来创造部将在 5 年内投入 2.4 亿美元用于全息成像技术的研发以及相关产业的推动。

---

① 陈根 . 智能穿戴改变世界：下一轮商业浪潮 [M]. 电子工业出版社，2014.
② 吴玥，王伟 . 数字内容产业开放商业模式研究——基于"初音未来"的案例 [J]. 云南师范大学学报（哲学社会科学版），2013（1）：95-103.

(二) 移动内容成为新的增长点

Infographic 提供的 2013 年移动增长率统计显示，移动化已经成为全球不可逆转的重要发展趋势，全球拥有电话人群中，91%的人拥有手机，其中56%是智能手机、35%是非智能手机；50%的手机使用者将手机作为主要的互联网接入工具；80%的手机使用时间在用手机 APP；72%的平板电脑用户每周通过他们的平板电脑进行网上购物。移动化也将是数字内容产业新趋势和新的增长点，根据 IDC 对世界 ICT 产业的预测，2015 年移动仍然是数字内容产业的重要增长点，智能手机和平板电脑的销售额将高达 4840 亿美元，对于 IT 产业的增长率贡献高达 40%，移动互联网正重新塑造用户行为以及信息消费习惯，移动互联网正改变全球格局，移动将成为影响数字内容产业发展的重要驱动力。移动 APP 对数字内容产业的影响最大。根据 Apple Annie 提供的相关数据，2013 年移动成为影响数字内容产业发展的主要动力，全球移动端数字内容产业从 2012 年的 440 亿美元增长到了 2013 年的 570 亿美元。

移动内容正在改变数字内容的行业格局。随着移动终端的不断普及，移动互联网重新塑造了用户习惯和数字内容产业的增长方式，移动应用技术正不断渗透到数字内容的各个行业，包括移动音乐产业、移动视频产业、移动游戏产业。音乐产业受到移动互联网的影响非常之大，根据 Apple Annie 提供的相关数据，2013 年音乐 APP 消费支出比 2012 年增长了 77%，音乐订阅服务是推动网络音乐产业发展的重要驱动力，而 APP 则成为重要的音乐推广工具推动着音乐订阅服务的发展。另外，移动互联网也在重塑电影产业，创造新的价值。在线电影是 2013 年数字内容产业发展势头最强的行业，2013 年在线电影行业的同比增长高达 21%。随着 APP 应用的不断普遍化，出现了一种新的盈利模式，即电影搭配应用（Tie-in Apps），将 APP 应用，尤其是游戏 APP 应用植入电影广告，可以有效地推广新的电影，并带来源源不断的收益流。受到移动化影响最大的行业是网络游戏产业，2013 年数字游戏 APP 消费已经占据了数字游戏市场的 50%，数字游戏总体消费支出有所增长，但是速度远远低于 APP 游戏的增长速度。

移动内容正改变数字内容产业的区域竞争格局。互联网的移动化是一场新的技术变革，将引发世界数字内容产业新的竞争格局，世界数字内容产业因为移动技术的发展重新洗牌，随着智能手机的市场占有率不断提升，移动化趋势难以逆转，移动内容消费将超越 PC 内容消费，主导数字内容市场，哪些国家在移动方面占据了先机，也将在新的竞争格局中占据主导地位。根据 CNN Money 发布的报告，2014 年美国互联网史上首次出现用户个人通过智能手机和平板上的 APP 使用互联网时长超过通过电脑访问互联网时长，移动互联网成为未来数字内容产业竞争的主要战场，数字内容产业的格局正在发生微妙的变化。美国将继续引领世界数字内容消费，美国是世界上最大的数字内容消费市场，美国的领先地位得益于它比其他市场拥有更大的人口基数，同时得益于美国广泛的内容涵盖面，包括电影、音乐、游戏以及 APP 应用，这些都为美国数字内容产业的发展和领先地位做出了不可磨灭的贡献。英国将继续主导欧洲市场，作为欧洲最强劲的数字内容市场，英国在平均消费和设备接入方面紧随美国之后。在英国，游戏 APP 增长强劲，移动游戏正不断吞噬 PC 端网络游戏用户市场。日韩移动内容市场发展迅速，在亚洲乃至全世界数字内容产业处在非常领先的地位。韩国因为发达的网络游戏产业，成为世界上人均数字内容消费最高的国家。俄罗斯在移动互联网方面具有较大的增长空间，在俄罗斯数字内容市场中，数字游戏是主导行业，同时移动市场正在快速成长，2013 年的增长率高达 260%。

（三）金融资本带动产业发展

数字内容技术不断成熟，产业不断壮大，在这个发展过程中，以内容创造为主要方式的价值增值不再是唯一的手段，资本在数字内容产业发展的过程中的重要性越来越强。数字技术的发展促进了版权收益的重新分配，技术的快速发展催生出众多具有技术竞争力、试图凭借新兴技术占领市场的创新型企业。为了应对这些不确定性，数字内容企业需要不断地创新获得技术优势，通过产业链的整合获得价格优势，这些需求促进了资本在数字内容市场领域的纵向和横向流动，未来资本流转将成为驱动数字内容产业发展和变革的重要因素，资本的重要性将不断增强。

2012 年以来，并购重组已经成为数字内容产业一个重要的发展趋势，很多企业正通过并购实现产业链的垄断，通过产业链的垄断在激烈的竞争市场中获得更有利的地位。根据国际投资公司 Digi Capital 发布的全球游戏行业调查报告，2012 年游戏行业中的并购交易"打破了所有记录"，全年并购交易总额为 40 亿美元，比 2011 年 34 亿美元的整体交易额增长了 18%。2012 年大型多人在线游戏的并购交易额增长了 38%，在各种游戏类别中居于首位。从交易数量来看，移动游戏类别的交易数量同比增长 28%，大型多人在线游戏的交易数量则增长了 20%。亚洲市场是游戏行业中收购方的最大来源，2012 年 10 桩规模最大的交易中有 7 桩是由中国、日本和韩国公司发起的。游戏行业的收购也与产业链竞争有关，2013 年软银与旗下公司 GungHo 斥资约 15.3 亿美元收购芬兰游戏公司 Supercell 的 51% 股份，这次并购的目的就是形成内容生产商和渠道服务商的竞争联盟。

随着创意在数字内容产业竞争重要性的提高，资本关注的重点转向 "创意" 和 "移动"，内容制作初创公司成网络视频收购热点。随着网络版权监管力度不断增强，数字内容渠道提供商的利润被挤压，网络资本正重新寻求目标，寻求新的利润增长点，未来网络金融资本的目标不再仅仅是渠道而逐渐向内容创意倾斜。2014 年华特迪斯尼公司以 5 亿美元的价格收购了网络视频内容制造公司 Maker Studios，大量资本纷纷进入初生的网络视频内容制作公司。为了获得未来竞争力，许多大公司的资本开始转向移动，希望通过移动获得新的竞争优势。Vevo 是环球音乐集团与索尼音乐娱乐公司的合资公司，Vevo 与梦工厂动画公司形成新的战略联盟；Janoskians 组合则与 Awesomeness TV 电视公司签署了合作协议；华纳兄弟也加紧了数字内容产业链的竞争，对多渠道网络公司 Machinima 进行了大量的投资。很多传统运营商也正试图通过移动化战略重新在市场中占据优势。未来的数字内容产业，没有企业会因为单单占据了渠道优势或者内容优势就可以主导市场，只有全面地整合数字内容产业的价值链条，才能在全球数字内容产业的竞争中获得更有利的地位、价格优势、用户优势，更具创意和市场的内容和更具方便性的移动化是未来资本的逐利方向。

互联网金融正成为数字内容产业发展的重要推动力和发展趋势，互联网金融通过大数据和智能化重整产业融资链条。2014 年，数字内容企业开始大力投资到众筹行业，根据《2014 中国互联网金融发展报告》的相关数据，全球众筹市场近几年实现了高速增长，2014 年全球众筹交易规模约为 614.5 亿元，预期到 2016 年，全球众筹融资规模将近 2000 亿元，众筹融资平台将达到 1800 家。众筹模式将为数字内容产业的发展带来新的增长点，众筹模式将改变数字内容产业结构。2014 年 3 月，众筹网站 Kickstater 达到了 10 亿美元总筹资金额，游戏众筹项目在 Kickstater 发展中贡献巨大，众筹资金中游戏产业相关项目投资额高达 2.15 亿美元，其中 1.89 亿美元项目投资获得成功。数字内容产业与文化产业一样，在投融资方面具有天然的弱势，风险大、收益难以评估、中小企业众多等都会导致产业的融资难。众筹模式为数字内容产业带来了新的机会，数字电影、数字游戏等行业众筹模式正不断发展，走向成熟，众筹的资本总量也在不断增加，未来众筹模式将会把更多的金融资本引入数字内容产业，带来产业的新一轮增长。

（四）国家推动力不断增强

当前，世界数字内容产业的国际竞争日趋激烈，国家保护不断增强将成为世界数字内容产业的另外一个重要趋势。数字内容产业的外部性使得其产业的地位更加特别，产业的竞争关乎一个国家竞争力。正因如此，随着数字内容产业的竞争日趋激烈，世界各国正不断加大对数字内容产业的政策支持力度，美国继续以版权政策推动数字内容产业发展，英国的创意产业推动政策致力于创意提升，金砖国家的市场推动战略凭借用户优势以及区域合作与发达国家竞争，北欧国家的数字基础设施以及创意提升战略正充分发挥该地区的先发优势。各国正根据国家特色建立符合自身发展的战略，加大国家支持力度，推动数字内容产业的全面发展。

美国借助版权优势全面推动产业发展。版权保护政策是一种旨在通过对知识产权的垄断获得产业链原始端的竞争优势，从而在全产业链条利益分配获得较大收益的方式，美国在这方面非常成功。相关资料显示，美国电影总收入中，约20%从影院的票房收入中获得，约80%由版权的多元化开发和运营获得。版权的多元化开发与运营，不仅拓宽了美国电影产业的收入渠道，而且延长了相关产业的产业链条，即以作品创作为源头，涉及文化产业、制造业、工业、服务业等各个行业形态。随着数字技术的进步，数字内容传播渠道掌控者正在侵蚀内容生产者的利益，正在通过先进的技术垄断获得利益分配的优势，版权保护对于产业链上游的内容生产更为重要。在数字内容产业链条中，尤其是电影产业，美国在内容创造上游链条具有竞争优势，同时，版权保护政策又促使竞争无法通过简单的技术手段获得优势，保证了美国版权产业的最大化收益。

英国通过创意与技术融合促进数字内容产业发展。英国非常重视创意产业的发展，而数字内容产业是英国创意产业的核心。根据英国CBI 2014年的最新报告，英国的文化和创意成为英国吸引力的核心，使得英国成为国际投资的首选国家。同时，英国也注意到全球竞争以及数字经济给创意产业带来的挑战和机遇，尤其是数字平台的扩张为创意产业的发展带来了巨大的机会。英国拥有世界最活跃的数字经济，英国的人均网络消费是1083英镑。根据波士顿咨询公司（BCG）的相关数据，英国互联网经济在 2010 年的贡献率为 8.3%，远远高于经合组织（OECD）的平均值。为提供更好的数字公共服务，促进数字内容消费市场，提升创意产业的竞争力，英国政府于 2012 年 11 月发布了《数字英国战略》，集中讨论数字服务如何能更好地满足使用者需求。为促进信息经济发展，2013 年 6 月，英国政府发布了《信息经济战略 2013》，确定了四个主要目标：建立一个强大的创新型信息经济部门，向世界出口最先进的产品和技术；促进英国企业积极使用信息技术和数据；保证公民从数字时代中受益；巩固英国信息产业发展。该战略从技术创新、集群发展、市场产业链、公众需求、人才教育以及其他专项建设等多个方面入手，明确了英国信息经济近年的发展方向。

金砖国家的数字内容产业发展起步较晚，在技术上落后于发达国家，但是，由于这些国家的政府高度重视数字内容产业，希望凭借新兴产业"弯道超车"，缩短与发达国家的距离，这些国家的数字内容产业快速发展，尤其是在发达国家市场日趋饱和的趋势下，金砖国家正凭借庞大的用户群体，成为数字内容产业发展的重要力量。巴西政府高度重视数字内容产业的发展，2012年巴西文化部投入 58 亿元扶持基金，促进动漫影视行业的发展。俄罗斯为了推动数字内容产业的发展，正加大了对版权保护的力度，2012 年 11 月，法院对 Gala 唱片起诉 Vkontakte 的一个案件做出了具有里程碑意义的判决，判决认定 Vkontakte 非法传播了未经授权的音乐。此外，金砖国家为了获得全球的竞争力，正致力于区域合作以推动数字内容产业的发展，2012 年《金砖国家数字创意产业合作福州倡议书》的发布和 2013 年金砖国家重庆论坛的召开意味着金砖国家对数字内容产业的推动力不断增强，政府主导、区域合作将成为重要的发展趋势。

北欧国家是全球数字内容产业的重要增长点，北欧的数字内容产业具有两大先天优势：一是技术优势，二是内容创新优势。Digital Agenda for Europe 的相关数据表明，北欧各国在数字技术使用方面领先欧洲，以 2013 年的 4G 覆盖率为例，瑞典排名第 1 位、芬兰第 4 位、丹麦第 8 位、挪威第 10 位，领先的数字技术是北欧数字内容发展的一个重要优势。全球领先的国家创新力是北欧数字内容产业发展的另外一个因素。根据康奈尔大学全球创新指数报告，瑞典创新力全球排名第 2 位、芬兰排名第 6 位、丹麦排名第 9 位、冰岛第 10 位、挪威第 16 位，北欧五国全部进入全球创新力国家前 20 位。正是凭借着先进的数字技术、领先全球的创新力，北欧各国的数字内容产业也遥遥领先世界。这些国家的技术优势和创新优势，也得益于国家推动力的不断增强。芬兰数字内容产业的发展得益于良好的发展基础，芬兰的信息通信产业发达，手机和移动互联网覆盖度达 100%。为了推动数字创意产业的发展，芬兰政府专门设立技术创新融资机构，为数字内容产业提供良好的资金环境。此外，芬兰政府还高度重视知识产权保护，推出的新战略和新法律法规，都为数字内容产业的发展营造了健康的环境。挪威政府高度重视数字内容产业，致力于提高数字内容产业的国际地位。同时，挪威政府非常重视将挪威文学、挪威当代艺术、挪威音乐和手工艺品与数字技术发展相结合，推动数字内容产业的发展。丹麦曾明确由文化部长和商业部长共同做出声明，启动了一个创新的项目，致力于丹麦整体上的创意潜力，这种努力为数字内容产业发展提供了良好的基础。

三、数字内容产业的发展动力分析

数字内容产业是一个复杂的经济系统，在多种因素的共同作用下，世界数字内容产业蓬勃发展并不断壮大，从发展动力机制来看，数字内容产业是在系统外部驱动以及文化产业与信息技术内部融合驱动共同作用下的结果。总体来看，数字内容产业的发展动力主要包含技术创新动力、传播扩散动力、资本流转动力和政策引领动力。

（一）技术创新动力

马克思认为，产业的发展是社会生产力发展的结果，是技术进步推动下社会分工不断深化和变迁的结果。技术处在不断发展的过程中，随着技术进步积累到一定的程度，生产力、生产方式将发生根本性变革，生产效率不断提升，这些都将引起产业结构的根本性变革。数字内容产业是信息技术不断发展、社会分工进一步深化的结果，随着信息技术的发展，文化生产和内容生产方式发生根本性变革；内容生产方式的变革必然引起新兴行业和企业的诞生，数字信息技术的采纳影响行业竞争，数字内容企业竞争格局将随之变化；在变换的竞争格局中，信息流、资金流、物流重新配置。数字内容产业的核心是内容生产，即精神生产、艺术生产、文化生产。关于文化生产的相关研究有马克思的"精神生产"理论，本雅明的"艺术生产"理论，还有西方学者马尔库塞、哈贝马斯等关于文化产业的相关研究，尽管这些西方学者对于文化产业的研究侧重点不同，但是都非常重视技术在内容生产中的作用，将技术作为文化生产的重要媒介去研究。文化生产是人类的劳动过程，媒介技术是人类进行文化生产劳动的重要工具，媒介技术的发展带来生产力的根本性变革。作为新媒介、新技术的互联网信息技术，正通过在内容产业各个产业链条的渗透融合，成为数字内容产业发展的重要创新驱动力。

技术创新对数字内容产业驱动力表现在三个层面，分别是复制、改造和创新。技术创新的第一层驱动力是复制，即将原有的文化内容大规模复制，提高利用率，产生社会经济价值；第二层驱动力是改造原有的生产模式，通过将新技术应用于内容生产各个环节，改变内容的生产方式和呈现方式，形成形式多样的文化产品；第三层驱动力是创造，新技术的发展赋予人类更高的能力，人类可以完全创造出前所未有的文化形式。对于数字内容产业来说，复制、改造与创新正通过文化科技的融合创新，在数字内容产业的各个领域呈现：越来越多的线下内容被复制到互联网，复制到数字终端网络，消费范围更广，社会效益和经济效益更强；越来越多内容正通过新媒体手段改造成新的内容形式，传统文学被改编成电影、网络游戏，以新的叙事形式呈现，数字内容产品以新媒体的形式在数字内容产业的各个产业链条上实现增值并创造价值；越来越多的数字内容技术出现，如虚拟现实技术、全息成像技术、3D 打印技术等，正在彻底改变着内容的生产方式，改变着人类的未来，为数字内容产业提供源源不断的发展动力。

（二）资金流转动力

任何产业的发展无不受到物流、信息流和资金流的影响，物流、信息流、资金流的流转效率决定产业的发展，它们是推动产业发展的重要动力。在数字内容产业领域，物流不再起主导性作用，信息的流通和资金的流动决定数字内容产业的发展，是数字内容产业发展的重要驱动力。资金是推动内容生产的重要方式，资金的流通效率决定数字内容的生产效率，资金效率同时也受到供给双方信息流通的影响，信息的流通效率决定资金的流通效率。

随着数字内容产业的不断发展成熟，产业发展初期以技术为主要推动力的成长模式发生了根本性变革，资本的作用力不断增强。数字内容产业不断的发展导致市场竞争日趋激烈，企业为了在竞争中获得更多的利润和更强的竞争力，需要在产业链的各个价值链条中获得优势地位。价值链的收益分配，信息流、资金流成为数字内容产业的发展驱动力量，并购与重组盛行，行业洗牌不断，这些将进一步主导数字内容产业的发展并把数字内容产业推向新的高峰。

（三） 传播扩散动力

技术创新是数字内容产业发展的内在融合驱动力，传播扩散则是数字内容产业的外在拉动力，文化传播是文化产业发展的重要动力，也是文化产业价值链的重要组成部分。文化传播是生产力不断发展、文化生产分工合作的结果，它一方面扩大了文化内容产品的需求，另一方面也通过需求提高了生产的积极性，促进文化内容生产。

传播扩散是数字内容产业的重要驱动力，互联网技术的发展正在突破文化生产和传播的时空限制，数字内容传播不再像纸媒那样受到时间和空间的限制，其传播的空间更广、速度更快。互联网作为传播渠道的价值日益重要，似乎谁拥有了渠道，谁就能主导数字内容产业，正因如此，传统内容生产行业正面临种种危机，互联网媒体正通过在渠道方面的优势，在内容产业领域抢占先机。在数字内容产业领域，传播驱动力更加明显，传播渠道的创新将带来数字内容产业的全面发展。

数字内容技术的传播扩散，将原有的潜在用户、潜在需求转变为现实用户、确切的需求。需求催生技术创新、内容生产创新、商业模式变革。例如，随着个人电脑及智能手机普及率的不断提升，数字内容产品和服务的受众群体更加广泛，数字内容服务更方便快捷，在这种条件下，全球对于内容的需求将继续扩大，吸引更多的技术、资本及人员投入其中，形成对数字产业发展的强大推动力。

（四） 政策引领动力

政策推动是数字内容产业发展的一个重要动力，数字内容产业作为文化产业的一部分，具有很强的外部性，产业的发展不仅关乎一个国家的经济发展，更是一国综合竞争国力的体现。随着数字内容产业的竞争逐渐成为国际竞争的热点，世界各国都加强了对数字内容产业的政策支持，将数字内容产业发展作为一个国家战略来支持。各国对数字内容的重视及其不断加强的政策支持是促进全球数字内容产业快速发展的一个重要因素。

当前数字内容产业的政策驱动力主要集中在数字版权保护、推动文化与技术融合以及金融体系完善几个方面。版权保护是通过对知识产权的保护提高内容生产的积极性，使得更多优秀的数字内容被创造出来，同时版权保护还有利于一国的数字内容产业在全球价值链竞争中获得有利地位。推动文化与技术融合，通过技术的创新驱动带动文化产业的全面发展是当前世界数字内容产业的另外一个政策驱动力。世界各国正通过对科技创新的争夺获得产业竞争，数字内容产业发展也是如此，不断地推动技术创新，注重科技文化融合创新，推动科技成果在内容产业的应用。打造良好的投融资环境是推动数字内容产业全面发展的又一政策驱动力。数字内容产业作为文化产业的子集，在融资方面具有天然的弱势，基于大数据等新技术的征信体系建设，互联网金融环境的搭建，是当前数字内产业发展的重要动力。

四、数字内容产业未来竞争重点

如何应对世界数字内容产业竞争的日趋激烈和多元化，是发展数字内容产业未来发展所要思考的重要问题。数字内容产业的未来竞争重点将体现在以下几个方面：

第一，国际化是数字内容产业未来竞争的重点方向。数字内容产业的国际化是数字内容产业管理的重要目标，如何通过先进的技术和特色的文化，提升文化传播力，提高文化产品的国际影响力，并不断开拓国际市场，成为关乎数字内容产业发展的重要课题，数字内容产业各要素的国际流通和增值将成为未来数字内容产业的重点。

第二，加强数字技术在文化产业各链条的融合。技术是文化内容的重要载体，文化内容是数字内容产品获得市场成功的关键，但是随着产业的发展成熟，单纯的文化推动或者技术推动很难再度创造出产业奇迹，未来的创新在于融合，在于能否有效地将先进的技术和特色的文化相融合，创造出具有特色的文化产品和服务。未来数字内容产业发展需要将文化和科技高度融合，将先进的数字技术渗透到文化产业的各个领域，不断激发文化产业的活力。

第三，加强数字版权保护关系数字内容产业的未来。当前，版权已经成为制约数字内容产业发展的重要问题，版权问题正影响内容创新、产业形象、文化产业的价值分配，很多国家的成功经验已经证明了版权保护的重要性，未来的数字内容产业，只有不断地完善现有版权体系，才能获得更好的发展。当前国际上已经意识到版权保护在数字内容产业价值链利益分配中的重要地位，各国正不断加强数字内容版权保护，构建系统化和科学化的版权保护体系，版权保护的竞争将成为未来数字内容产业的竞争重点。

第四，本土特色文化的开发和保护将成为数字内容产业的核心竞争力。民族特色文化、地区特色文化是数字内容产业的核心竞争力，数字内容产业发展，必须立足本土特色文化，通过技术推动特色文化的生产、再造、传播和消费，才能使得数字内容产业具备较强的国际竞争力，在国际市场竞争中立于不败之地。很多国家的成功经验已经表明，即使是数字技术相对落后的地区，依然可以凭借优秀的区域特色文化后来居上。一个国家的数字内容产业能否实现在劣势中崛起，取决于其能否深挖特色文化，未来世界数字内容市场属于那些能够有效挖掘本国特色文化、充分融合他国特色文化、充分实现特色文化与先进技术融合的国家。

第五，培育国际高端企业日趋重要。企业是市场的主体，同时也是技术创新的主体，一国的数字内容企业的国际竞争力决定了其数字内容产业的竞争力。美国、英国、日本、韩国、瑞典等发达国家均拥有很多知名的数字内容企业，这些企业为这些国家的数字内容产业做出了重要的贡献。发展中国家虽然在数字内容产业方面已经有了很大发展，但是就知名企业来说，数量较少，尤其缺少具有世界一流的创新力和影响力的企业。但是新技术的发展带来了新的发展格局，很多新兴企业正凭借移动互联网技术崛起，这也为很多发展中国家带来了机遇。培养一批具有国际影响力的数字内容企业，将为一个国家的数字内容产业发展带来巨大的活力和创新力。

综上所述，世界数字内容产业发展遵循特有的发展规律，技术创新是数字内容产业的内生推动力，传播扩散、资本流动和政策推动则是数字内容产业外生拉动力，世界数字内容产业在技术发展、传播渠道拓宽以及资本拉动的共同作用下不断地发展。当前影响世界数字内容产业发展的主要因素有大数据、3D打印、可穿戴设备、全息成像等技术，有移动互联网的发展，也有资本的不断并购，未来的数字内容产业将在这些要素的驱动下产生新的发展格局。未来数字内容产业的竞争将进一步加剧，只有不断地加强数字内容产业的国际竞争力，不断推动文化科技融合，推动数字版权保护，推动本土特色内容的生产，并且不断提高企业在国际竞争中的主导地位，才能赢得未来数字内容产业的先机，赢得世界数字内容产业的竞争。

参考文献

[1] IDC. Digital Universe. [EB/OL]. http：//www.emc.com/collateral/about/news/idc-emc-digital-universe-2011-infographic.pdf, 2011-06-28.

[2] IDC. IDC Predictions：Competing for 2020 [EB/OL]. https://www.google.com.hk/

url?sa = t&rct = j&q = &esrc = s&source = web&cd = 1&ved = 0CB0QFjAA&url = http% 3a% 2f% 2fcdn% 2eidc% 2ecom% 2fresearch% 2fPredictions12% 2fMain% 2fdownloads% 2fIDCTOP10 Predictions2012%2epdf&ei = 6Uu2U6KmO8vbkAX0_YFI&usg = AFQjCNESvFRU5fennIdEYjj0aEgxt0q2dA&bvm =bv. 70138588,d. dGI&cad=rjt,2012−10−31.

[3] IHS, Technology & App Annie. Digital Content Report [EB/OL]. http: //www. ihs. com/ info/0214/digital−content−report. aspx, 2014−02−19.

[4] ITU. 世界信息通信技术事实与数字 [EB/OL]. http: //www. itu. int/en/ITU−D/Statistics/Documents/facts/ICTFactsFigures2013−c. pdf, 2013−02−01.

[5] ITU. Manual for Measuring ICT Access and Use by Households and Individuals [EB/OL]. http: //www. itu. int/ITU − D/ict/publications/hhmanual/2009/material/HHManual2009. pdf, 2014−01−29.

[6] ITU. 衡量信息社会发展 [EB/OL]. http: //www. itu. int/en/ITU−D/Statistics/Documents/publications/mis2013/MIS2013−exec−sum_ C. pdf, 2013−10−16.

[7] KPCB. Internet Trends [EB/OL]. https: //www. google. com. hk/url? sa = t&rct = j&q = &esrc = s&source = web&cd = 2&ved = 0CCIQFjAB&url = http%3a%2f%2fwww%2ekpcb%2ecom% 2ffile%2fkpcb − internet − trends − 2013&ei = tEy2U7ThCYeLkAWH0YAo&usg = AFQjCNFL8u1t − ztAu6e6cmqJqWIhB7d1_ w&bvm=bv. 70138588, d. dGI&cad=rjt, 2013−05−29.

[8] KPCB. Internet Trends [EB/OL]. http: //www. kpcb. com/insights/2012 − internet − trends−update, 2012−05−30.

[9] OECD. Measuring the Internet Economy: A Contribution to the Research Agenda [A] //OECD Digital Economy Papers, No. OECD Publishing [EB/OL]. http: //dx. doi. org/ 10. 1787/5k43gjg6r8jf−en226, 2013−07−12.

[10] OECD. The App Economy [A] //OECD Digital Economy Papers, No. 230, OECD Publishing [EB/OL]. http: //dx. doi. org/10. 1787/5k3ttftlv95k−en, 2013−12−16.

[11] OECD. Internet Economy Outlook 2012 [EB/OL]. https: //www. google. com. hk/url? sa =t&rct = j&q = &esrc = s&source = web&cd = 3&ved = 0CCwQFjAC&url = http%3a%2f%2fwww% 2elisboncouncil%2enet%2findex%2ephp%3foption% 3dcom _ downloads% 26id% 3d704&ei = KE22U6erDsbkkAWa4YDYAg&usg = AFQjCNHHrrcohxJKieO1eQt50Y8pzU4yvA&bvm = bv. 70138588, d. dGI&cad=rjt, 2012−10−04.

[12] UNCTAD. InformatIon Economy Report 2013−The Cloud Economy and Developing Countries [EB/OL]. http: //unctad. org/en/PublicationsLibrary/ier2013_ en. pdf, 2013−12−03.

[13] UNESCO. Creative Economy Report 2013−Widening Local Development Pathways (Special edition) [EB/OL]. http: //www. unesco. org/culture/pdf/creative−economy−report−2013. pdf, 2013−05−15.

［14］UNCTAD. Commission on Science and Technology for Development. Internet Broadband for an Inclusive Digital Society ［EB/OL］. http：//unctad. org/meetings/en/SessionalDocuments/ecn162013d3_en. pdf，2013-05-25.

［15］［美］胡迪·利普森（Hod Lipson），梅尔芭·库曼（Melba Kurman）. 3D 打印：从想象到现实［M］. 赛迪研究院专家组译. 中信出版社，2013.

［16］［美］迈克尔·塞勒（Michael Saylor）. 移动浪潮：移动智能如何改变世界［M］. 邹韬译. 中信出版社，2013.

［17］陈根. 智能穿戴改变世界：下一轮商业浪潮［M］. 电子工业出版社，2014.

［18］熊澄宇. 世界文化产业研究［M］. 清华大学出版社，2012.

［19］吴玥，王伟. 数字内容产业开放商业模式研究——基于"初音未来"的案例［J］. 云南师范大学学报（哲学社会科学版），2013（1）：95-103.

［20］闫世刚. 数字内容产业国际发展模式比较及借鉴［J］. 技术经济与管理研究，2011（1）：104-107.

［21］汪礼俊. 数字内容产业——英国经济新引擎［J］. 通信企业管理，2008（6）：62-63.

大型多人在线网络游戏虚拟社区
用户信息行为研究①

——以网易大型多人在线网络游戏《梦幻西游》为例

孔少华

大型多人在线网络游戏虚拟社区是一种集幻想社区、交易社区和关系社区为一体的综合类虚拟社区，具有主题性、开放性和社会交换性等特点。不同信息需求的社区用户参与其中，进行着各种社会交换，在社会交换中信息交换具有重要作用。用户信息习惯决定用户参与虚拟社区的信息行为，长期的参与也影响着用户的信息行为。

一、大型多人在线网络游戏虚拟社区的概念与范畴

Howard 认为，虚拟社区是 Web 站点为用户提供的公开或半公开的虚拟平台，虚拟社区为用户提供了维持和发展人际关系的虚拟空间②。Armstrong 和 Hagel 将虚拟社区分为交易社区、关系社区、兴趣社区和幻想社区等③，他们认为网络游戏虚拟社区是一种幻想类社区。

大型多人在线网络游戏，这个词在 1997 年由网络游戏《Ultima Online》的创造者 Richard Garriott 最早提出④。大型多人在线网络游戏参与者通过游戏

---

① 孔少华. 大型多人在线网络游戏虚拟社区用户信息行为研究——以网易大型多人在线网络游戏《梦幻西游》为例 [J]. 情报科学, 2013 (1)：123-128.

② Rheingold, H. The Virtual Community：Homesteading on the Electronic Frontier [M]. The MIT Press, 2000.

③ Armstrong, A. Hagel III, J. The Real Value of Online Communities [J]. Harvard Business Review, 1996 (23)：134-141.

④ Safko, Lon, Brake, David. The Social Media Bible：Tactics, Tools and Strategies for Business Success [M]. Wiley, 2009.

终端登录服务器，通过控制游戏角色在游戏虚拟空间中进行实时互动。由于技术的局限性，大型多人在线网络游戏在其产生的初始阶段作为交易类虚拟社区、关系类虚拟社区的功能并不明显，因此被界定为幻想类虚拟社区。但是随着技术的进步与社会的发展，网络游戏虚拟社区已经远远超越了幻想类虚拟社区的范畴，成为集游戏社区、交易社区、关系社区为一体的综合类虚拟社区。以网易大型多人在线网络游戏《梦幻西游》①为例，该游戏为用户提供了幻想类的社区（游戏系统的客户端/服务器）、互动与交流的 BBS 论坛系统②、构建关系网络的社交系统③以及进行虚拟物品交换的交易系统④等，这些系统是网络游戏社区的重要组成部分，构成了完整的网络游戏虚拟社区。

笔者认为，从广义上讲，大型多人在线网络游戏虚拟社区是一个具有特定主题的、开放式的综合类虚拟社区。大型多人在线网络游戏虚拟社区的主题由游戏主题所决定，在开放系统模式下，海量的用户参与到网络游戏虚拟社区，进行虚拟物品交换、信息交换、情感交流等多种形式的社会交换，这种交换外延到与主题相关的各种系统。

二、大型多人在线网络游戏虚拟社区的特点

网络游戏虚拟社区作为虚拟社区的一种形式，具有主题性、开放性等特点。虚拟社区的主题性受到网络游戏主题的制约，不同的游戏系统具有不同的主题，不同的主题决定用户的参与类型和社区特点。网络游戏虚拟社区的开放性是虚拟社区动态发展的必然条件，同时，开放性决定了用户参与其中进行的各种社会交换形式。在开放系统下，用户之间正进行着各种社会交换，游戏系统与外界系统也进行着各种形式的交换。

（一）主题性

网络游戏的构建者为游戏设定了历史背景、主线任务、副本等，这些决定游戏参与者在游戏系统中的各种行为，系统的开放性又使得这种主题下发生的事件具有多样性。事实上，人们在参与网络游戏虚拟社区的同时，正围绕某个

---

① http：//xyq. 163. com/.

② http：//xyq. netease. com/.

③ http：//xyq. 163. com/fans/front. html？pic1. html？http：//player. nie. 163. com/cgi – bin/mh＿official/trueshow？action＝content&show＿id＝648002&game＿id＝1&primary＿type＝1&subtype＝1.

④ http：//xyq. cbg. 163. com/.

主题进行着各种叙事活动。正如 Juul[①] 所说，游戏将传统的叙事中的"发生时间"与"讲述事件"的界限打破，讲述和发生同时进行，人们在创造叙事。在网络游戏虚拟社区空间中，Jenkins[②] 所提出的四类叙事正在发生：网络游戏令游戏者想起了现实中的其他故事，并在这个场景中上演；游戏者参与并改变故事；故事通过场景表达，让游戏者体味，而不是告诉游戏者；参与者通过自己的参与，偶然获得很多故事。

不同的网络游戏虚拟社区具有初始不同的故事主题，游戏参与者围绕初始故事主题进行活动，创造着属于自己的叙事。正是大型多人在线网络游戏的主题性使得游戏系统及其相关系统紧密地集合起来，也正是这种主题一致性，使得网络游戏虚拟社区成为一种集合游戏系统及游戏周边系统的大型综合虚拟社区。

(二) 开放性

传统的研究认为，游戏是一个游戏者在设计好的系统中进行活动以及系统做出回应的过程。游戏的边界问题是影响游戏的一个重要问题，作为一个游戏，从规则和程序层面来看，是封闭的。但是从用户体验游戏的角度来看，是开放的还是封闭的取决于用户的个人选择。当游戏作为一个文化系统时，它是完全开放的，此时，游戏本身就是一种文化产品，与文化交互，并且存在于文化之中[③]。

大型多人在线网络社区相对传统游戏更加开放，社区系统通过不同的用户接口与外界进行广泛的交流。正是因为这种开放性，网络游戏虚拟社区的发展呈现非线性、不可预测性，并随着外界环境的变化而产生变化。

(三) 社会交换性

由于网络游戏的多用户参与以及开放性，网络游戏虚拟社区成为了一种重要的社会交换平台。在这个虚拟空间中，用户的活动不只是完成游戏任务，还与其他用户进行着信息交换、虚拟物品交换等多种形式的社会交换。这种社会交换为不同的用户带来了不同的价值。

---

① Juul, J.. Half-Real: Video Games Between Real Rules and Fictional Worlds [M]. MIT Press, 2005.

② Jenkins H. Game Design as Narrative Architecture [J]. Computer, 2004, 44 (3): 118-130.

③ Salen, Katie, and Eric Zimmerman. Rules of Play: Game Design Fundamentals [M]. MIT Press, 2004.

　　信息交换是网络游戏虚拟社区中的一种重要交换。例如，为了获得游戏的知识，游戏参与者收集各类知识，并相互交流经验。除了为达到游戏目的的信息交换外，玩家还通过游戏内置或外置的信息交换工具进行着多种形式的信息交流。

　　劳动交换也是网络游戏虚拟社区的一种重要交换。事实上，网络游戏社区的灰色服务职业早已存在，例如，游戏代练、职业打金等，很多人正通过网络游戏虚拟社区为其他参与者提供各种各样的劳动，他们通过出卖劳动为其他游戏参与者提供服务，并且已经有很多网站提供这种劳动力交易中介服务，如5173①、DG999② 等。

　　社会资本交换也是网络游戏虚拟社区中存在的一种交换形式。事实上，网络游戏已经成为当前年轻人的一种社会生活方式，年轻人通过网络游戏虚拟社区相互结识、交流并成为最终的朋友。随着社会的进步和发展，网络游戏虚拟社区已经成为社会资本交换的一个重要场所。

三、网络游戏虚拟社区中的信息行为研究的必要性

　　大型多人在线网络游戏虚拟社区，作为一种综合虚拟社区，为用户的各类社会交换提供了重要的平台支撑。在用户进行各类社会交换时，信息具有非常重要的作用。用户参与到网络游戏虚拟社区的活动中来，因为不同的动机产生了不同的信息需求，用户为了满足信息需求进行着各种信息的收集与整理。笔者认为，网络游戏虚拟社区中的用户信息行为研究是在新的情境下对用户日常信息行为进行研究。用户参与网络游戏虚拟社区的主要目的是娱乐和休闲，这种休闲与一般的休闲不同，休闲活动参与者目标性很强，是一种严肃休闲活动。严肃休闲的本质使得信息在网络游戏虚拟社区的作用非常重要。

（一）网络游戏虚拟社区用户信息行为研究是在新的情境下研究用户日常信息行为

　　日常信息行为研究是信息行为研究的一个重要议题，最有代表性的研究是Savolainen 的日常信息研究，他构建了日常信息行为查询模型③，该模型来源于

　　① 网络游戏交易平台 ［EB/OL］. http：//www.5173.com/，2009-09-28.
　　② 网络游戏外挂网 ［EB/OL］. http：//www.dg999.com/，2009-09-28.
　　③ Savolainen, R. Everyday Life Information Seeking: Approaching Information Seeking in the Context of Way of Life ［J］. Library & Information Science Research , 1995, 17 (3): 259-294.

Pierre Bourdieu 的习性理论（Pierre Bourdieu 的习性理论，用来分析特定的群体或个人实践的机制）。Savolainen 认为，工作信息查询与非工作信息查询并不是相互独立的，是一种时间与责任的平衡，信息习惯从一个情景被带到另外一个情景。该模型验证了信息查询在掌握生活中的作用，以及人们如何借用它组织生活中的各个层面。

在网络游戏虚拟社区中，用户将日常生活中的信息习惯带入游戏这个新的情境中，现有的信息查询习惯影响着用户在游戏社区中的信息行为。但是随着用户参与网络游戏虚拟社区的深入，游戏社区中的活动也影响了他日常生活中的信息习惯。例如，由于日常工作的需要，游戏参与者会大量使用搜索引擎查询相关信息，但是随着用户参与网络游戏虚拟社区的深入，他更倾向于借助专门的门户网站去查询相关信息。新的情景、新的目标使得网络游戏参与者的信息行为具有特殊性。另外，笔者通过对《梦幻西游》游戏用户的调查发现，网络游戏用户更倾向于使用语音聊天工具而不是文本交流工具，通过游戏参与结识的用户更喜欢交流信息，这些都是新情境下用户信息行为的特点。

（二）严肃休闲的本质增加了网络游戏虚拟社区用户信息行为研究的重要性

严肃休闲理论是加拿大社会学家 Robert Stebbins 经过 30 年的研究确定的理论。他将休闲分为严肃休闲、简单休闲和项目基础的休闲三类。按照他的观点，简单休闲是一种纯粹的休闲，即不需要投入太多的时间和技能，如散步等。项目为主的休闲则以单一的目标和短期的活动为特点。严肃休闲是一种系统追求业余爱好的行为，在这种活动中，参与者需要借助各种特殊技能去完成，参与严肃休闲的人的激励来源于内部，他们将这种休闲看成一种爱好①。对于信息行为研究来说，严肃休闲框架极为重要，在严肃休闲活动中，参与者需要学习知识，这些与其他的专业活动一样需要用到信息，严肃休闲框架下，信息行为决定参与者的成功与快乐。

Robert Stebbins 发现一些严肃休闲的特性：第一，为了追求爱好，需要超越一些专业的难点。第二，严肃休闲类似职业一样具有阶段性。第三，参与者为了追求目标，展现出高度的努力。第四，每一个休闲活动都带给参与者独一无二的社会风尚。这种风尚是休闲参与者共同的精神，表现为共同的态度、实

---

① Stebbins, Robert A. Serious Leisure: A Perspective for Our Time [M]. New Brunswick, N.J: Transaction Publishers, 2007.

践、价值、信仰、目标等。

大型多人在线游戏社区的活动具备 Robert Stebbins 所说的四个特点，社区参与者为了目标，要进行各种各样的信息收集。网络游戏的参与周期一般比较长，具有阶段性。网络游戏虚拟社区架构者为参与者设定了各种目标，游戏参与者为了达到目标，付出时间和金钱。严肃休闲活动为用户带来了一些共同的价值目标等。

用户参与到网络游戏虚拟社区中，自觉或不自觉地被社区的各种目标所引导，为了各种目标做出不断的努力，进行大量的信息查询等活动。这些都使得网络游戏虚拟社区中的信息行为研究变得非常重要。

(三) 网络游戏虚拟社区中的信息价值

网络游戏虚拟社区中信息可以为用户带来经济价值。大型多人在线网络游戏最大的特点就是为用户提供显性的或者隐性的目标，正是这种目标影响着用户的动机和行为，这种目标影响着用户对信息的收集和整理。信息能为用户带来竞争优势，使得游戏角色实力变得更强。很多用户为了在竞争中获得优势，会进行着各类信息的交换。

以《梦幻西游》为例，游戏系统为用户提供了角色等级目标、角色属性目标、角色影响力排行榜①等。正是这些设置，使得用户角色产生了等级划分和实力划分。这些划分除了角色战斗力的不同外，也为用户提供了收益的划分。等级高、属性好、影响力高的角色往往能够为用户带来更高的收益。例如，在《梦幻西游》循环任务中满级 (155 级) 的账号 1 小时收益约为 10 元，69 等级的账号则只能为用户带来约 5 元的收益。等级划分也为游戏参与者的竞争提供了条件，在这些竞争中，各类信息、经验和知识成为了必不可少的部分。游戏参与者为了获得竞争优势，需要进行信息与劳动力的购买。这时，游戏中的各类经验、熟练度也成了交换的产品。笔者通过长期的观察发现了一个重要的问题，就是时间成本和时间收益。所谓时间成本，就是在该时间段内游戏参与者在现实生活中所能创造的价值；所谓时间收益，就是在该时间段内游戏参与者能获得的收益。当时间成本大于时间收益时，游戏者通过信息或者服务的购买来进行游戏；当时间成本小于时间收益时，则游戏者参与到游戏中，

---

① 梦幻西游财富排行榜 [EB/OL]. http：//xyq. 163. com/rating/money/rate_ 28_ 0. html，2009-09-28.

进行价值创造。对于很多人来说，在游戏中获得更多的时间价值成为必要，那么这时，信息的价值得以体现。通过各种知识，可以获得优秀物品制造的秘诀，可以获得更多的收益。

（四）信息交换的娱乐收益

在网络游戏虚拟社区中，还存在着另外一种信息价值，那就是通过信息交换获得的娱乐价值。这种娱乐主要体现为游戏参与者之间的讨论与信息交流。例如，通过内嵌论坛，玩家通过信息交流进行各种情感交流，获得社会资本。游戏玩家通过游戏提供的外置论坛，获得信息文化产品，创造信息文化产品等，如游戏参与者可以创造出四格画等①。

作为一种严肃的休闲活动，网络游戏虚拟社区要求用户具备各类信息能力。这些能力的不同能为游戏参与者带来不同的收益。也正是因为这种收益，正改变或塑造着用户的信息行为模式。因此，网络游戏虚拟参与者的信息行为研究具有重要意义。

四、网络游戏虚拟社区信息行为主要内容

（一）信息与信息需求

对信息行为研究来说，最重要的是信息的定义和信息需求的识别。虽然对信息的定义很多，笔者认为在研究网络游戏虚拟社区时，应采用 Dervin 的信息定义②③④，即认为信息和信息需求并不是以形式化的方式存在的"事物"，个体因为体验不同而感受不同，他们用信息和交流来一一构建现实。

对于网络游戏虚拟社区的用户来说，信息的形式具有多样性，例如，可以是文本信息，也可以是视频或图片信息；可以是文字信息，也可以是符号信息，甚至可以通过角色的动作来表达某种信息。参与者正是通过这些多样的、丰富的信息来认识网络游戏虚拟社区，并在虚拟社区中生存的。

---

① 梦幻西游四格漫画 [EB/OL]. http：//xyq. 163. com/fans/sg/index. html，2009-09-28.

② Dervin, Brenda. Useful Theory for Librarianship - Communication, not Information [J]. Drexel Library Quarterly, 1977, 13 (3)：16-32.

③ Dervin, Brenda. From the Mind's Eye of the User：The Sense-Making Qualitative-Quantitative Methodology [J]. Qualitative Research in Information Management, 1992：61-84.

④ Dervin, Brenda. On Studying Information Seeking Methodologically：The Implications of Connecting Metatheory to Method [J]. Information Processing & Management , 1999, 35 (6)：727-750.

（二） 信息收集与整理

狭义的信息收集和整理是指查询、检索、识别和使用信息。广义的信息收集和整理是用户面对复杂的问题进行各种信息的收集整理，并通过信息做出决策。根据 Kuhlthau①② 开发的模型，信息查询过程包括六个步骤，分别是引发（忧虑）、选择（乐观）、探索（混乱）、结构化（清晰度）、收集（确信）和表达（缓解）。在网络游戏虚拟社区中，用户的信息行为包括信息浏览、信息选择、信息探索、信息整理、信息表达等。

（三） 内容创造与知识共享

在网络游戏虚拟社区中，通过信息的查询和整理，参与者获得各种信息，同时由于参与者的不同体验，他们通过这种信息获得不同的知识，当参与者对这些知识进行表达时就创造了不同的信息内容。内容创造可以知识共享是虚拟社区中用户信息行为的高级形式。知识分享（Knowledge Share）指知识由知识拥有者到知识接受者的跨时空扩散的过程。这里的知识是指经过人的思维整理过的信息、数据、形象、意象、价值标准以及社会的其他符号化产物③。分享的知识不仅包括可编码的明晰知识，也包括与个人的经历和背景密不可分的隐性知识。明晰知识是系统化、结构化的知识，它通过数据或编码的程序化方式容易进行交流，并容易通过单个个体传输。隐性知识并不容易交流和传播，它包含如个人信息、经验和价值等无形的因素在内④。

五、网络游戏虚拟社区信息行为的特点

（一） 信息需求

动机决定需求，网络游戏虚拟社区的信息需求因为用户的参与动机不同而不同。根据 Nickyee 的研究，大型多人在线网络游戏的用户参与动机分为⑤成就需要、社交需要、沉浸等。不同的用户参与动机决定了不同的用户的信息行

① Kuhlthau, Carol Collier. Inside the Search Process: Information Seeking from the User's Perspective [J]. Journal of the American Society of Information Science, 1991, 42 (5): 361-371.

② Kuhlthau, Carol Collier. Seeking Meaning: A Process Approach to Library and Information Services [M]. Wesport, CT: Libraries Unlimited, 2004.

③ 王德禄. 知识管理：竞争力之源 [M]. 江苏人民出版社, 1999: 37.

④ Shan L. Pan, Harry Scarbrouch. Know Ledge Management in Pract Ice: An Exploratory Case Study [J]. Technology Analysis&Strategic Management, 1999, 11 (3): 362.

⑤ Nickyee. Motivations for Play in Online Games [J], Cyberpsychology & Behavior, 2006, 9 (6).

为需求。总体来看，用户的信息需求分为以下几部分。

1. 以经济利益为目的的信息需求

游戏参与者为了某种收益而进行的信息查询，该类信息具有非常强的动机和激励。该类用户可以反复地进入各类游戏论坛收集相关知识，形成个人知识库。通过这些知识库，在游戏中获得更多的优势，并获得更多收益。该类信息分布在各种游戏周边系统中，需要游戏参与者进行更加广泛的信息收集，同时该类信息的价值受到游戏参与者知识水平的影响。该类信息由于具有经济利益，所以游戏参与者之间共享性较差。

2. 以成就需要为目的的信息需求

以成就需要为目的的信息虽然具备目标性，但是对于参与者来说，他们关注的信息的范围较小。由于成就需要包含交流的需求，所以用户参与者在收集和整理各类信息的时候，喜欢更多的信息交流与知识共享。游戏者除了在相关网站整理各种知识外，更多通过与其他用户进行交流来获得信息。该类用户是重要的信息生产者，他们喜欢讨论和交流，通过这些交流来获得成就感。

3. 以社交为目的的信息需求

对于以社交为目的的用户来说，游戏的目的是为了获得更多的朋友、获得更多的娱乐价值，他们关注的信息范围较广。除了游戏知识外，他们更注重用户之间的情感交流。他们关注的信息更加广泛，对信息的浏览与收集更具随意性。例如，他们可能更关注游戏的周边产品信息，如四格漫画、游戏视频、相关玩家信息等①。

笔者在表 1 中将各类信息需求做了对比。

表 1 网络游戏虚拟社区信息需求对比

需求类型	信息范围	信息类型	共享性
经济利益目的的信息	游戏系统、游戏主题相关网站、经济类相关网站	游戏知识、商业信息	较差
成就需要目的的信息	游戏系统、游戏相关系统	游戏知识	一般
社交目的的信息	游戏系统、游戏论坛	游戏知识、社交知识、各类娱乐信息	较好

① 梦幻西游. 梦幻之星［EB/OL］. http：//xyq. 163. com/fans/front. html？pic1. html？pic1 _ novel. html，2009-09-28.

一般来说，经济目的的各种信息需求目的性更强，更能激发人们进行各种知识的创造，但是该类信息很难共享，往往通过交易的方式进行。成就需要的信息需求目的性也很强，但是可以通过交流沟通的方式获得。社交目的信息目的性不强，但是该类用户因为更关注游戏周边的信息，为游戏类相关的文化产品创造提供了条件。

（二）信息收集与整理

信息的收集与整理包括信息的查询行为、信息的选择和利用行为。信息查询行为是指用户根据不同的目的对所需信息进行浏览、查找以及采集的活动。信息的选择和利用行为是指用户在大量的信息中选取符合要求的信息并有效利用的活动。

网络游戏虚拟社区用户针对不同的目的信息的查询行为是不同的，因此他们查询信息的行为可以表现为以下几个方面：

第一，收集资料为主的信息查询。用户为了经济利益或成就需要，对相应主题的信息进行检索和查询。该类查询目标性非常强，信息范围较窄，往往追求深度的信息内容，查询者还将对该类信息进行分析并实践来辨别信息的价值性。

第二，漫无目的的信息浏览行为。该类信息行为目的性并不强，用户出于娱乐、休闲等目的，对与主题相关或无关的信息进行浏览。

第三，信息交流行为。用户通过与其他用户交流来获得各种信息，该类信息涉及很多话题，包括游戏范围内或者与现实生活相关的话题。

信息的选择和利用是继信息查询之后的一个环节，用户通过对信息的选择和利用解决问题，进行决策。

（三）知识共享与内容创造

网络游戏虚拟社区为用户提供了多种形式的信息交流与信息共享平台。例如，《梦幻西游》游戏内部设置了论坛系统、文本交流系统（各种聊天频道）。各种系统成为了用户交流信息、共享信息的重要平台。同时，在知识共享的过程中部分用户正在创造着大量的内容产品，如娱乐视频、游戏经济评论①等。网络游戏虚拟社区正成为文化产品形成的重要平台，用户如何进行知识共享和

---

① 策划露天机［EB/OL］. 经济周报，http：//xyq. 163. com/topic/2009/9/28/5437_206078. html，2009-09-28.

内容构建都是信息行为研究的重要部分。

六、总结

网络游戏虚拟社区正吸引着大量的用户参与其中,随着技术与社会的发展,网络游戏虚拟社区已经成为年轻人的重要生活空间,网络游戏虚拟生活方式正影响着年轻一代。网络游戏虚拟空间中的信息具有经济性、社会价值性和娱乐价值性等多种特点。对网络游戏虚拟社区用户的信息行为研究,有利于提供更好的信息服务,加强信息监管。同时,网络游戏虚拟社区存在很多积极的要素,如用户主动参与构建文化产品等,把握网络游戏虚拟社区的用户参与动机与信息行为有助于网络空间的蓬勃发展。因此,网络游戏虚拟空间具有广阔的发展潜力,网络游戏虚拟空间的用户信息行为研究具有重要意义。

后网络时代的信息行为研究①

孔少华

"网络社会"一词最早被荷兰人 Jan van Dijk 提出，并且于 1996 年被信息社会学家 Manuel Castells 所使用②。与网络社会意义相近的名词还有"信息社会"、"赛博社会"、"数字化社会"、"虚拟社会"等。网络社会形成的基础是信息技术革命，信息技术的变革导致人类社会的组织模式和社会结构发生了巨大变革。随着技术的进步和发展，网络社会将进一步发展进入成熟阶段，进入后网络时代，后网络时代的到来影响着社会的各个层面，也影响着信息行为研究。

一、后网络时代的特点

后网络时代以信息技术的发展为基础，以互联网内容和服务为媒介，促进社会形态和社会组织结构的变革。后网络时代具有以下几个特点。

（一）技术进步促进泛在网络的形成

"泛在网络"是基于"泛在计算"一词提出的新概念，"泛在网络将信息空间与物理空间无缝对接，使网络服务于信息服务无时不在、无处不在、无所不包"③。泛在网络不是一种具体的网络形式，而是一种建立在泛在技术基础之上的网络和信息服务形式。在泛在网络服务形式下，任何人、任何物，在任何时间、任何地点都可以互联。目前，泛在网络两项基础技术是移动互联技术和物联网技术。

---

① 孔少华. 后网络时代的信息行为研究 [J]. 图书馆学研究，2013 (1)：21.

② Wikipedia [EB/OL]. http：//en. wikipedia. org/wiki/Network_ society，2012-09-05.

③ 张平，苗杰，胡铮，田辉. 泛在网络研究综述 [J]. 北京邮电大学学报，2010 (5).

（二）虚拟现实技术促进网络符号交流的发展

符号学家 Cassirer 将人看成一种"符号动物"①，人类通过符号表述意义、传播信息。早期的互联网通信是一种文本符号的传播过程，文本就是信息，信息即是文本。随着计算机图形技术的发展，互联网正创造和传播着更加丰富的符号（图片、声音等），这些符号更能发挥人们的想象力，通过人脑的反应，形成一种"模拟真实"环境，即 Liepmanm② 所说的"拟态环境"。虚拟现实技术的目标是让这种"虚拟环境"更加真实，让人们"沉浸"在这种环境中。虚拟现实技术力图构建一种多维信息的人机交互界面，人机交互的不再只是一种文本信息，而是一种与信息分离的符号，这种符号将表述更加丰富的意义。

（三）网络内容和服务主题从学术与工作转向"日常生活"

"泛在技术"和"虚拟现实"技术最大的影响就是网络用户群体的变化。截至 2012 年 6 月底，中国网民规模达到 5.38 亿人，互联网普及率为 39.9%；互联网在易转化人群和发达地区居民中的普及率已经达到较高水平，下一阶段中国互联网的普及将转向受教育程度较低的人群以及发展相对落后地区的居民；我国手机网民规模达到 3.88 亿人，较 2011 年底增加了约 3270 万人，网民中用手机接入互联网的用户占比由 2011 年底的 69.3% 提升至 72.2%③。上网成本的降低、人们生活水平的提高以及泛在技术的发展让越来越多的人可以互联；虚拟现实技术让这种互联更容易、更自然、更有趣，让不同社会阶层的人加入互联网用户的大军。

网络受众数量和阶层的变化带来了巨大的商机，并且引导互联网主题向多样化、大众化、生活化发展。互联网已经不再只是信息的集散地，也不仅是人们为了工作和学习才来搜索和发现的空间，互联网已经成为人们"日常生活"的一部分。正如 Barry Wellman 所说，"互联网为'日常事务'带来了一丝光明，互联网研究正转向'关注人们的日常生活以及他们的日常生活对意义构建的影响'"④。

---

① 卡西尔. 人论 [M]. 上海译文出版社，1985：34.
② 沃尔特·李普曼. 公共舆论 [M]. 上海世界出版集团/上海人民出版社，2006.
③ CNNIC 第 30 次互联网报告 [EB/OL]. http：//tech. 163. com/special/cnnic30/，2012-09-05.
④ Barry Wellman. The Three Ages of Internet Studie [J]. New Media & Society，2004 (6)：123-129.

二、早期的信息行为研究

图书情报科学传统的研究关注信息的收集、组织与开发和信息检索系统的开发与使用。在过去的 30 多年中，该领域对信息行为的研究已经从"以系统为中心"转向"以用户为中心"①。人们将对信息的研究范围扩大到对"研究信息如何存在于人类社会"的理解以及理论研究。图书情报领域也从对检索的研究逐渐扩展到研究人类信息行为的各个方面②。

传统的研究关注信息以及信息需求的定义。这个时期最具影响的是 Dervin 意义构建理论和其对信息的定义。他将信息定义为"建立在对外部环境信号以及内部认知对现实的意义构建"③。对于信息需求的定义是信息研究的另外一个关注点，最具代表性的定义是 1968 年泰勒的四层次信息需求定义。他认为，信息需求具有内在层次、形式化层次、自觉层次、折中层次四个层次④。Wilson 则认为信息需求本身这个词就有问题，因为它与借用信息解决其他基本的生理、认知、情感需求有关。他还认为，在这些活动中表现出来的不是信息需求，而是在出现信息障碍时表现出来的信息查询行为⑤。情景也是信息行为研究的一个重要问题。除了关注工作情境下的信息行为，也有学者研究"市民信息行为"、"非工作信息行为"和"日常信息行为"。例如，Savolainen 基于 Pierre Bourdieu 习惯理论构建了日常信息行为查询模型⑥；Pettigrew⑦ 研究了诊所情景下护士与病人的信息行为。尽管人们对日常生活信息行为的研究已经

① Case, Donald Owen. Looking for Information: A Survey of Research on Information Seeking, Needs, and Behavior [M]. New York: Academic Press, 2007.

② Wilson, T. D. Models in Information Behaviour Research [J]. Journal of Documentation, 1999, 55 (3): 249-270.

③ Dervin, Brenda. Useful Theory for Librarianship [J]. Drexel Library Quarterly , 1977, 13 (3): 16-32.

④ Taylor, Robert S. Question-Negotiation and Information Seeking [J]. Libraries, College & Research Libraries , 1968, 29 (3): 178-194.

⑤ Wilson, T. D. On User Studies and Information Needs [J]. Journal of Documentation, 1981, 37 (1): 3-15.

⑥ Savolainen, Reijo. Everyday Life Information Seeking: Approaching Information Seeking in the Context of Way of Life [J]. Library & Information Science Research, 1995, 17 (3): 259-294.

⑦ Pettigrew, Karen E. Waiting for Chiropody: Contextual Results from an Ethnographic Study of the Information Behaviour among Attendees at Community Clinics [J]. Information Processing & Management, 1999, 35 (6): 801-817.

接近 20 年，但是受到技术和社会发展因素的制约，日常信息行为的研究并没有成为主流。

三、后网络时代的信息行为研究

信息、用户以及情景是信息行为研究所关注的重要议题，随着计算机网络与信息技术的发展，信息所能表达的意义更加丰富，信息服务的主题扩散到用户生活的层层面面，虚拟现实技术、泛在网络技术正促使信息行为的研究发生巨大的变革。

（一）虚拟社区研究成为信息行为研究的一个重要议题

社会网络从人类诞生之日起就已经存在，但是由于时间与空间的限制，这种社会互联只能是潜在的。信息技术的发展史是一部人们将这种潜在网络转变成真实存在的发展史，计算机网络与通信技术的发展打破了时间与空间的限制，让这种互联随时可以发生、随处可以发生。传统的信息行为研究关注的是个体的或者是小群体的信息行为，但是技术的发展尤其是泛在技术的出现，使计算机网络支持的不再是那些密集的、孤独的小网络，而是一种松散的、开放的、庞大的社会网络。信息行为研究的关注点也从人机交互过程的信息行为或者小组织的信息行为转向虚拟社区的信息行为。

后网络时代，互联网以各种各样的虚拟社区的方式存在，这种社区是动态的、开放的。互联网用户既是信息的使用者又是信息的创造者，用户作为服务的提供者或者生产者的界限变得模糊，互联网由信息的集散地成为信息的协作场所，由知识的传播地变成知识的创新平台。泛在网络为用户的无缝连接、无障碍连接创造了条件，泛在网络下的信息服务将围绕用户展开，为用户提供无处不在的服务。信息行为研究的关注点将包括泛在网络环境下虚拟社区用户信息行为模型的构建、虚拟社区用户信息协作行为的研究等。

（二）虚拟现实技术深刻影响后网络时代的信息行为研究

虚拟现实技术是建立在空间几何、图形理论、相似理论发展基础之上的。在沉浸、交互与构想基础上，虚拟现实技术力图使用户融合到计算机产生的三维虚拟环境中，而感觉不到身体所处的外部环境。随着技术的发展和进步，虚拟现实技术正引起信息行为研究的巨大变化。

1. 虚拟现实技术带来信息交互的自然性

传统的计算机环境是以系统为中心的，人们通过计算机主机的外部设备

（如键盘、鼠标）发出操作命令进行信息交互。虚拟现实技术强调的是人的沉浸和融入，旨在构建更加和谐的人机环境。通过识别人的各种姿势来进行人机交互，这种人机交互的基础不再是简单的文本或者语言信息，而可以是各种具有意义的符号。虚拟现实技术使得信息的交流和传播更加的自然化，这种技术导致的自然化信息交互必然导致信息行为研究的重大变革。

2. 虚拟现实技术促进多维度信息生产和交互

人与人之间的信息交互需要经历编码、传递和解码三个过程，在传统技术条件下信息在编码和解码过程中会有很多意义损失。虚拟现实技术使得信息的编码和解码更加容易，基于声音、图形、图像、位姿、力反馈、触觉等的多维信息的编码和解码，虚拟现实技术能够传递更多的意义。信息的生产和交互是一种意义构建过程，人们通过虚拟现实技术正在赋予编码和解码更加丰富的意义。

（三）后网络时代"日常生活"研究成为信息行为研究的一个重要"传统"

20世纪80年代开始，生活方式媒体已经超越报纸、电视等多种形式。随着网络社会的发展，"日常生活"成为网络社会研究的核心问题。信息行为研究一直有对日常生活信息行为研究的传统，但是由于历史发展原因，信息行为的研究一直以工作情境下的信息行为进行研究为主。但是随着网络技术的发展，互联网不再只是一个工作和学习的中心，而成为了一个生活与消费的中心，互联网技术、内容和服务形式也将转向"日常生活"。这种互联网研究主题的转变也将深刻影响用户信息行为研究。信息行为研究不仅要研究用户的信息行为表现，还应该深入用户的生活中，综合社会学、心理学等多种学科的理论与方法，去探究用户的兴趣、价值观念以及生活方式。

四、总结

信息技术的变革导致了网络社会的出现和发展，新技术的出现进一步推动网络社会走向成熟。现阶段移动互联技术、物联网技术、虚拟现实技术的蓬勃发展导致了网络用户群体的多样化发展。传统的信息行为研究已经不能够完全适应新的社会需求，信息行为研究需要综合社会学、心理学以及计算机科学等多种学科的理论与方法，深入研究用户的价值观念以及生活方式等方面。

后　记

　　文化经济是人类社会发展的重要形态和现象。伴随中国文化产业的迅猛发展以及文化财税、文化金融、文化科技等领域日新月异的变化，作为一门新兴的交叉性学科——文化经济学正日益成为一个崭新的科学领域，成为文化和经济研究的重要对象。

　　在这样的大背景下，2006年11月，在财政部教科文司的推动下，中央财经大学文化经济研究院成立。2012年5月经文化部科技司考察并正式发文批准筹建"中央财经大学国家文化创新研究中心"。其结合中央财经大学雄厚的经济学、财政学、金融学等学科特色，致力于探究文化财税、文化金融、文化统计等专门领域的文化经济前沿问题。经过10年的发展，截至2015年底研究院承担了国家级、省部级等各级各类研究课题60余项，许多研究成果已经被国家有关部门采纳和实施，为我国的文化财经政策制定提供了重要的学术支持。

　　本文集中收录了2013~2015年中央财经大学文化经济研究院暨国家文化创新研究中心核心研究人员共计32篇研究成果，发表在包括《人民日报》、《光明日报》以及文化财经领域的核心刊物上。其中，魏鹏举教授20篇、何群教授2篇、周正兵教授3篇、戴俊骋老师3篇、孔少华老师4篇。这些成果集中展示了研究院在文化财经领域的积累，以期为政府部门、学界与业界研究者提供重要参考。

　　全书分为五个部分，涵盖文化政策、文化金融、艺术经济、影视传媒与文化科技这五个当今文化财经焦点领域。其中，文化政策部分就我国文化产业的内涵式发展、结构性特征、文化投融资政策现状与趋势、文化产业税收、文化产业规划及北京与其他国内重点城市文化产业政策比较等议题进行了论述；文化金融部分则谈及中国文化产业投融资体系建设问题、互联网金融问题、国有文化资产盘活及小微文创企业融资等问题；艺术经济部分从艺术集聚区发展反思我国文化体制改革，并就中国文化艺术银行、文化艺术产权、文艺资助体系建设等前沿领域进行了分析；影视传媒部分则重点探讨了中国电影产业、电视产业与图书出版产业三个产业领域发展过程中的有关问题；文化科技部分则就新媒体环境下文化科技融合创新机制与发展趋势进行了分析预判。

本书的编纂得到了来自中央财经大学文化研究院暨国家文化创新研究中心何群教授、周正兵教授、高兴波教授、刘双舟教授等的积极支持，北京师范大学地理学与遥感科学学院本科生刘晓凤同学对初稿进行了排版，这里一并表示感谢。特别感谢经济管理出版社郭丽娟编辑对本书的大力支持。

本书纂写时间有限，书中如有疏漏与不妥之处，谨请广大读者批评指正。

魏鹏举　戴俊骋　孔少华

2016 年 2 月于北京市海淀区学院南路 39 号